HEYNE
BÜCHER
SACHBUCH

Jochen von Lang

Die Gestapo

Instrument des Terrors

Unter Mitarbeit von Claus Sibyll

WILHELM HEYNE VERLAG
MÜNCHEN

HEYNE SACHBUCH
Nr. 19/233

BILDNACHWEIS

Bildarchiv preußischer Kulturbesitz (12), Bilderdienst Süddeutscher
Verlag (13), Michael Foedrowitz (1), Heinrich R. Hoffmann (8)

2. Auflage

Ungekürzte und genehmigte Taschenbuchausgabe
im Wilhelm Heyne Verlag GmbH & Co. KG, München
Copyright © 1990 by Rasch und Röhring Verlag, Hamburg
Printed in Germany 1994
Umschlagfoto: Studio für Werbefotografie Elmar Kohn, Landshut
Umschlaggestaltung: Atelier Adolf Bachmann, Reischach
Satz: Alphabeta Gerds GmbH, Hamburg
Druck und Verarbeitung: Ebner Ulm

ISBN 3-453-06020-2

Inhalt

DEN OPFERN ZUM GEDENKEN –
DER NACHWELT ZUR MAHNUNG

Vorwort

Als Jochen v. Lang an der Biographie »Der Hitler-Junge« arbeitete, stieß er 1986 im Wiener Landgericht auf eine Akte aus der Zeit nach dem Krieg – ein Strafverfahren gegen einen Arzt, der während der Hitler-Zeit eine Ordensschwester der Gestapo ausgeliefert hatte. Beide waren zuvor in einem Wiener Krankenhaus beschäftigt gewesen, sie eine tüchtige Assistenz im Operationssaal und mit einer starken Bindung an Glaube und Kirche, er ein guter Mediziner, erfüllt vom Glauben an Hitler, und ein fanatischer Verfechter des Nationalsozialismus. Im Dezember 1941 wurde dem Doktor hinterbracht, die Schwester Helene Kafka habe im Büro des Krankenhauses »staatsfeindliche« Texte abtippen lassen, mit Durchschlägen. Es waren dies schlichte Verse, in denen die Österreicher aufgefordert wurden, »gegen ein braunes Sklavenreich« zu kämpfen, ferner ein Flugblatt, dessen Text gegen die Unterdrückung katholischer Jugendorganisationen protestierte.

Helene Kafka, in ihrem Orden Schwester Restituta genannt, wurde von dem Doktor bei der Partei denunziert, die ihrerseits die Gestapo mobilisierte. Sie wurde festgenommen, nach Berlin gebracht und dort, am 29. Oktober 1942, vom Volksgerichtshof wegen Vorbereitung zum Hochverrat zum Tode verurteilt. Für ihre Begnadigung setzten sich der päpstliche Nuntius in Berlin, der Wiener Kardinal Theodor Innitzer und sogar der Gauleiter der Partei in Wien, Baldur von Schirach, ein, aber Martin Bormann, der »Sekretär des Führers«, hielt »aus Abschrekkungsgründen den Vollzug der Todesstrafe für erforderlich«. Schwester Restituta wurde am 30. März 1943 um 18.21 Uhr in Berlin hingerichtet.

Für die Geheime Staatspolizei war der Fall eine Lappalie, eine Alltagsbeschäftigung. Sie hatte nicht zu beurteilen, ob ein paar maschinengeschriebene Blätter aus einem Wiener Krankenhaus eine Gefahr für den NS-Staat und damit Hochverrat sein könnten; eine ihrer Aufgaben war es, Gegner dieses Staates aufzuspüren, sie zu überführen und an Staatsanwälte zur Weiterbehandlung abzugeben. Scheinbar lief diese Prozedur ab, wie sie überall in der Welt bei der Strafverfolgung üblich ist. Unüblich war jedoch, daß ein solcher Tatbestand als strafwürdig gelten mußte, ungesetzlich und barbarisch waren die Methoden der Ermittlung, und korrupt waren die Juristen, indem sie nur Urteile produzierten, die den Herrschenden genehm waren. Gestapo, Staatsanwälte und Richter hatten eine Kette gebildet, die jeden fesselte, der nicht im Gleichschritt marschieren wollte. Als perfektes Instrument des Terrors konnte es jeden Opponenten mundtot machen, bei Bedarf auch töten.

Dieses perfekte Funktionieren im Fall der Schwester Restituta bewog Jochen v. Lang, sich mit dem Thema Gestapo nicht nur am Rande zu beschäftigen. Entgegen dem Brauch in der Zunft für Zeitgeschichte gab er sich nicht damit zufrieden, nur die einschlägigen Gesetze, Verordnungen und Weisungen zusammenzutragen, denn so schrecklich auch die Menschenverachtung dieser Dokumente ist, so werden hinter den Produkten des polizeilichen Bürokratismus die Opfer und deren Leiden nur rudimentär sichtbar.

Die Opfer waren hilflos, weil sich jeder verdächtig machte, der versuchte, ihnen beizustehen. Sie waren rechtlos, weil die Obrigkeit allein, und noch dazu von Fall zu Fall unterschiedlich, bestimmen konnte, was Unrecht war. Sie waren schutzlos, weil die Exekutive – also die Gestapo und keineswegs allein ein Gericht – ihr Schicksal entscheiden durfte. So steckte denn die Gestapo den rückfälligen Eierdieb als Berufsverbrecher ins Konzentrationslager, machte den unsteten Wandergesellen zum Arbeitsscheuen, dem in den Steinbrüchen der KZs mit Peitschen beigebracht werden sollte, daß er sich zu mühen hatte. Der widerborstige Christ wurde als Volksschädling ins Lager gesperrt, und Marxisten, Liberale und Monarchisten sollten dort umgeschult werden zu nützlichen Mitgliedern der Volksgemeinschaft.

Solche Haftgründe ließen sich allerdings kaum für Menschen finden, die wegen eines Geburtsfehlers hinter Stacheldraht vegetieren mußten. Auch jeder Versuch, die aus »rassischen« Gründen Verfolgten, die Juden etwa oder die Zigeuner, in »anständige« Deutsche zu verwandeln, hätte einer Grunddoktrin der Nationalsozialisten widersprochen. Ebenso waren die Männerlager kaum geeignet, Homosexuellen die Liebe zur Frau beizubringen.

Der Leitspruch »Führer befiehl, wir folgen« galt in keiner Formation der NSDAP zwingender als in der SS. Sie wiederum beherrschte mit ihrer sturen Ideologie programmatisch die Gestapo. Damit war für Gestapo-Beamte das Nachdenken über den Sinn ihres Tuns überflüssig. Wäre es dem Führer Adolf Hitler oder auch Heinrich Himmler, dem Reichsführer SS, eingefallen, die Glatzköpfigen oder die Plattfüßigen als Staatsfeinde zu verfolgen, hätten diese Schergen auch diese gnadenlos gejagt – mit unerbittlicher Härte –, wie der Jargon es vorschrieb.

Zwangsläufig kamen damit die Opfer aus allen Schichten des

Volkes, des deutschen und auch der besetzten Länder. Sie kamen aus allen Altersklassen, aus allen Berufen, Konfessionen und Weltanschauungen. Zuweilen holte die Gestapo auch Parteigenossen – unvorsichtige oder unbedarfte – im Morgengrauen aus den Betten. Sich mit den Opfern zu beschäftigen und von ihren Leiden und Schicksalen zu erzählen schien dem Autor nicht minder wichtig wie die Darstellung der Schergen, ihrer Organisationsformen und ihrer angemaßten Zuständigkeiten. Es mag sein, daß dieses Konzept von einigen aus der Gilde der Zeitgeschichte als unwissenschaftlich abgelehnt wird, wie dies dem Autor gelegentlich schon vorgeworfen wurde, weil er in seinen Büchern soweit wie möglich auf Quellenhinweise, Fußnoten und Auseinandersetzungen mit Meinungen von Fachkollegen verzichtet.

Seine Bücher sollen – darum solcher Verzicht – lesbar bleiben für alle, die sich über das dunkelste Kapitel deutscher Geschichte in unserem Jahrhundert informieren wollen. Sie sollen möglichst viele Menschen warnen vor autoritären Politikern. Der Autor glaubt dazu befähigt zu sein, weil er noch im Dritten Reich aufgewachsen ist und erst als Jugendlicher in der letzten Phase das Verbrecherische dieses Systems erkennen konnte. Er hofft, daß deshalb seine Darstellungen überzeugender sind als manches Druckwerk, dem zwar das Prädikat »wissenschaftlich« verliehen wird, das aber dann von Kollegen gelesen und benutzt wird, um mit Zitaten in einem eigenen Buch eine persönliche Meinung zu beweisen.

Claus Sibyll

Reinhard Heydrich –
eine ungewöhnliche Karriere

Auch ohne Reinhard Heydrich, ihren zweiten Chef, wäre die Gestapo zum Schrecken des Dritten Reiches und zur ewigen Schande der Deutschen geworden. Dennoch genügt sein Name, um an das Unmenschliche einer Epoche unserer Geschichte zu erinnern. Er erst entwickelte die Geheime Staatspolizei zum perfekten Instrument des Terrors. Wenn er auch kaum mit eigener Hand einen Menschen mißhandelt oder gar getötet haben mag, so bildeten doch Millionen Leichen die Treppe für seine ungewöhnliche Karriere.

Sie begann seltsamerweise in der Kieler Tonhalle am Sonnabend, den 6. Dezember 1930, beim Ball eines Rudervereins. Den 25jährigen Oberleutnant zur See, Heydrich, derzeit Hilfsreferent und Nachrichtenoffizier in der Admiralitätsleitung Ostsee, überredete ein Kamerad, an diesem Vergnügen teilzunehmen. Zum Ball geladen waren auch die Absolventinnen einer Berufsschule, in der Mädchen zu Hauswirtschaftslehrerinnen ausgebildet wurden; darunter auch die damals zwanzigjährige Lina von Osten, Tochter einer Lehrerfamilie von der Insel Fehmarn. Mit ihr ausschließlich tanzte und unterhielt sich Heydrich den ganzen Abend, und mit ihr traf er sich auch an den folgenden Tagen – zum Sonntagsspaziergang, zum Besuch des

Theaters und zu einem Gespräch in einer Weinstube. Es gipfelte in Heydrichs schlichter Frage: »Wollen Sie meine Frau werden?« Sie wollte, und nach nicht einmal drei Wochen stellte sie ihren Bewerber den Eltern in Lütjenbrode vor. Sie erfuhren, daß der Marineoffizier aus einer Musikerfamilie komme, deren Vater in Halle an der Saale ein Konservatorium betrieb, nachdem er als Tenor auf etlichen Bühnen sogar Heldenrollen gesungen und auch schon gastweise Orchester dirigiert hatte. Der Beruf des Vaters hatte dem Sohn außer dem zweiten Vornamen Tristan eine vorzügliche Ausbildung zum Geiger eingetragen, eine Fähigkeit, mit der er Linas Eltern beeindruckte. Ebenso fanden sie sein Äußeres imponierend: Mit 189 Zentimetern Länge, blauen Augen, blonden Haaren und einer sportlich durchtrainierten Gestalt konnte man ihn überall vorzeigen.

Auch künftig wird der junge Mann überlegt, aber kurz entschlossen handeln. Nur gegenüber Frauen war er nicht immer vernünftig; bei der Marine hatte er bereits Anstoß erregt. So hatte er bei einem Schiffsbesuch in Barcelona von einer jungen Dame eine Ohrfeige bezogen, als er ihr bei einem Fest der deutschen Kolonie zu nahe getreten war. Der Kommandeur des Kreuzers konnte den Fall erledigen, indem er seinen Fähnrich zu einer förmlichen Entschuldigung befahl. An der Ostseeküste nutzte er seine Fertigkeit im Segeln aus, um der Weiblichkeit zu imponieren. Er hatte damit die Tochter eines höheren Marinebeamten so weit gebracht, daß sie nach gegenseitigen Besuchen in Kiel und Berlin fest mit einer Heirat rechnete.

Nun kappte Heydrich roh ihre Erwartung, indem er ihr aus Fehmarn eine Karte schickte: »Ihre Verlobung geben bekannt...« Ohne ein Wort des Abschieds. Die Enttäuschte bedurfte ärztlichen Beistands, um den Schock zu überwinden. Ihr Vater beantragte bei der Admiralität ein Ehrengerichtsverfahren gegen den Oberleutnant Reinhard Tristan Eugen Heydrich: Dieser unmoralische und verantwortungslose Mensch dürfe nicht länger in der Marine geduldet werden. Als der Beschuldigte vernommen wurde, zeigte er sich uneinsichtig. Man bausche eine Bekanntschaft auf, die immer harmlos geblieben sei; das Mädchen habe ihm Avancen gemacht, und außerdem gehe sein Privatleben die Marine nichts an.

Damit allein schon provozierte er einen Schuldspruch: Er wurde mit schlichtem Abschied aus der Marine entlassen. Nun war der Bräutigam ohne Einkommen, abgesehen von einem bescheidenen Übergangsgeld. Bekannte besorgten ihm das Angebot einer privaten Segelschule, doch er hatte wenig Lust, jungen Leuten aus reichem Hause den Umgang mit Wind und Wellen beizubringen. Außerdem habe ein Segellehrer keine Karriere vor sich und vor allem keine Uniform auf dem Leib. Er wollte Soldat bleiben und in einer Ordnung stehen, in der es Befehlende gab und solche, die zu gehorchen hatten.

Besser gefiel ihm der Vorschlag seiner Mutter: Deren Freundin, Elise Freifrau von Eberstein, erzählte vom Engagement ihres Sohnes. Zwar war es nur pseudomilitärisch und nur verbunden mit einer Phantasieuniform – braunes Hemd, braune Hose, braunes Käppi (nach Art der französischen Fremdenlegion), braune Schaftstiefel und rote Armbinde –, aber dieser Aufzug lag wohl im Trend der Zeit, und wer ihn bereits trug, war überzeugt, er werde in Kürze das Vaterland groß und sich selbst bedeutend machen. Karl Freiherr von Eberstein gehörte in jenen Tagen zur SA-Gruppe München-Oberbayern und trug die Rangabzeichen eines SA-Oberführers. Frau von Eberstein meinte, diese Truppe habe für Offiziere außer Dienst stets Verwendung, und mit Hilfe des Freiherrn würde Heydrich bald eine Führerstelle bekommen.

Er schrieb eine Bewerbung und bat die »Parteileitung« um Verwendung. Karl von Eberstein trug sie auf den Schreibtisch des Hauptmanns a. D. Ernst Röhm, Stabschef der SA. Der sah momentan keinen Posten für Heydrich und gab die Bewerbung weiter an den Parteigenossen Heinrich Himmler, der die ihm ebenfalls unterstellte SS befehligte, derzeit mit weit weniger als 10000 Mitgliedern. Sie und ihr Reichsführer (so der von Hitler verliehene Titel) fühlten sich als die Elite der Nationalsozialisten, die sich ohnehin als elitär begriffen. Abweichend von der SA, trugen SS-Männer zum braunen Hemd schwarze Hosen, schwarze Schlipse, eine schwarze Mütze, verziert mit einem vernickelten Blechemblem in Gestalt eines kleinen Totenkopfes und zweier gekreuzter Röhrenknochen, ähnlich der Kennzeichnung von Giften. Anfänglich sollten die so Verzierten zum Schutz von Parteiprominenz, Rednern und vor allem des Führers Adolf Hitler eingesetzt werden, und ihre Mitgliederzahl war zunächst beschränkt. Doch begünstigt durch die schlechten Zeiten und die Unnachgiebigkeit der Sieger des Ersten Weltkrieges, blähten sich Hitlers Partei und ihre Unterorganisationen sehr schnell auf.

Die Reichsleitung der NSDAP hatte schon im Juli 1930 in Münchens vornehmstem Viertel ein kleines »Palais« erworben und als »Braunes Haus« bezogen. Die SS durfte die Wache in der Eingangshalle stellen, als Garde und zuständig für die Sicherheit. Für Heinrich Himmler lag der Gedanke nahe, der Partei eine eigene Polizei zu geben, und weil doch der ganze Verein NSDAP unter dem Weltkriegsgefreiten Hitler ein soldatischer Männerbund sein wollte, sollte diese neue Abteilung einer Einrichtung gleichen, die im deutschen Heer in allen Stäben mit I c firmierte. Sie sollte die Absichten der Gegner erkunden, Spione in den Organisationen anderer Parteien unterhalten, zugleich aber auch Verräter in den eigenen Reihen entlarven. Himmler war gerade jetzt auf der Suche nach geeigneten Männern für diese Neugründung, und dabei kam ihm ein Mann gelegen, der sich als ausgebildeter Nachrichtenoffizier auswies. Der am Ende des Ersten Weltkrieges als Fähnrich ohne Fronterfahrung aus der königlich-bayerischen Armee entlassene Diplomlandwirt Himmler glaubte, der Bewerber habe zeitweilig im Geheimdienst der Reichswehr gewirkt. Also durfte ihn Karl von Eberstein zu einem Vorstellungsgespräch nach München beordern.

Weil Himmler erkältet war, empfing er den Bewerber in seinem außerhalb Münchens gelegenen Anwesen, auf dem der Reichsführer SS mit einem Geflügelhof sein bescheidenes Dasein finanzierte. Wie kaum ein zweiter in der völkischen Bewegung pflegte er einen germanischen Spleen: Je stärker ein Mann dem sagenhaften Siegfried glich, desto mehr schien er für eine Führerposition geeignet. Wahrscheinlich hatte der blonde, blau-äugige und hochgewachsene Heydrich sein Ziel schon erreicht, noch ehe er mit Papier und Bleistift für zwanzig Minuten in ein Nebenzimmer geschickt wurde, damit er dort konzipiere, wie er den Geheimdienst der SS organisieren würde. Das Konzept gefiel Himmler. Abgesprochen wurde, daß Heydrich am 1. September 1931 in München anfangen würde; ein Gehalt von 180 Mark im Monat war zwar ein bescheidenes Entgelt, aber mit dem steigenden Erfolg der Partei würde er mehr erhalten. Es wurde ihm auch sogleich ein möbliertes Zimmer in einem Mietshaus der Innenstadt beschafft, bei einer verwitweten Parteigenossin, die ihm und etlichen Gleichgesinnten aus dem Braunen Haus auch ein Mittagessen auf den Tisch stellen würde.

Trotz dieser bescheidenen Aussichten setzten die Verlobten die Hochzeit auf den zweiten Weihnachtsfeiertag 1931 fest. Der Bräutigam zog für ein halbes Jahr nach Hamburg, trat dort in die SS ein und machte als Arbeitsloser mit unbeschränkter Freizeit Dienst. Er studierte auch das Programm der Partei, der er sich zunächst angeschlossen hatte, ohne es zu kennen. Vorläufig kannte sich Lina darin besser aus. Sie war seit langem überzeugt, daß nur Hitler und seine Jünger die Schmach des Versailler Friedens tilgen und die Deutschen aus der Not der Wirtschaftskrise erlösen würden.

Als Heydrich schließlich nach München kam, störten ihn weder seine kümmerliche Existenz noch, daß er mit seiner Dienststelle im Braunen Haus keinen Platz bekam. Sein möbliertes Zimmer wurde sein erstes Büro, und arbeitslose Kameraden waren seine ersten Mitarbeiter. Sie schnippelten Berichte aus Zeitungen, klebten sie auf, ordneten sie nach einem von Heydrich entworfenen Schema und ergänzten sie durch eigene Berichte, die sie auf einer entliehenen Schreibmaschine getippt hatten. Sie nannten sich Sicherheitsdienst, SD. Geld bekamen sie nur in Raten. Entgegen den Behauptungen politischer Gegner knauserten die Unternehmer zunächst mit ihren Spenden. Sie wurden erst freigebiger, nachdem Parteichef Hitler die Reichskanzlei in Berlin bezogen hatte.

Doch soweit war es noch lange nicht. Die Verlobten hatten ihre Hochzeit als Nazikundgebung geplant, mit einem Aufmarsch zahlreicher Braunhemden. Zwei Wochen zuvor jedoch, am 11. Dezember 1931, hatte Reichskanzler Heinrich Brüning verboten, die Uniformen der Partei öffentlich zu tragen. Deshalb standen nun die aus Schleswig-Holstein zusammengekarrten NS-Marschierer in weißen Hemden Spalier vor und in der Dorfkirche in Lütjenbrode auf Fehmarn. Sogar der protestantische Geistliche war ein Parteigenosse, und deshalb zierte ein aus Tannenzweigen geflochtenes Hakenkreuz den Altar. Die Trauung schloß mit gemeinsamem Gesang des Deutschland- und des Horst-Wessel-Liedes, wie dies nur bei NS-Versammlungen üblich war.

Solches Brimborium in einer Kirche erregte Ende 1931 beträchtliches Aufsehen, und gerade dies hatte Heydrich gewollt. Der frischgebackene Parteigenosse brauchte für seinen

Ein- und Aufstieg Publizität. Viele Zeitungen meldeten die Absonderlichkeit. Dem Pastor bekam sie weniger gut; seine Kirchenoberen versetzten ihn strafweise. Das junge Paar richtete sich in München eine bescheidene Wohnung am Stadtrand ein. Der Heirat wegen erhöhte Himmler das Gehalt auf monatlich 290 Mark und ernannte Heydrich zum Sturmbannführer. Der durfte sich vier Sterne an den Kragen seines Braunhemdes heften. Nun gehörte er »zum engsten Stab des Reichsführers«. In einem Brief an die Schwiegereltern in Lütjenbrode hieß es: »Ich baue nach meinen Entwürfen eine große Organisation auf.« Deren Sitz war freilich noch sein Schlafzimmer. Heydrich reiste durch das Reich auf der Suche nach geeigneten Mitarbeitern – ehrenamtlichen, versteht sich –, die ihm Zusatzinformationen zu wichtigen Ereignissen, vor allem aber Berichte über Vertrauliches liefern sollten. Hochschulen waren für ihn ergiebige Jagdreviere. Junge Akademiker waren häufig traditionell nationalistisch, nun aber auch »revolutionär«, weil die Wirtschaftskrise ihre Existenz bedrohte.

Als am 13. April 1932 SA und SS durch eine Notverordnung »zur Sicherung der Staatsautorität« verboten wurden, mußte Heydrich für seinen Ic-Dienst einen neuen Namen erfinden, denn gerade diese Bezeichnung wies auf den von der NSDAP immer bestrittenen militärischen Charakter der Formation hin. Also hieß der Apparat von nun an Presse- und Informationsdienst (PI). Das wachsende Archiv machte außerdem einen Umzug notwendig. Er, und nicht die NSDAP, mietete ein ganzes Haus; es lag im Stadtteil Nymphenburg, fast am Ende einer Sackgasse hinter einem Vorgarten, und besaß kein Gegenüber. Entlang der anderen Straßenseite verlief die Mauer eines Parks. Hier fielen Späher frühzeitig auf, und ein Wachhund verbellte jeden, der in die Nähe kam. Das Ehepaar wohnte ebenfalls in dem Haus. Brisantes wurde unter Linas Bett versteckt. Der Geheimdienst der NSDAP war »abgetaucht« und hatte sich vor der Öffentlichkeit verborgen.

Bei dieser romantischen Geheimniskrämerei gefielen sich die jungen Revoluzzer in Gedankenspielen, wie man den Weimarer Staat durch einen Gewaltstreich aus den Angeln heben könnte. Zwar hatte ihr Parteichef Hitler 1930 vor dem Reichsgericht im Leipziger Hochverratsprozeß gegen drei Reichswehroffiziere geschworen, daß er und sein Anhang nur auf demokratischem Weg zur Regierung kommen wollen, aber den jungen Ehrgeizlingen schien dies zu zeitraubend. Hessische Nationalsozialisten um den SS-Führer Werner Best, Jurist mit Doktortitel, Landtagsabgeordneter und später Beamter der Gestapo, entwickelten einen Umsturzplan. Er sah eine NS-Machtübernahme vor, bei der jede Art von Widerstand durch standrechtliches Erschießen geahndet würde. Ein abtrünniger Parteigenosse lieferte ein Exemplar des schriftlich fixierten Plans der Staatsanwaltschaft aus. Sie prüfte, ob gegen Best und seine Gehilfen von der SS ein Verfahren wegen Hochverrats eingeleitet werden könne. Doch der Jurist Dr. Best hatte sich insofern abgesichert, als die Pläne von der Voraussetzung ausgingen, Kommunisten hätten die Weimarer Verfassung bereits umstürzlerisch außer Kraft gesetzt und die Diktatur des Proletariats ausgerufen. Putschpläne gegen Aufrührer waren jedoch nicht strafbar.

Himmlers SD war in der Partei nicht konkurrenzlos. Einzelne Gauleiter entwickelten für ihren Bereich einen eigenen Geheimdienst, und selbstverständlich bedienten sie sich dabei der Parteigliederungen als ausführende Organe. In München existierten außerdem noch zwei überregionale Gruppierungen dieser Art. Eine unter dem Reichsorganisationsleiter Gregor Strasser, die nahezu bedeutungslos war, und eine zweite bei der Obersten SA-Führung, geleitet von dem Grafen Du Moulin Eckart auf Bertoldsheim, einem Uralt-Parteigenossen, der immerhin im Rang eines SA-Oberführers (gewissermaßen also ein Oberst) amtierte. Heydrichs Vorteil war, daß der Graf erfolglos spionierte. Die sozialdemokratische Tageszeitung »Münchner Post« berichtete pausenlos über Blamables aus der NSDAP, vornehmlich über den Stabsführer der SA, den Hauptmann a. D. Ernst Röhm, Duzfreund Hitlers, Putschgenosse von 1923 und reichsbekannt als Homosexueller. Die Berliner SA unterhielt in der Reichshauptstadt ein eigenes Agentennetz, dem unter anderem der »Ermittlungsbeamte a. D.« Ottmar Toifl angehörte, der sowohl den Nationalsozialisten als auch dem abtrünnigen SA-Führer Walter Stennes dubiose Informationen verkaufte, um dann das, was er in beiden Lagern erfahren konnte, auch noch brühwarm an die Abteilung IA (Politisches Ressort) im Berliner Polizeipräsidium zu liefern.

Hitler hatte nichts dagegen, daß die verschiedenen Organisationen seiner Partei sich mit Geheimdiensten Konkurrenz machten. Wettbewerb, so meinte er stets, steigere den Effekt. Dagegen versuchte Heydrich, alle Späher des Hakenkreuzes in seiner Organisation zu konzentrieren. Als er erfuhr, die Bayerische Polizei sei dahintergekommen, daß Graf Du Moulin Material über Stärke, Bewaffnung und politische Gesinnung der Polizei gesammelt hatte, legte er der SA-Führung nahe, ihren Nachrichtendienst zu drosseln. Dessen Mitarbeiter nahm Heydrich zum Teil in den eigenen Dienst auf. Es gelang ihm außerdem, einen Altparteigenossen als Informanten der Münchner Politischen Polizei zu entlarven und bei dieser Gelegenheit sogar den Agenten umzudrehen, so daß er von nun an Interna aus diesem Kreis lieferte. Angesichts solcher Erfolge konnte Röhm nicht mehr umhin, den SD anzuerkennen. Du Moulin wurde angewiesen, seine Tätigkeit auslaufen zu lassen. Durch eine Besichtigung der Amtsräume in der Nymphenburger Straße demonstrierte Röhm, daß er sich für Heydrich entschieden hatte. Außerdem versprach er für die Zukunft einen Geldzuschuß. Sogar außerdienstlich kam man sich näher. Als im folgenden Jahr ein Klaus Heydrich zur Welt kam, wurde Röhm der Pate.

In den folgenden Wochen entstand ein sich über das ganze Reich erstreckendes Netz des SD, der dann nach der Machtübernahme als ein zur Partei gehörendes Unternehmen parallel zur staatlichen Gestapo arbeitete. Beide Gebilde waren später stellenweise so eng verbunden, daß manche Arbeitsgebiete hier wie dort von ein und demselben Mann geleitet wurden. Bei der Suche nach Gehilfen beschränkte sich Heydrich nun nicht mehr auf Mitglieder der SS. Wer sich für das subtile Geschäft des Spähens und Berichtens eignete, durfte ähnlich wie der Chef von oben in die Formation der Schwarzen einsteigen, indem er schnell zu Rängen aufrückte, die bei der SS als Offiziersränge galten. Heydrich selbst hatte allerdings in den Sommerwochen 1932 mit persönlichen Schwierigkeiten zu kämpfen.

Junge Marineoffiziere hatten sowohl an die Reichsleitung der NSDAP in München als auch an den Gauleiter seiner Vaterstadt Halle geschrieben, ihr geschaßter Kamerad sei ein Judensproß, und dessen Vater habe ursprünglich Süß geheißen. Himmler ließ die Behauptung darauf durch einen versierten Sippenforscher unter die Lupe nehmen, mit dem Ergebnis, daß dem angeblichen Mischling reinstes arisches Blut bescheinigt wurde. Mit diesem Papier konnte Heydrich sogar einen Schlachtermeister in Halle, der dieses Gerücht verbreitet hatte, erfolgreich auf Widerruf verklagen. Der Mann kam noch einmal mit einer Geldstrafe davon, zwei Jahre später hätte er sich in einem KZ wiedergefunden.

Glaubt man Linas Memoiren, dann war der Januar 1933 für die Crew in der Nymphenburger Straße betrüblich. Nach Neujahr erschienen etliche Mitarbeiter nicht mehr zum Dienst. Das ist erklärbar: Anfang November 1932 war die NSDAP bei einer neuerlichen Reichstagswahl von 13,7 auf 11,7 Millionen Stimmen zurückgefallen. Sie war damit immer noch die stärkste Partei, aber der Nimbus der Unbesiegbarkeit war verlorengegangen. Am 8. Dezember 1932 hatte dann auch noch der Reichsorganisationsleiter Gregor Strasser seinem Parteichef die Gefolgschaft aufgekündigt; er hatte nach Hitler in der NSDAP die größte Anhängerschaft. General Kurt von Schleicher war jetzt Reichskanzler, dem man enge Beziehungen zu den Gewerkschaften nachsagte, so daß er sowohl als sozial wie auch (auf Grund seines Berufes) als national gelten konnte. Lina klagte, daß die Partei ihre Zahlungen nun gänzlich eingestellt habe, was einen weiteren Schwund an Mitarbeitern zur Folge hatte.

Wie man weiß, gruben während jener kritischen Tage Hitler und der ehemalige Reichskanzler Franz von Papen jene Fallgrube, in die der Kanzler von Schleicher dann stürzen würde. In Köln trafen sich die beiden im Haus des Bankiers von Schröder. Himmler war einer der wenigen, die an dieser Begegnung teilnehmen durften. Sein Geheimdienstchef aber blieb ahnungslos, bis er – wie Lina sich hinterher ausdrückte – plötzlich hörte, »daß in Preußen die Politik einen überraschenden Verlauf genommen hat«. Die Berliner Machtergreifung am 30. Januar 1933 änderte jedoch in Bayern zunächst nichts. Dort, wie in den meisten Ländern des Reiches, blieben die von den Weimarer Parteien gebildeten Regierungen im Amt, zwar ohne parlamentarische Mehrheit, aber immerhin geschäftsführend, bis sie mehr oder weniger legal abgelöst wurden.

Nur das Land Preußen machte eine Ausnahme. Dort hatte Papen, als er noch Kanzler war, die Landesregierung mit den Sozialdemokraten Otto Braun und Carl Severin an der Spitze per Notverordnung abgesetzt. Das war nicht ganz legal gewesen, aber andererseits hatte auch diese Regierung längst keine

Mehrheit mehr im Landtag, der durch die übermächtigen, aber verfeindeten Fraktionen der Nationalsozialisten und der Kommunisten praktisch lahmgelegt war. Zeitweise regierte dann Kanzler Papen als Reichskommissar das Land, und in dieses Amt wurde er am 3. Februar 1933 erneut eingesetzt. Er ernannte – wie dies im Bündnis mit Hitler festgeschrieben war – den Reichstagspräsidenten und neu ernannten Reichskommissar für die Luftfahrt Hermann Göring zum kommissarischen Innenminister des Landes Preußen.

So heuchlerisch bescheiden sich Hitler beim Aushandeln der Sessel im Reichskabinett gegeben hatte – er hatte nur drei beansprucht: einen für sich, einen zweiten für Wilhelm Frick als Reichsinnenminister und einen für Göring –, so gezielt war diese Forderung. Von dem momentan wichtigsten der an diesem Tag verteilten Posten – dem Innenminister – sprach bei der Vorstellung des Kabinetts niemand, obwohl er den Schlüssel zur Macht ausmachte.

Der preußische Innenminister befehligte 80 000 Polizisten, zumeist soldatisch ausgebildet, vielfach kaserniert, zu Einheiten zusammengefaßt, motorisiert, mit Maschinenwaffen, Granatwerfern, Straßenpanzern ausgerüstet. Diese Truppe war nur wenig schwächer als die Reichswehr und war, anders als diese, für Einsätze im Inneren ohne umständliches Kompetenzgerangel greifbar. Sie brauchte auch nicht wie die Soldaten freigehalten zu werden von parteipolitischen Einflüssen, so daß zunächst viele ihrer Offiziere und leitenden Beamten der SPD nahestanden, die seit 1918 in Preußen den Innenminister gestellt hatte. Dies galt natürlich erst recht für das Berliner Polizeipräsidium, das mit seinen 20 000 Beamten das politische Klima der Reichshauptstadt erheblich beeinflußte. An dem Präsidium orientierten sich wiederum die 44 Polizeipräsidenten des Landes und vielfach auch die Polizeidirektionen anderer Länder. Entscheidungen des preußischen Innenministeriums wirkten sich auf diese Weise auf mehr als sechzig Prozent der Reichsbürger aus. Darauf mag Hitler spekuliert haben, als er am 30. Januar abends, am Fenster der Reichskanzlei stehend, beim Anblick der zehntausend enthusiasmierten Fackelträger seinen Vertrauten gelobte: »Lebend kriegt mich hier keiner mehr raus!« Womit er recht behielt...

Während der folgenden Tage sah Heydrich in München sogar wieder Geld, aber es machte ihn keineswegs glücklich: Er sah seine und Himmlers Felle bereits die Spree hinabschwimmen. Hitler, Meister der vagen Versprechungen, hatte ihnen, der SS und dem SD, wiederholt Hoffnungen auf künftige Polizeigewalt gemacht, und nun war ihnen Göring zuvorgekommen. Es galt also zu retten, was noch zu retten war. Heydrich reiste nach Berlin. Am Branitzer Platz suchte er eine Wohnung aus, aber die siegestrunkenen Berliner SS-Führer bedeuteten ihm, er und die ganze Münchner Clique seien unerwünscht; sie wollten den Sieg mit niemandem teilen. Sie höhnten: Räumt doch erst mal in Bayern auf. An ihrer Spitze stand der ehemalige SA- und jetzige SS-Führer Kurt Daluege, Oberingenieur bei der städtischen Müllabfuhr, lang gewachsen und kräftig, Held vieler Saalschlachten und seit dem Sieg über den Meuterer Stennes Herr der SS im gesamten deutschen Nordosten. Weil er bei Hitler einen Stein im Brett hatte, wagte selbst Himmler nicht, ihn zurechtzuweisen. Selbst Göring arbeitete lieber mit ihm zusammen als mit Himmler. Er sah deshalb auch keinen Grund, den damals noch ziemlich unbedeutenden Reichsführer der SS als Juniorpartner ins Geschäft zu nehmen. Dessen Angebot, er werde ihm mit Hilfe der SS eine schlagkräftige Politische Polizei aufbauen, konnte er mit sattem Lachen ablehnen: Die hab' ich doch schon! Deren rührigste SPD-Mitglieder waren bereits außer Dienst und ihre Posten mit SA- oder SS-Führern besetzt.

Verglichen mit dem, was Heydrich später aus der Gestapo machte, war Görings Ablehnung ziemlich geprahlt. Er war eben eine Natur, die den Aplomb schätzte und Gründlichkeit eher langweilig fand. (Was sich bei seiner Luftwaffe verheerend auswirken sollte.)

Immerhin gab es bei der Berliner Polizei schon seit einem halben Jahrhundert ein politisches Referat. Zunächst sollte es Anarchisten bekämpfen, worunter man jene finsteren Köhlerfiguren verstand, genannt Carbonari, die den Mitgliedern europäischer Herrscherhäuser mit Bomben, Pistolen und Dolchen auflauerten. Bald jedoch kümmerten sich die politischen Ordnungshüter vorwiegend um Sozialdemokraten und andere republikanisch gesinnte Gruppen. Sie ermittelten Verstöße gegen die Sozialistengesetze, bekämpften Majestätsbeleidiger und Gotteslästerer. Während der Revolution von 1918 proklamierte sich die Republik zunächst als Hort völliger Gedankenfreiheit; sie löste deshalb die Politische Polizei auf.

Der junge Staat merkte jedoch bald, daß er polizeilichen Schutz nicht entbehren konnte, weil er von rechts und von links attackiert wurde. Gegen Spartakisten und gewalttätige Nationalisten rüsteten sich die Republikaner zunächst mit geheimniskrämerischen Verwaltungstricks, die ihnen den heimlichen Neuaufbau einer Politischen Polizei möglich machten. Sie konnten um so offener auftreten, je stürmischer die politische Wetterlage wurde, doch erst 1928 bekam sie eine reguläre und nicht mehr schamhaft verhüllte Beamtenstruktur mit einer offiziellen Ausdehnung über das Berliner Polizeipräsidium hinaus auf den ganzen Bereich des preußischen Innenministeriums. Organisiert wurde sie durch den Berliner Vizepolizeipräsidenten Dr. Bernhard Weiß, den der Berliner NS-Gauleiter Josef Goebbels als »Vipoprä« mit dem Vornamen »Isidor« verunglimpfte, weil Weiß Jude war.

Es wäre ziemlich langweilig für Nichtjuristen, schilderte man die Rechtsgrundlagen und ihre Wandlungen, auf die sich die Arbeit der politischen Polizei stützte. Sie wurden unter der neuen Führung ohnehin nicht mehr beachtet. Während der Monate zuvor waren im latenten Bürgerkrieg auf den Straßen Berlins täglich durchschnittlich achtzig Verhaftungen wegen politischer Delikte vorgenommen worden – vom Verteiler eines anonymen Flugblatts bis hin zum Totschläger. Sie alle waren behandelt worden, wie das Gesetz es befahl. Unter den neuen Herren ließen sich die Fälle nicht mehr zählen, weil jeder Träger eines Braunhemdes politische Gegner jagen konnte und weil nun der Willkür alle Tore geöffnet waren.

Wie bei jedem politischen Wetterumschlag gab es jetzt auch bei der Politischen Polizei einen Fragebogen, mit dem die Vergangenheit der Beamten erforscht werden sollte. Einer von ihnen war der Regierungsrat und Jurist Dr. Robert Kempner. Als Mitglied der SPD, der Liga für Menschenrechte, des Reichsbanners Schwarz-Rot-Gold (also der militanten Republikaner) und des Republikanischen Richterbundes hatte er keine Chance, sein Amt zu behalten. Und als Jude schon gar nicht. Er emigrierte und kam erst 1945 aus den USA zurück, aber jetzt als amerikanischer Staatsbürger und als Ankläger im Nürnberger Prozeß gegen die Hauptkriegsverbrecher. Er verhörte Hermann Göring, der einmal für wenige Tage sein Chef gewesen war, und war damit auch beteiligt an dem Urteil, das der Selbstmörder an sich vollstreckte.

Im Februar 1933 wußte Hermann Göring, der ehemalige Jagdflieger und Hauptmann des Ersten Weltkrieges, Vertreter von ausländischen Fallschirmherstellern, SA-Führer und Münchner Putschist von 1923, langjähriger Reichstagsabgeordneter und Berufslobbyist, nur sehr wenig über Rechte und Pflichten eines Polizisten. Obschon der Intelligenteste im Kreis der NS-Prominenz (laut medizinischen Untersuchungen im Nürnberger Kriegsverbrecherprozeß), brauchte er für die Politische Polizei einen Fachmann, der ihm den Betrieb in Gang halten mußte und den er nach vollbrachtem Werk wieder in die Anonymität eines höheren Beamten zurückschicken konnte. Ein junger Jurist im Innenministerium, alert und weltgewandt, mit deutschnationaler Schlagseite, mit Mensurnarben im Gesicht, ehrgeizig und zynisch, der dreißigjährige Regierungsrat Dr. Rudolf Diels war der Richtige. Er war während der Kanzlerschaft Schleichers in der Polizei zum Leiter des Fachbereichs Kommunismus aufgerückt, und außerdem hatte er in jener Zeit den Rechtsparteien heimlich wertvolle Hinweise geliefert – so etwa, daß ein Mann der Polizeispitze und SPD-Mitglied prominenten Kommunisten in einem vertraulichen Gespräch Ratschläge gegeben hatte, wie die Nazis besser bekämpft werden könnten. Dieser Dr. Rudolf Diels wurde also der erste Chef der Gestapo, auch wenn sie diesen Namen nicht sofort bekam.

Als Göring am späten Nachmittag des 30. Januar 1933 erstmalig als Chef das Preußische Innenministerium betrat, ließ er Diels rufen. Er sagte: »Mit den Halunken in diesem Haus will ich nichts zu tun haben. Gibt es hier überhaupt anständige Menschen?« Andererseits ließ er verkünden, er werde niemanden entlassen, der sich dem neuen Geist des Hauses anpasse. Den obersten Beamten der Preußischen Polizei, den Ministerialrat Erich Klausener, schob er jedoch gleich ins Verkehrsministerium ab; er wußte, dieser liberale Katholik und Zentrumspolitiker würde bei der ersten Ungesetzlichkeit der neuen Amtsführung öffentlich Alarm schlagen. Klauseners Name kam dann ja auch auf die Liste der Todeskandidaten beim Massenmord anläßlich des sogenannten Röhm-Putsches, bei dem Göring im Juni 1934 die Aktion in Berlin leitete. Wohin die Polizei zu steuern sei, zeigte er, indem er den SS-Obergruppenführer Kurt

Daluege mit dem Rang und der Uniform eines Generals der Polizei ausstattete. Indem er sich diesen Mann unterstellte, schaffte er sich einen Quertreiber vom Hals, der ihm durch seinen Rückhalt in der Partei, bei SA und SS und sogar bei Hitler lästig fallen konnte. Zugleich waren auch Himmlers Ansprüche auf eine Polizeiführung damit abgeblockt.

In jenen Tagen wunderte sich Robert Kempner, wie viele seiner Kollegen aus dem höheren Dienst sich gefügig gegenüber den neuen Herren zeigten und damit wohl auf die Dauer zu Spießgesellen von Verbrechern werden würden. Rudolf Diels fand dafür eine beachtliche Erklärung: Kriminalisten und Kriminelle seien ähnliche Charaktere, und als Indiz dafür führte er an, daß die italienische Polizei ihren Nachwuchs bevorzugt aus Neapel rekrutiere, damals die Stadt mit der höchsten Bandenkriminalität.

In der Öffentlichkeit tönte Göring, er miste bei der Polizei einen Augiasstall der Parteibonzen aus. Anklagend wies er darauf hin, daß er eine Anzahl Polizeipräsidenten entlassen habe, die diese Posten für treue Dienste in der SPD und bei den Gewerkschaften erhalten hätten. Er verfuhr freilich nach dem gleichen Prinzip: Nachfolger wurden SA- oder SS-Führer. Mit diesem Tribut an den Stabschef Röhm und an die Marschierer der NSDAP sicherte er sich deren Wohlwollen. Sie fütterte er außerdem mit blutrünstigen Sprüchen; am 20. Februar belehrte er die Polizisten, sie müßten auf den roten Mob schießen, und »wenn dort einer tot liegt, habe ich ihn erschossen«.

So goß er Öl in das Feuer politischer Feindschaften, die zumindest in Berlin und in anderen Großstädten grassierten, wo Nazis bei Straßen und Saalschlachten umgekommen waren. In der Tat hatten die braunen Rassenkämpfer bisher mehr Opfer beklagen müssen als die roten Klassenkämpfer. Auf beiden Seiten hatten sich Berge persönlichen Hasses aufgehäuft, und die

Feinde kannten einander vielfach von Angesicht zu Angesicht. Fast jede Einheit besaß eine schwarze Liste mit Namen und Anschriften der Gegner, die bei einem Umsturz abgeholt werden würden. Waren Hitlers Krieger in den ersten Tagen nach der Machtergreifung noch mit Siegesfeiern beschäftigt, so waren ihre Gegner bemüht, durch Protestdemonstrationen Mut zu gewinnen. Die KPD hatte sofort zum Generalstreik aufgerufen. Nur war ihr niemand gefolgt. Ihr Parteiorgan »Rote Fahne« hatte am 1. Februar den Genossen verkündet: »Eure Stunde ist gekommen, man will eure Partei verbieten! Handelt!« Ihre Flugblätter forderten: »Die Waffen in die Hände der Proletarier und der armen Bauern.«

Die heiße Luft dieses Kriegsgeschreis bewirkte nichts. Im Gegenteil waren viele Proletarier dabei, die Seite zu wechseln. Massenweise meldeten sich Antifa-Marschierer zur SA; das Volk nannte sie »Beefsteak-Nazis«, außen braun und innen rot. Wer nicht aufgenommen wurde, suchte Unterschlupf beim »Stahlhelm, Bund der Frontsoldaten«, dem Juniorpartner der emphatisch proklamierten »Nationalen Revolution«. Der Meisterpropagandist Hitler hatte schon immer behauptet, das Volk sei weiblicher Natur: Es werfe sich dem Sieger an den Hals. Allein schon die Masse der Überläufer verhinderte, daß den Untergehenden Gnade gewährt wurde: Die Neugebräunten wollten ihren Gesinnungswandel durch Taten beweisen. Da auch alte Kämpfer nicht auf ihre Rache verzichten wollten, verheerte eine Flut des Terrors Stadt und Land.

Die staatlichen Hüter der Ordnung, vom Gesetz verpflichtet, saßen unsicher im Sattel: Welche Gangart wünschten die neuen Herren? Und wie lange würden sie sich wohl an der Macht halten können? Darf man als schlichter Polizist braunen Schlägern in den Arm fallen? Konnte man einen SA-Sturm in Kompaniestärke daran hindern, Kommunisten ihres Stadtviertels aus den Wohnungen zu holen, sie zu verprügeln und abzuführen? Zumeist wurden die Opfer bei der nächsten Polizeiwache abgeliefert. Dort hielten sich die Beamten, gedeckt durch die Schreibtischplatte und ihre Vorschriften, an das Gesetz; sie ließen die Kommunisten gleich wieder laufen. Deren Strafanträge gegen ihre Peiniger wurden allerdings nicht zu Protokoll genommen, denn einer Beamtenlaufbahn war es nicht mehr förderlich, sich mit den Nazis anzulegen. Die Prügelhelden kamen jedoch schnell dahinter, daß sie in Fässer ohne Boden schöpften. Also richteten sie eigene Gefängnisse ein, in Hinterzimmern und Kellern ihrer Stammkneipen, genannt Sturmlokal, in Parteidienststellen, in stillgelegten Fabriken. Wer immer Lust dazu hatte, konnte Staatsfeinde verhören, und das hieß vielfach auch in bestialischer Weise mißhandeln oder gar eigene sadistische Wünsche befriedigen.

Am 22. Februar legalisierte Göring dieses Treiben bis zu einem gewissen Grad. Die uniformierte Staatsmacht wurde durch Hilfspolizisten verstärkt, durch 50 000 Männer, zumeist Arbeitslose, die nun statt der kümmerlichen Unterstützung einen kärglichen Sold bekamen. Die Hälfte dieser Truppe stellte die SA, die anderen kamen aus der SS (dreißig Prozent) und aus dem »Stahlhelm«, der von den Nationalsozialisten seiner gedämpften Aktivität wegen als »Papphelm« verspottet wurde. Diese Polizeiverstärkung hatte jedoch auch zur Folge, daß von nun an die Verhaftungen glimpflicher verliefen, weil allein schon der Anblick einer staatlichen Uniform manchen Nazischläger hemmte. Auch wurde Diels am 22. Februar zum »Leiter der Politischen Polizei beim Polizeipräsidium Berlin« ernannt, wodurch er die Chance erhielt, den Terror bürokratisch zu ordnen. Wenig später wurden dann freilich die Bürokraten des Innenministeriums ausgeschaltet, indem das neue Amt verselbständigt wurde. Es unterstand hinfort direkt Göring; Tun und

Lassen der Geheimen Polizisten verschwanden im dunkeln der Abschottung und in der Sperrzone der Geheimstempel. Diels präsentierte an diesem 22. Februar dann auch gleich Polizeimacht: Eine schwerbewaffnete Kolonne auf Motorrädern, in Polizeiflitzern und in Straßenpanzern zernierte den Berliner Bülowplatz. Dort hatten am 9. August 1931 Kommunisten, unter ihnen Erich Mielke, zwei Polizeioffiziere hinterrücks erschossen – jener Mielke, der bis Ende 1989 noch Minister für Staatssicherheit in der DDR war. Mit dem berechtigten Gefühl von Genugtuung drangen nun die Polizisten in die Reichszentrale der Kommunistischen Partei ein, in das Karl-Liebknecht-Haus. Sie durchwühlten es gründlich und ebenso die benachbarten Gebäude.

Das Ergebnis war mager. Zwar schleppten die Polizisten Berge von Papier heraus, aber es war Makulatur. Sie entdeckten auch gründliche Vorbereitungen zur Verteidigung des Hauses in Gestalt von Stahltüren, Kugelfängen und Geheimgängen im Keller, aber das alles taugte nicht zur Vorbereitung eines Umsturzes. Ein Waffenlager, von den Nazis zum Bürgerkriegsarsenal hochgejubelt, war geradezu kümmerlich. Hätte man Vorbereitungen für eine Revolution gefunden, dann hätte Göring mit einem Hochverratsverfahren ein Verbot der KPD erreichen können.

Für Diels wurde die Aktion trotzdem ein Erfolg; Göring blies sie auf, als habe er damit eine rote Revolution verhindert. Die Mehrzahl der Deutschen glaubte ihm, denn bis weit in die Reihen der Sozialdemokraten hinein hatten die Kommunisten einen üblen Leumund.

Wer jetzt noch immer zweifelte, daß nur das Hakenkreuz die Deutschen vor Hammer und Sichel retten könne, dem wurde fünf Tage später eingeheizt. Am 27. Februar brannte das Reichstagsgebäude. Ein Brandstifter wurde gleich am Tatort festgenommen – ein junger, geistig behinderter Holländer, der sich als Angehöriger einer kommunistischen Randgruppe bekannte. Was er gestand, war freilich mehr als dürftig. Seitdem gibt es immer wieder neue Spekulationen, wem – außer ihm – das Feuer angelastet werden könnte, welchem Zweck es dienen sollte und wie die Feststellungen eines sachverständigen Untersuchungsausschusses zu deuten wären. Nur einer wußte, kaum in das brennende Bauwerk gekommen, sofort eine Antwort auf diese Frage: Hitler. Er proklamierte, Kommunisten hätten den Brand gelegt, weil er das Zeichen zu Aufstand und Bürgerkrieg sei. Diels erlebte auf einem Balkon am brennenden Plenarsaal einen brüllenden Führer: »Jeder kommunistische Funktionär wird erschossen ... Die kommunistischen Abgeordneten müssen noch in dieser Nacht aufgehängt werden...« Göring gab sich etwas weniger gewalttätig: höchster Alarm bei der Polizei, rücksichtsloser Gebrauch der Schußwaffe bei Widerstand, Verhaftung aller kommunistischen Funktionäre.

Als Diels gegen Mitternacht ins Polizeipräsidium am Alexanderplatz zurückkam, stieß er dort auf Kommandos mit Festgenommenen, indessen schon wieder andere Gruppen in ihren Einsatzwagen zu weiteren Fängen starteten. Die Namen- und Adressenlisten – so behauptete Diels später – seien schon von der alten Besatzung des Amtes unter sozialdemokratischen Vorgesetzten angelegt worden, und damit würden nun in Preußen 1600 KP-Funktionäre eingesammelt. Das geschah ohne richterliche Haftbefehle – eine Formalität, die man sich in Zukunft grundsätzlich ersparte; wie auch die Beachtung jener Vorschrift, die verlangte, daß jeder Festgenommene innerhalb von 24 Stunden einem Richter vorgeführt werden müsse. Wozu auch dieser Papierkram! Die Opfer waren ja keine Beschuldigten, sondern Schutzhäftlinge. Offen blieb, wer vor wem geschützt werden sollte: der Häftling etwa vor der Volkswut oder der Staat vor dem potentiellen Straftäter. Sorgen bereitete den Polizisten weniger die Frage nach dem formalen Recht als vielmehr der Mangel an ausbruchsicheren Unterkünften.

Die Häftlinge waren weit zahlreicher, als Diels in seinen Memoiren zugibt, und es waren keineswegs nur KP-Funktionäre. Auch sozialdemokratische Parteileute wurden aus den Betten geholt. Besonders scharf war man hinter radikaldemokratischen Intellektuellen her, wie beispielsweise Carl von Ossietzky, dem Herausgeber des Wochenblattes »Weltbühne«, hinter Anwälten, die den Nazis mit der Verteidigung von Gegnern Ärger bereitet hatten, wie Rudolf Olsen oder Hans Litten, hinter Schriftstellern wie Erich Mühsam, der schon seit der Münchner Räteherrschaft von 1919 auf Hitlers schwarzer Liste stand. Viele Feinde dieser Art waren gerade noch rechtzeitig entkommen, nach Paris, Brüssel, Stockholm, Prag oder Zürich. Daß nach ihnen gesucht wurde, widerlegt übrigens die Behauptung Diels', daß die Proskriptionslisten noch aus der SPD-Ära der Politischen Polizei stammten. Wahrscheinlicher ist, daß diese Listen von Diels oder einem seiner Gesinnungsgenossen verlängert wurden. Er jedenfalls hielt das dünne rote Heft der »Weltbühne« für gefährlicher als das KPD-Organ »Rote Fahne«.

Hitler hat Jahre später einmal im vertrauten Kreis erzählt, wie er am 27. Februar direkt von der Brandstelle in die Berliner Redaktion seines Parteiorgans, des »Völkischen Beobachters«, gegangen sei und wie er dort den schon in Blei gegossenen Bericht über das Feuer aus dem Blatt geworfen und durch eine eigene Schilderung ersetzt habe. In Hitlers Bericht war dann unter anderem zu lesen: In Berlin sollten, ausgelöst durch das Brandzeichen, bereits ausgedehnte Plünderungen in den Einkaufsstraßen beginnen, um die Polizei zu beschäftigen. Daran sollten sich Terrorakte anschließen, mit Raub und Mord, die sich dann über das ganze Reich ausbreiten und zum Bürgerkrieg entwickeln würden. Listen der Opfer habe man bei der Besetzung des Liebknecht-Hauses gefunden.

Damit wenigstens der Schein des Rechts gegenüber der Öffentlichkeit und dem Ausland gewahrt wurde, ließ sich Hitler vom Reichspräsidenten Paul von Hindenburg noch gleich am 28. Februar eine »Verordnung zum Schutz von Volk und Staat« unterzeichnen. Sie erlaubte die Verhaftung kommunistischer Abgeordneter sowie die der meisten KP-Funktionäre — auch ohne die Zustimmung des Parlaments. Die Schutzhaft von unbestimmter Dauer wurde darin legalisiert, ebenso das Verbot kommunistischer und sozialdemokratischer Tageszeitungen. Unmittelbarer Zweck dieses Maulkorbes war: Die Angeschuldigten sollten sich nicht wehren können, damit die am 5. März geplante Wahl zum Reichstag einen totalen Sieg der Rechtsparteien, jetzt »Nationale Front« genannt, garantiere. Das Verbot der KPD behielt man sich jedoch für die Zeit nach der Wahl vor. Damit konnte man alle für diese Partei abgegebenen Stimmen ins Leere fallen lassen.

Bekanntester Reichstagskandidat der KPD war wie in den Jahren zuvor ihr Vorsitzender Ernst Thälmann, ein jetzt 46jähriger Hamburger, der auf Grund seiner Mitgliedschaft im »Zentralverband der Handels-, Transport- und Verkehrsarbeiter« während seiner politischen Karriere als »Transportarbeiter« firmieren konnte. Dies, sein Auftreten und seine Reden machten ihn zu einem Bilderbuchproletarier. Gefördert durch die höchste kommunistische Instanz, durch Josef Stalin, hatte er die Intellektuellen unter Heinz Neumann aus der Führung der KPD verdrängt. Wenn er auf einem Podium stand, massiv, breitbeinig, glatz- und rundköpfig, die rechte Faust zum Gruß erhoben, präsentierte er die Weltrevolution besser als die meist schmächtigen und bürgerlichen Schichten entstammenden Weltverbesserer.

Es war selbstverständlich, daß die Nazis diesen erfolgreichen Tribun nicht weiterhin agitieren lassen würden. Die kommunistischen Spitzenfunktionäre waren auf die Illegalität seit Jahr und Tag vorbereitet, und viele befanden sich bereits im Ausland. Die Ausreise Thälmanns war für den 5. März geplant – fahrlässig spät, denn schon am 28. Februar, kurz nach 17 Uhr, stiegen einige Polizisten ins dritte Stockwerk des Hauses Bismarckstraße 24 in Berlin hoch, wo Thälmann laut Melderegister wohnte. Sie konnten nur einige Broschüren mitnehmen; ihr Besitzer sei verreist, unbekannt, wohin. Schon wurde im Rundfunk gemeldet, er sei nach Holland geflüchtet, doch ein Schrebergärtner wußte es besser; sein Grundstücksnachbar hatte ihm anvertraut, Thälmann habe in der Lützow-Straße im ersten Stockwerk eines Mietshauses bei einem Genossen sein Versteck. Dort verhaftete ihn am 3. März 1933 ein Polizeihauptmann mit einem Überfallkommando. In Handschellen wurde er ins Polizeigefängnis am Alexanderplatz eingeliefert. Dort gab noch nicht die SA, sondern die alte Beamtenschaft den Ton an, und zusätzlich schützte Thälmann eine Anweisung des Gauleiters Goebbels, der Gefangene müsse unbeschädigt den Pressefotografen vorgeführt werden. Gegen deren Blitzlichter verwahrte er sich dann: »Fotografieren Sie doch meine zusammengeschlagenen Genossen!«

Der Leser wird in diesem Buch noch mehrmals mit Ernst Thälmann konfrontiert werden, denn die Historie der Gestapo ist notwendigerweise auch eine Geschichte ihrer Opfer – Millionen Mißhandelter, Millionen der Freiheit Beraubter, Millionen Ermordeter, anfänglich vorwiegend in Berlin, dann im ganzen Reich und schließlich in vielen Ländern Europas. Verursachten diese Verbrechen anfänglich – zumindest teilweise – affektgeladene Einzeltäter, so gerieten sie unter Himmler und Heydrich zur Fließbandarbeit.

Immerhin gab sich das NS-System bei einem so bekannten Häftling wie Thälmann wenigstens den Schein der Rechtstaatlichkeit, nicht etwa, weil sich die Nazis der Greuel schämten, sondern weil Persönlichkeiten des Auslandes und emigrierte Prominenz durch Aufrufe und Nachrichten dafür sorgten, daß der Fall nicht in Vergessenheit geriet. So änderte denn ein Staatsanwalt bereits am 6. März 1933 Thälmanns Schutzhaft in Polizeihaft um. Er sollte des Hochverrats und im Zusammenhang damit einer (wenn auch nur planenden) Beteiligung am Reichstagsbrand überführt werden. Das war allerdings auch ganz im Sinn des Häftlings, denn durch die nun eingeleitete gerichtliche Voruntersuchung wurde vorläufig verhindert, daß er in ein Konzentrationslager gesteckt werden konnte. Im Untersuchungsgefängnis Alt-Moabit wurde er dann wieder einmal Journalisten vorgeführt, weil die Pariser Zeitung »L'Humanité«, das Organ der französischen Kommunistischen Partei, behauptet hatte, er sei in der Haft geblendet und anschließend ermordet worden.

Als dann im September 1933 vor dem Reichsgericht in Leipzig der Reichstagsbrand-Prozeß anlief, saßen auf der Anklagebank außer dem in flagranti ertappten Holländer drei Bulgaren und von den deutschen Kommunisten der frühere Vorsitzende der Reichstagsfraktion Ernst Torgler, der sich noch in der Brandnacht blauäugig der Polizei zur Verfügung gestellt hatte, weil er die Unschuld seiner Partei und auch seine eigene beweisen wollte. Er und die Bulgaren wurden kurz vor Weihnachten freigesprochen, der Holländer wurde zum Tode verurteilt und später hingerichtet. Drei Wochen vor diesem Urteil hatte der Rechtsanwalt Dr. Hans Frank, Leiter des Rechtsamtes der NSDAP mit dem Titel eines Reichsleiters und auch Hitlers Rechtsbeistand, verkündet, während des kommenden Leipziger Prozesses gegen Thälmann würde die Welt den Atem anhalten, wenn sie erführe, welche Verbrechen die Kommunisten mit dem Brand hätten auslösen wollen.

Dieser Prozeß gegen Thälmann hat nie stattgefunden. Weder der preußischen Politischen Polizei noch ihrer Nachfolgerin, der Geheimen Staatspolizei, gelang es je, gegen Thälmann prozessual verwertbares Material zusammenzutragen, damit er in öffentlicher Verhandlung hätte zum Tode verurteilt werden können. Auf Befehl seines politischen Mentors in Moskau hatte er sogar die kommunistische Revolution in Deutschland zurückgestellt, weil sie zur Zeit nicht in Stalins Konzept einer Bolschewisierung Europas paßte, aber auch, weil sie gegen die militanten Organisationen der Rechtsparteien, der Republikaner, gegen die Polizei und auch noch gegen die Reichswehr nicht die geringste Chance des Gelingens gehabt hätte. Erst wenn Hitler das Reich in Grund und Boden gewirtschaftet haben würde, wollte Stalin das Zeichen zum Losschlagen geben. Dabei war Stalin – ebenso wie viele der ersten deutschen Emigranten – überzeugt, länger als acht Monate werde sich Hitlers Herrschaft nicht halten können, weil ihn dann eine unvermeidliche Wirtschaftskatastrophe aus der Reichskanzlei fegen würde. Als das Leipziger Urteil verkündet wurde, war dieser Termin jedoch schon überschritten.

Hatte der Vorsitzende der KPD das Jahr 1933 noch ohne Folter überstanden, so legten sich die braunen Schläger bei minder prominenten Gefangenen immer weniger Zwang auf. Diels hat – freilich erst nach 1945 – beschrieben, wie beim »Aufstand der Berliner SA im März 1933« selbst die Politische Polizei »nur an der äußersten Oberfläche verfolgen« konnte, wie einzelne Sturmabteilungen der SA »ihre Bezirke säuberten«. Im Stab der SA-Gruppe Berlin-Brandenburg gab es eine Abteilung Ic mit einem Sturmbannführer an der Spitze, den seine Mittäter »kalte Wade« nannten, seiner Beinprothese wegen. Er organisierte den Terror in der Reichshauptstadt. Seine Folter- und Mördertrupps lieferten ihre Gefangenen nicht mehr bei der Polizei, wohl aber in ihren eigenen Gefängnissen ab. Eine der schlimmsten Höllen war das vierte Stockwerk im Haus der Berliner Gauleitung in der Hedemannstraße. »Als wir dort eintraten«, schildert Diels eine der Polizeiaktionen gegen die SA-Banden, »lagen... lebende Skelette reihenweise mit eiternden Wunden auf dem faulenden Stroh. Jeder einzelne mußte in die bereitgestellten Einsatzwagen getragen werden; sie waren des Gehens unfähig.«

Es wäre möglich, das ganze Buch mit solch grausigen Bildern zu füllen. Auch Thälmann blieb die Folter auf Dauer nicht erspart, jedoch wurde er nicht zielgerichtet zu Tode gefoltert, wie das bei vielen anderen Häftlingen geschah. Als die Nazis ihn jedoch nicht mehr brauchten, erschossen sie auch ihn. Carl von Ossietzky zum Beispiel, einer der bekanntesten Publizisten der Weimarer Republik, ein radikaler Demokrat und Pazifist, wurde von den Nazis zu Tode gequält – auch wenn der äußere Ablauf das zunächst nicht erkennen läßt. Seine letzten Lebensjahre und sein Tod gehören zur Geschichte der Gestapo, denn sein Schicksal zeigt, wie hemmungslos die NS-Inquisition Menschen vernichtete, die sich ihr Denken nicht vom Staat und einer Partei vorschreiben ließen.

Die »Weltbühne« war laut Titelblatt eine »Wochenschrift für Politik, Kunst, Wirtschaft«, die Siegfried Jacobsohn gegründet hatte. Kurt Tucholsky war ihr ständiger Mitarbeiter, und Carl von Ossietzky leitete die Redaktion. Das Blatt stand eindeutig links, und die Autoren reichten vom radikalen Liberalen bis zum Anarchisten. Oberpolizist Diels zählte es zur giftigsten Berliner Asphaltjournalistik. Er behauptete später, mit einer Auflage wie sie der »Völkische Beobachter« besaß, hätte die »Weltbühne« »durch die Infamie ihrer Journalistik die Instinkte der Deutschen noch wirkungsvoller für Hitler mobilisiert«, als es dessen zentrales Parteiorgan vermocht hatte.

Zwei Tage vor Weihnachten 1932 war Ossietzky als politischer Straftäter aus dem Gefängnis entlassen worden. Das Reichsgericht hatte ihn als Landesverräter verurteilt, weil in seiner Zeitschrift durch den Beitrag eines Mitarbeiters enthüllt worden war, daß die Reichswehr sich nicht an die Beschränkungen hielt, die ihr durch den Versailler Vertrag auferlegt worden waren. Als Pazifist hatte sich Ossietzky verpflichtet gefühlt, den Artikel zu publizieren. Er war wie die Mehrzahl der »Weltbühne«-Mitarbeiter kein Kommunist, wie er sich denn überhaupt nicht in das Korsett einer Partei hätte schnüren lassen. Links stand er jedoch auf alle Fälle. Daß ihm seine Gefängnisstrafe erlassen worden war, verdankte er den Kommunisten ebenso wie den Nationalsozialisten. Beide Parteien hatten ein Amnestiegesetz durchgesetzt, weil sie ihren einsitzenden Mitgliedern – fast nur Gewalttätern – die Freiheit bringen wollten. Die Nationalsozialisten mußten dabei in Kauf nehmen, daß auch Kommunisten und »Salonbolschewisten« – wie sie die Intellektuellen des linken Spektrums nannten – aus dem Straferlaß Nutzen zogen, aber gerade deshalb hatten sie wohl den »Weltbühne«-Redakteur weit vorn auf ihre schwarze Liste gesetzt.

Ossietzky war noch am Abend des Reichstagsbrandes von Freunden geraten worden, unverzüglich zu emigrieren, aber er zögerte. Solange er im Lande sei – so argumentierte er –, bleibe er ein lästiger Mahner. Nur wenige Stunden später, morgens um halb vier Uhr, holten ihn Zivilbeamte der Politischen Polizei aus dem Bett. Sie brachten ihn ins Polizeigefängnis am Alexanderplatz. Er traf dort auf Torgler und auf Ludwig Renn, der von den Nationalsozialisten mit seinem Kriegsbuch anfänglich gegen den Defätisten Erich Maria Remarque und dessen Antikriegsbuch »Im Westen nichts Neues« als mannhafter Frontsoldat propagiert worden war, bis er sich als Kommunist bekannt hatte. Das Gefängnispersonal benahm sich manierlich, doch als die Verliese überquollen, wurden viele Häftlinge in das gerade entstehende KZ Sonnenburg in der Nähe von Küstrin verlegt. Dort reizten Carl von Ossietzky und sein Gesinnungsfreund Erich Mühsam schon allein durch Aussehen und Sprache die jungen und nicht nur vom Sieg trunkenen SA-Männer. So zwangen sie die beiden, ihr eigenes Grab zu schaufeln. Mühsam ging an diesen Schikanen und Mißhandlungen zugrunde, Ossietzky verfiel zusehends.

Seine letzte Station war das Lager Esterwegen im Emsland-Moor. Die Arbeit mit dem Spaten war schwer; die Häftlinge mußten Entwässerungsgräben ausheben. Wer die Arbeitsnorm nicht schaffte, wurde geschlagen und getreten. Vielfach standen »die Moorsoldaten« – wie sie sich nannten – knöcheltief im Wasser. Die Verpflegung war unzureichend, die Schikanen waren entwürdigend, Ossietzkys schmächtiger Körper war solchen Belastungen nicht gewachsen. Als arbeitsunfähig wurde er in den Innendienst versetzt. Im Sommer 1934 übernahm die SS das Lager offiziell, und ein neuer Kommandant, der Standartenführer Hans Loritz, verschärfte die Arbeits- und Haftbedingungen. Ossietzkys Freunde im Ausland setzten sich verstärkt für seine Entlassung ein. Sie fanden schließlich Gehör beim Internationalen Roten Kreuz in Genf. Weil Hitler wünschte, daß dessen Vertreter in Österreich Lager kontrollierten, in denen die illegalen österreichischen Nationalsozialisten gefangengehalten werden, mußte er auch genehmigen, daß eine Delegation deutsche Lager besichtigte. Um die Modalitäten dieses Besuchs wurde ein Jahr lang verhandelt. Die Gestapo wollte ihre schrecklichen Geheimnisse nicht preisgeben, und das Rote Kreuz wollte sich keine Potemkinschen Dörfer vorführen lassen.

Als maßgebendes Mitglied der Genfer Delegation verlangte der Schweizer Carl Jacob Burckhardt, der spätere Kommissar des Völkerbundes für den Freistaat Danzig, daß er mit Häftlingen seiner Wahl ohne Zeugen sprechen könne. Am Ort nahm er schließlich die Anwesenheit von Bewachern in Kauf und setzte dafür durch, daß er seine Besuche erst am Vortag anmelden müsse. Als er in Esterwegen ein Gespräch mit dem Häftling Ossietzky verlangte, leugnete Lagerkommandant Loritz zunächst dessen Anwesenheit. Doch nach einer lautstarken Auseinandersetzung führten zwei SS-Männer den »Weltbühne«-Publizisten herbei. »Ein zitterndes, totenblasses Etwas«, so beschrieb Burckhardt den Anblick, »ein Wesen, das gefühllos zu sein schien, ein Auge verschwollen, die Zähne anscheinend eingeschlagen ... Vor mir, gerade noch lebend, stand ein Mensch, der an der äußersten Grenze des Tragbaren angelangt war.«

Der Besuch fand im Oktober 1934 statt, also zu einer Zeit, in der die preußische Politische Polizei bereits zur reichseinheitlichen Gestapo geworden war, mit Heinrich Himmler als Chef der Deutschen Polizei und mit Reinhard Heydrich als Leiter der Politischen Polizei. Es lohnt sich nachzuvollziehen, wie es zu dieser Veränderung kam, welche Pressionen und Intrigen dabei innerhalb der Creme der NSDAP verwendet wurden. Göring war nun als preußischer Ministerpräsident an der Gestapo nur noch beiläufig interessiert. Er hatte bei Hitler den Gipfel seiner Gunst erreicht, und so konnte sich Himmler nicht widersetzen, als Göring anregte, Ossietzky in die Freiheit zu entlassen.

Es stünden – so war die Begründung – die Olympischen Spiele in Berlin vor der Tür, und die Welt dürfe nicht den Eindruck bekommen, die Deutschen stöhnten unter einer Tyrannenherrschaft. Außerdem drohe eine Verleihung des Friedensnobelpreises an Ossietzky; erhielt er ihn, dann würde überall hinzugesetzt, daß er als Zwangsarbeiter mundtot hinter Stacheldraht lebe. Göring schrieb an Heydrich, der Häftling möge in die

Berliner Charité gebracht, gründlich untersucht, bestens versorgt, aber auch sorgfältig bewacht werden.

Befund der Charité: schwere offene Tuberkulose, nicht haftfähig. Seine Frau und Freunde konnten ihn abholen und in ein privates Krankenhaus bringen. Dort durfte man ihn besuchen, aber wer es tat, riskierte, daß sein Name bei der Gestapo registriert wurde. Das Auswärtige Amt mußte der norwegischen Regierung bedeuten, die Deutschen würden es äußerst negativ werten, wenn Ossietzky den Friedensnobelpreis erhielte. Dessenungeachtet wurde er damit ausgezeichnet. Göring ließ Ossietzky kommen und schlug vor, er möge den Preis ablehnen. Doch der weigerte sich. Zur feierlichen Preisverleihung durfte er nicht nach Oslo, aber die 159 816,74 Schwedenkronen waren dem devisenarmen Reich hochwillkommen. Der Preisträger hatte davon nur geringen Nutzen. Ein Betrüger brachte ihn um den größten Teil. Beim Strafprozeß gegen diesen Mann sah man Ossietzky zum letztenmal in der Öffentlichkeit. Am 4. Mai 1938 starb er im Krankenhaus. Seiner Frau wurden Traueranzeigen, eine Trauerfeier und sogar eine Grabplatte verboten.

Es existiert von Ossietzky ein Foto aus Esterwegen: Klein, schmächtig, in dunkler Häftlingsmontur steht er vor einer Barackenwand. Die Haare sind kurz geschnitten, die Augen halb geschlossen, das Gesicht hager, im Ausdruck gespannt und verschlossen. Schultern und Arme sind militärisch gestrafft, wie gegenüber einem Bewacher vorgeschrieben. Der steht vor ihm, ein SS-Mann in schwarzer Tuchuniform, den linken Arm selbstbewußt in die Hüfte gestemmt, Gesicht und Nacken glattrasiert, von Kopf bis Fuß prall im Fleisch. Das Bild bedarf keiner erklärenden Unterschrift: Hier stehen sich eine übermächtige Staatsmacht und die geknebelte Gedankenfreiheit gegenüber. Das Gegenbild wäre ein Foto etwa vom Erntedankfest am Bückeberg: Hitler auf dem Podium und zu seinen Füßen ein

Meer hochgereckter Arme über verzückten und entrückten Gesichtern von Anbeterinnen. Diese beiden Fotos charakterisieren die bestimmenden Faktoren des Dritten Reiches, eine wie ein Rauschmittel wirkende Propaganda und die wie Curare lähmende Gewalt der Gestapo. Goebbels, der Propagandist, und Himmler, der Terrorist, bildeten zwölf Jahre lang die beiden Seiten der Medaille.

Kein Ministersessel
für Heinrich Himmler

Goebbels und Himmler rückten beide etwa zur gleichen Zeit in ihre Funktionen ein. Der Reichs- und Gauleiter Dr. Joseph Goebbels wurde am 13. März 1933 zum Reichsminister für Volksaufklärung und Propaganda ernannt. Der Einstieg des Reichsführers SS in den Staat war bescheidener. Am 9. März 1933 übernahm ein Staatskommissar unter Berufung auf das Ergebnis der Reichstagswahl vom 5. März 1933 die landesherrliche Gewalt in Bayern und setzte eine kommissarische Landesregierung an die Stelle der bisherigen Minister aus bürgerlichen Parteien. Das Potential der Ansprüche stellenden NS-Parteigenossen war in der Hauptstadt von Hitlers Bewegung so groß, daß Heinrich Himmler keinen Ministersessel zugeteilt bekam. Für ihn reichte es gerade noch zum Polizeipräsidenten von München, und auch dieser Posten war nur kommissarisch. Umgehend machte er seinen Geheimdienstchef Heydrich zum Chef der Münchner Politischen Polizei. Ihr gemeinsamer Vorgesetzter in der Parteihierarchie, Stabschef Ernst Röhm, reiste unterdessen im Land umher und ernannte SA-Führer in den größeren Städten zu Polizeipräsidenten. Es war die Zeit, in der Parteigenossen sich ranhalten mußten, wenn sie von der Machtergreifung profitieren wollten.

Heydrich konzentrierte sein Wirken zunächst auf München. Er ließ den Polizeisekretär Heinrich Müller von der Politischen Polizei zu einem Gespräch antreten, und obgleich dessen Kollegen mit einem Fußtritt rechneten, endete es mit einem Händedruck. Der klerikal engagierte und der bisherigen Regierung mehrfach und sogar persönlich engverbundene Beamte Müller blieb in seinem Amt als erfahrener Kommunistenjäger. Dessenungeachtet blieb er bei der Parteiorganisation der NSDAP schlecht angeschrieben. Sie weigerte sich noch nach Jahren, ihn als Parteigenossen aufzunehmen, obwohl er inzwischen als Polizist mehrfach befördert und dementsprechend auch in der SS mit Rang und Uniform aufgestiegen war. Ebenso unbeliebt bei den Parteigenossen war der Polizeisekretär Franz Josef Huber, der bisher die Rechtsparteien überwacht hatte und der am 9. März, als der Politischen Polizei die Besetzung durch die SS bevorstand, gemeinsam mit Müller gedroht hatte: Die Nazis mögen kommen, wir werden es ihnen schon besorgen! Heydrich fand auch ihn brauchbar, und er blieb ebenso wie die Mehrzahl seiner Kollegen im Dienst. Wer eine NS-Leiche in seinem Keller hatte, mußte nun gefügig sein, und irgendwann würde er dann im Dienst der neuen Herren ein anderes Schuldkonto zusammensammeln, das ihn hindern würde, aus seiner Laufbahn noch auszubrechen.

Nach dem 9. März 1933 entwickelte sich auch für die Münchener Polizei das Problem, das den Berliner Kollegen bereits seit Wochen Kummer bereitete: Wohin mit den Häftlingen, die von den Braunhemden angeschleppt wurden? Bayerns neuer Justizminister, der bisherige Rechtsanwalt Dr. Hans Frank, protestierte, es sei »dringlich geboten, Strafanstalten und Gerichtsgefängnisse von allen Schutzhaftgefangenen zu entlasten«. Der zum bayerischen Innenminister aufgestiegene Münchener Gauleiter Adolf Wagner empfahl, Lager für diese Häftlinge einzurichten. Himmler mag sich aus seiner abgebrochenen Fähnrichs-zeit erinnert haben, daß es nordwestlich der Hauptstadt, nahe der kleinen Stadt Dachau, zu Königszeiten eine Pulverfabrik gegeben hatte, als Gefahrenquelle ziemlich isoliert gelegen und umzäunt, wo sich in eingeschossigen Steinbauten eine Menge Staatsfeinde unterbringen und vorzüglich bewachen lassen würde.

Umgehend zog dort die SS ein, zunächst einmal mit ihren Arbeitslosen, die auf diese Weise zu magerem Sold und kosten-loser Feldküchenverpflegung kamen. Polizei und Justiz waren froh, für die Häftlinge nicht mehr verantwortlich zu sein. Nur Heydrich war enttäuscht. Das Lager Dachau unterstand nicht seinem Befehl, sondern einem Kommandanten, der Himmler unmittelbar unterstellt war. Die Politische Polizei durfte im Lager nur eine Dienststelle unterhalten, genannt Politische Abteilung. Sie war zuständig für die Einlieferung, die Aktenfüh-rung, die Entlassung. Was im Lager selbst geschah, ging sie nichts an, und so blieb es auch bis 1945, und zwar in allen Lagern. Mit der Auswahl des Kommandanten bestimmte Himmler zugleich auch das Lagerklima. Der erste in Dachau war der Hauptsturmführer Hilmar Wäckerle, doch schon nach wenigen Wochen mußte er abgelöst werden, weil ihn ein Staatsanwalt verdächtigte, den Mord an einem Häftling zugelas-sen oder gar angeordnet zu haben. Seinen Nachfolger Theodor Eicke holte Himmler aus einer Würzburger Irrenanstalt, in die er auf Betreiben des Gauleiters von der Pfalz eingewiesen worden war.

Eickes Berichten zufolge mußte er das Lager Dachau aus dem Nichts aufbauen. Die Lohnung der Bewacher sei miserabel gewesen, ebenso die Verpflegung, er selbst, im Rang eines SS-Oberführers (was später einem Regimentskommandeur gleich-gesetzt wurde), habe 250 Mark monatlich bezogen. Die SS-

Gruppe Süd, Sitz München, habe ihm nur Männer geschickt, die sonst nirgendwo unterzubringen waren. Also sei die Stimmung der Wachmannschaft schlecht, die Disziplin miserabel, seien »Untreue, Unterschlagung und Korruption« üblich gewesen. Deshalb verhängte er über seine Truppe eine drakonische Strafordnung, die sogar den Tod am Galgen androhte, sozusagen in eigener Gerichtsbarkeit. Davon war Himmler begeistert; er ließ Eicke frei schalten und walten. Wer in dessen Wachmannschaft diente, wurde mit grausamer Härte ausgebildet. Später, als Himmler sämtliche KZs regierte, wurden alle Wachmannschaften Eicke unterstellt, so die »Totenköpfler«, eine SS-Verfügungstruppe, und die »Österreichische Legion«, in der die aus der Donaurepublik geflüchteten SS-Männer zusammengefaßt und für den künftigen Einmarsch in ihre Heimat ausgebildet wurden. Einer von ihnen war Adolf Eichmann, der dann im Judenreferat der Gestapo zum Massenmörder wurde und der wohl bei dem menschenverachtenden Schliff lernte, daß ein Nationalsozialist weder Mitleid noch Skrupel empfinden darf, wenn er einen Befehl auszuführen hat.

Ehe dieses bayerische Modell des Lagerterrors sich reichseinheitlich durchsetzen konnte, also noch bevor die sadistische Willkür einzelner durch die organisierte Grausamkeit eines Systems ersetzt wurde, bedurfte es innerhalb der Nazi-Oligarchie noch etlicher Kleinkriege und veränderter Konstellationen. In Preußen, das als Land und Machtbereich des Innenministers Göring flächenmäßig die Hälfte des Reiches bildete, lagen der Staat und damit auch die Politische Polizei im beginnenden Sommer 1933 da und dort noch im Kampf mit regionalen SA- und SS-Organisationen. Diese waren seit Jahr und Tag darauf dressiert worden, im Staat einen Gegner zu sehen, und es fiel ihnen schwer, sich umzustellen, weil dieser Staat sie nun hindern wollte, sich permanent als Hüter der strafenden Gerechtigkeit aufzuspielen – und dabei Beute in Gestalt von Geld, Autos oder Grundstücken zu machen.

Als Preußens Gestapo-Chef Diels das Lager Esterwegen besichtigen wollte, verweigerte ihm die Wachmannschaft zunächst den Zutritt. Um die Häftlinge eines SA-Lagers im Kreis Barnim den Folterknechten zu entziehen, mußte er mit einer Hundertschaft bewaffneter Polizisten anrücken. Die Bewacher bauten ihre Maschinengewehre dagegen auf, und nur durch Verhandlungen wurde erreicht, daß die Häftlinge der Polizei übergeben wurden. Als ein Staatsanwalt im Gestapo-Auftrag das SS-Lager Papenburg inspizieren wollte, wurde er rausgeworfen, und mit Gewehrschüssen über seinen Kopf hinweg wurde ihm bedeutet, daß er hier nichts zu suchen habe. Aufgrund derartiger Vorfälle beschwerte sich Himmler bei Göring über die Gestapo, worauf dieser den allerhöchsten Schiedsrichter anrief. Diels mußte Hitler über die SS-Revolte gegen den Staatsanwalt berichten. Dessen Befehl: bei der Reichswehr Artillerie anfordern und das Lager erbarmungslos zusammenschießen. Dazu kam es nicht, weil die SS-Führung ihren Mannen den Rückzug befahl.

Nicht nur bei dieser Gelegenheit fragt man sich, wie weit solche wütenden Eruptionen bei Hitler ernst zu nehmen waren. Sie traten nicht gerade selten auf und waren von seiner Umgebung gefürchtet, aber es blieb fast immer bei den Drohgebärden. Freilich wußte man nie, wie ernst es ihm damit war. Zumeist dienten eine solche Eruption und ihr Ausmaß nur dem Ausbau der Führerautorität. Manche prekäre Situationen ließ er vorsätzlich auf die Spitze treiben, vor allem, wenn Gefolgsleute sich um Zuständigkeiten stritten, damit er am Ende als Schiedsrichter auftreten konnte. Deswegen durfte Göring auch den Reichsinnenminister Frick vor den Kopf stoßen, indem er die preußische Politische Polizei in ein Geheimes Staatspolizeiamt (Gestapa) umwandelte, es aus der Innenverwaltung gänzlich herauslöste und sich direkt unterstellte. Nun konnte es von keinem Ministerium mehr kontrolliert werden. Ein anderes Gesetz verhinderte, daß Tun und Lassen dieses Amtes durch das Urteil irgendeines Gerichts beeinflußt werden konnten. Falls das Gestapa (vom Volksmund Gestapo genannt) etwas beschlagnahmte oder jemanden verhaftete, half kein Einspruch, nicht mal das Wort eines Richters. Versuche Himmlers, etwa über SS-Mitglieder auf die Gestapo einzuwirken, blockte Göring ab, indem er den Berliner SS-Gruppenführer Kurt Daluege in die Organisation der Preußischen Polizei in einer Spitzenposition einbaute. Dieser war immer bereit, sich mit der Münchener SS-Führung anzulegen.

Während des Frühjahrs 1933 versuchte Heydrich ein weiteres Mal, in das preußische Konkurrenzunternehmen einzudringen. Kamerad Daluege sollte ihm dabei behilflich sein. Der ließ sich jedoch nicht einmal sprechen und ließ nur ausrichten, Diels habe von Göring die Anweisung, Beamte der Münchener Polizei zu verhaften, sobald sie sich in preußische Angelegenheiten einmischten. Heydrich reiste wiederum unverrichteter Dinge in den Süden ab. Dort, glaubte er, sei der Boden für seine Mission günstiger.

Die Süddeutschen reagierten auf den preußischen Elan skeptisch. Noch immer wirkte die Niederlage von 1866 nach, wirkten konfessionelle Unterschiede mit, ebenso stand der Berliner Hochmut, der herablassend von Provinz zu sprechen gewohnt war, Gemeinsamkeiten im Wege. Von allen katholischen Kanzeln wurde am 10. Juni 1933 ein Hirtenbrief der deutschen Bischöfe verlesen, der zwar die Ziele der neuen Staatsmacht en bloc begrüßte, zugleich aber Forderungen der Kirche anmeldete. In den süddeutschen Ländern war die Polizei noch dem jeweiligen Innenminister unterstellt, und wenn auch inzwischen alle Landesregierungen nationalsozialistisch gleichgeschaltet waren, so waren sie doch auf Selbständigkeit gegenüber dem Berliner Zentralismus bedacht. Meist waren auch diese Länder etwas zurückhaltender im Umgang mit politischen Gegnern; die Zahl der Schutzhäftlinge war hier – prozentual gerechnet – wesentlich geringer als in Preußen. Selbstverständlich hatte jedes Land sein eigenes Schutzhaftlager mit SA- oder SS-Männern als Bewacher, aber mit Ausnahme von Dachau geriet keines dieser Lager zu so trauriger Berühmtheit wie etliche der preußischen.

Deshalb reagierte man im Südwesten hinhaltend, als das preußische Innenministerium anbot, die Länder könnten dem Vorgehen im Norden folgen. Sie glaubten vielmehr, dem Zentralismus entgegenzusteuern, als sie sich dem Vorbild Münchens und einem Angebot Himmlers anschlossen. Ihn ernannten fast alle Landesregierungen – zunächst mit Ausnahme Preußens – zum kommissarischen Kommandeur ihrer jeweiligen Politischen Polizei. Mit der Einsetzung des Reichsführers SS ging die Verantwortung von den Ländern auf die Partei, also die SS, über. Der Reichsfinanzminister bezahlte dafür pauschal. Bei den zuständigen Gauleitern bedankte sich Himmler für ihr Entgegenkommen, indem er sie zu Ehren-Gruppenführern der SS ernannte. Die Gauleiter freuten sich über diese Ernennung und über ihre zusätzliche Uniform, deren feierliches Schwarz mit den hellen Reversaufschlägen und den glitzernden Rangabzeichen sie aus der Masse ihrer Politischen Leiter heraushob.

Das alles entwickelte sich nicht ohne die schweigende Zustimmung Hitlers. Damit keiner seiner Satrapen zu mächtig würde, spielte er sie wie eh und je gegeneinander aus. Der Sammler von Ämtern und Würden Göring – momentan war er Präsident des Reichstags, Luftfahrtminister, Preußischer Ministerpräsident, zuständig für Jagd und Forsten, für wirtschaftliche und militärische Fragen – hatte nicht nur als Person in körperlicher Hinsicht zu sehr an Gewicht gewonnen. Deswegen erhielt er nun mit Himmler auf dem Gebiet der Polizei einen Rivalen. So nützlich die preußischen Praktiken der Gegnerbekämpfung auch sein mochten – weil sie abschreckend wirkten –, sosehr trugen sie dazu bei, der »nationalen Erhebung« einen schlechten Ruf zu verschaffen, der sich im Ausland etwa durch den Boykott deutscher Waren und anderer Handelsbeschränkungen insofern ungünstig auswirkte, als der von Hitler versprochene Abbau der Arbeitslosigkeit dadurch verzögert wurde. Dagegen bot Himmler ein geschlossenes System des Terrors an, bei dem der Staat weitgehend aus dem Spiel bleiben konnte und eine zur Disziplin erzogene Organisation hoffen ließ, daß ihr Tun gegenüber der Öffentlichkeit weitgehend abgeschottet blieb. Überließ man ihr den Kampf gegen die Gegner von der Ermittlung notfalls bis zur Vernichtung, dann ließ sich alles mit dem Stempel »Geheim« in seinen verschiedenen Variationen weitgehend vor unerwünschter Mitwisserschaft schützen.

Mit dem Auftrag, den NS-Staat abzusichern, würde die SS eine Aufgabe bekommen, die sie berechtigte, auch nach der Machtergreifung weiterzubestehen. Die SA sah den Sinn ihrer Betriebsamkeit zunächst einmal im Kampf für einen nationalen Sozialismus und in der Wehrertüchtigung, worunter so etwas wie eine Vorstufe und eine Ergänzung der Wehrmacht zu verstehen war. Viele ihrer Führer wollten sich jedoch nicht damit begnügen, Lieferanten eines vorbearbeiteten »Menschenmaterials« für die Generäle zu sein. Ihr Stabschef Ernst Röhm, Hauptmann aus dem Ersten Weltkrieg und Oberstleutnant a. D. der bolivianischen Armee, hatte schon konkrete Pläne, wie eines nicht mehr fernen Tages eine zusätzliche Machtergreifung in den deutschen Streitkräften durch das Führungskorps der SA stattfinden könnte.

Hitler kannte Röhm seit 1919, 1923 hatten sie gemeinsam geputscht, waren gemeinsam gescheitert und deshalb auch gemeinsam verurteilt worden. Dem Ex-Offizier war es dabei in erster Linie um das Abwerfen jener militärischen Fesseln gegangen, die der Versailler Vertrag den Deutschen auferlegt hatte. »Volkstribun« Hitler dagegen plante, die Deutschen durch eine neue Weltanschauung zu Herren Europas zu machen. Nun hatten sie gesiegt, Hitler und Röhm, ohne Putsch, durch Agitation und Terror, und die Agitatoren hatten den SA-Männern eine Revolution versprochen, aber nach einem Fahnenmeer, nach Paradenmärschen, nach Jubelstürmen und einem Halali, das die Jagd auf Gegner beenden sollte, hatte man ihnen gesagt, die Revolution habe nun stattgefunden. Jetzt hieß es, Ruhe sei die erste Bürgerpflicht. Der Ordnungshüter Diels konnte sich selbst loben: »Ohne mein Wirken« hätte »das erste Jahr des wilden Aufbruchs zur ›Nacht der langen Messer‹ geführt«.

Es mag dahingestellt bleiben, ob dieses Eigenlob stimmt oder stinkt. Gewiß hatte die oberste Führerschaft der Partei in staatlichen und privaten Bereichen inzwischen Einfluß und Einkommen reichlich eingesammelt, doch die Masse der Marschierer war leer ausgegangen. Sie forderte eine zweite Revolution. Damit eröffnete sich für die Politische Polizei ein neues Arbeitsfeld innerhalb der NSDAP. Göring ließ im Januar 1934 durch Diels einen Katalog der SA-Verbrechen in Preußen zusammenstellen und übergab ihn Hitler. Es war sein erster Flintenschuß gegen den Parteigenossen Röhm. Sein Vorteil gegenüber seinem Gegner war dabei, daß der Hauptmann a. D. bei Hitler wieder einmal schlecht angeschrieben war. Görings Nachteil jedoch, daß er ohne eine eigene Basis in der Partei in diesen Streit ging. Der Gedanke lag nahe, diese Basis in der SS zu suchen; Heinrich Himmler war es längst leid, unter dem Oberbefehl des SA-Stabschefs zu stehen.

Das Bündnis setzte jedoch voraus, daß der Zank zwischen Himmler und der Gestapo beigelegt wurde. Er hatte sich allerdings erneut entzündet, als Diels den SD gehindert hatte, in Preußen SS-Aktionen gegen Freimaurerlogen und katholische Vereine zu veranstalten. Um ihm das abzugewöhnen, hatte eines Abends ein SS-Stoßtrupp seine Wohnung durchsucht und Aktenbündel mitgenommen. Im Gegenschlag war Diels noch in der gleichen Nacht mit einem Trupp schwerbewaffneter Polizisten in ein SS-Quartier eingedrungen und hatte den Anführer des SS-Kommandos ins Polizeigefängnis gesteckt. Anschließend hatte er sich mit seinem Kraftwagen in die Tschechoslowakei abgesetzt. Er fürchtete ein SS-Rollkommando. Doch schon nach zwei Wochen hatte ihn Göring telefonisch nach Berlin zurückgerufen. Die Anschuldigungen gegen ihn hätten sich als unsinnig erwiesen, und sein Nachfolger, der Altparteigenosse und preußische Landtagsabgeordnete Paul Hinkler, sei unfähig – was insofern niemanden überraschen konnte, als man ihn schon als Gauleiter in Halle wegen zeitweiser Unzurechnungsfähigkeit hatte ablösen müssen. Als Entschädigung für den ausgestandenen Schrecken habe Himmler (laut Göring) nun angeboten, Diels als Standartenführer in die SS aufzunehmen.

Dessenungeachtet geriet Diels dann doch in das Getriebe einer weit ausgreifenden Auseinandersetzung, zu der er mit seinem Bericht über die SA-Greuel einen Stapel Munition beigetragen hatte. Röhm und seine SA-Führer wurden Hitler zunehmend lästig. Wenn er ihnen – wie sie forderten – die Reichswehr auslieferte, stand er ihren weiteren Forderungen wehrlos gegenüber. Wiederum ging es um das Problem, das seit über einem Jahrzehnt zwischen dem SA-Führer und dem Parteiführer schwelte: Soldat oder Politiker, wer durfte das Machtwort sprechen? Der Reichspräsident würde in absehbarer Zeit sterben; der fast 87jährige war krank. Auf ihn war die Reichswehr vereidigt, und es war die Frage, wer ihr künftiger Oberbefehlshaber sein würde. Wenn Röhm dann Reichswehrminister sein würde – wonach er strebte –, dann konnte er über die feldgrauen und über die braunen Soldaten verfügen, insgesamt über ein Heer von Millionen. Konnte sich ein Kanzler gegen eine solche Machtfülle behaupten?

Erwägungen dieser Art mögen den Diktator um die Jahreswende 1933/34 beschäftigt haben, und dabei mochte er sich erinnert haben, daß die SS schon einmal einen SA-Aufstand im Keim erstickt hatte, als deren Gruppenführer Stennes in Berlin revoltierte. Vielleicht erwog er, Röhm und dessen Anhang mit Worten und kleinen Zugeständnissen zu besänftigen. Offen blieb dann nur, wen man der unzufriedenen Masse als Sündenbock anbieten würde. Er verfaßte zum Jahreswechsel 1933/34 einen sehr persönlich gehaltenen Anerkennungsbrief an seinen »lieben Stabschef«, bei dessen Veröffentlichung das Volk erfuhr, daß der Absender und der Empfänger sich duzten. Darin war von »unvergänglichen Diensten« die Rede, die Röhm »der nationalsozialistischen Bewegung und dem deutschen Volk geleistet« habe. Diesem Zuckerbrot folgte wenige Monate später jedoch der Wink mit der Peitsche, als sich die nun zerstrittenen Kumpane in einem mehrstündigen Gespräch schreiend beschimpften. Spätestens nach dieser Auseinandersetzung faßte Hitler die Möglichkeit ins Auge, den Konflikt gewaltsam zu beenden – so, wie es dann am 30. Juni geschah.

Unmöglich können in diesem Buch Vorgeschichte und Ablauf der nationalsozialistischen Bartholomäusnacht gründlich geschildert werden. Sie kam für die meisten Deutschen wie ein Blitz aus heiterem Himmel; nach Aufregungen, dem Lärm und Terror der Machtergreifung, dem Judenboykott und den sogenannten Gleichschaltungen in Ämtern, Verbänden und Vereinen schien sich die allgemeine Lage zu beruhigen. Noch am

20. April 1934, am 45. Geburtstag Hitlers, hatte Röhm in einem Tagesbefehl an die SA-Männer verkündet, ihre Formation würde »für alle Zeiten« Hitlers getreueste sein in einem »niemals wankenden Gehorsam«. Am gleichen Tag freilich ließ Göring verkünden, Himmler sei neuer Leiter der Gestapo, und Diels werde als Regierungspräsident nach Köln gehen. Das war das Bündnis zwischen Polizei und SS. Zur gleichen Zeit versicherte Hitler den Generälen, daß die SA keinesfalls die Reichswehr gleichschalten dürfe. Damit war Röhm ausgetrickst, ehe er beginnen konnte, einen Feldzug zur Aufstellung einer Miliz zu entwickeln.

Die Übernahme des Gestapo-Hauptquartiers in der Berliner Prinz-Albrecht-Straße vollzog sich einigermaßen chaotisch – wohl, weil es ein (wenn auch verspäteter) revolutionärer Akt sein sollte. Himmler, Heydrich und ihr zahlreiches Gefolge überfluteten unerwartet den Amtssitz. Nahezu sämtlichen leitenden Beamten wurde mitgeteilt, sie würden ins Innenministerium versetzt. Kriminalrat Arthur Nebe, der sich als ein Parteigänger der Nazis entpuppte, durfte vorschlagen, wer im Amt bleiben könnte. Alle freigeräumten Positionen wurden umgehend mit SS-Führern besetzt. Diels versuchte vor seinem Abschied aus Berlin vergeblich, zu Himmler oder Heydrich vorzudringen. Sie ließen sich durch Adjutanten abschirmen. »Das Vorzimmer«, so beschrieb Diels die Situation, »war ein Heerlager, überall schwarze Uniformen, dazwischen Mädchen mit Schneckenfrisuren (treudeutsche Zöpfe eingerollt und hochgesteckt), alle sprachen den bayerischen Dialekt.« Zu Recht vermutete die »Basler Nationalzeitung«, in jenen Tagen das Leibblatt bürgerlicher Antifaschisten: »Die Ernennung des Reichsführers der SS an Stelle des seit einiger Zeit beurlaubten Diels bedeutet zweifellos einen schärferen Kurs der politisch immer wichtiger werdenden Geheimen Staatspolizei.«

Damit war auch die Gestapo für die Aktion gegen die SA gerüstet, die von Hitler vorbereitet wurde, damit sie aus dem Stand heraus starten konnte, falls Röhm und seine SA-Führer zuvor noch revoltierten. Die bis heute nicht geklärte Frage ist jedoch: Wollten sie das überhaupt? Und wenn ja: Was wollten sie damit erreichen? Hitler nannte sie in seiner langen Rede vor dem Reichstag am 13. Juli Hoch- und Landesverräter, aber kein Richter hat je diesen Vorwurf bestätigt, weil die angeblich Schuldigen als Tote nichts mehr aussagen konnten. Sie starben auf Befehl des Führers und Kanzlers, der sich selbst zum Obersten Gerichtsherrn des deutschen Volkes für diesen Komplex ernannt hatte. In seiner Reichstagsrede vom 13. Juli 1934, die ein Rechenschaftsbericht sein sollte, erzählte er langatmig, unzusammenhängend, im Grunde verworren, wer sich mit wem verschworen habe, aber weder er noch seine Apologeten legten beweiskräftiges Material vor, daß es jemals einen konspirativen Plan gegeben habe.

Es gab zweifellos Meinungsverschiedenheiten zwischen Partei- und SA-Führung. Sie waren schon vor 1923 aufgetreten und im Grunde nie beseitigt worden, weil es immer strittig geblieben war, wer über SA-Einsätze entscheiden durfte: der Politiker oder der Soldat? Sollten die Parteisoldaten ernstlich angenommen haben, es sei nun nach den anfänglichen wirtschaftlichen und politischen Erfolgen des Politikers Hitler die Stunde gekommen, gegen ihn erfolgreich putschen zu können? Oder dachte am Ende nicht Hitler, die Zeit sei günstig, sich diese unbequemen Drängler vom Hals zu schaffen? Geht man davon aus, dann war der Röhm-Putsch vielleicht nur ein von Hitler, Göring, Himmler und Heydrich veranstaltetes Schreibtischmanöver, bei dem am Ende der angenommene Feind dann wirklich bluten mußte.

Hitler bereitete seinen Coup langfristig vor, mit einer Geste scheinbarer Versöhnung. Am 4. Dezember 1933 wurde Röhm (ebenso Rudolf Heß) als Minister ohne Geschäftsbereich ins Kabinett berufen. Zu sagen hatte er nichts. Seiner Forderung nach einer nationalsozialistischen Wehrmacht wurde am 9. Februar 1934 scheinbar Genüge getan, indem die Soldaten nunmehr das Hoheitszeichen der Partei (Adler mit ausgebreiteten Schwingen und in den Fängen einen Kranz mit dem Hakenkreuz in der Mitte) auf der Brust und an der Mütze tragen mußten. Am 25. April durfte im Gegenzug Rudolf Heß, Stellvertreter des Führers in Parteiangelegenheiten, die Funktionäre der Partei und ihrer Filialen zu einer von allen Rundfunksendern übernommenen Vereidigung zusammenrufen – 800 000 Männer schworen Hitler Treue und demonstrierten, daß nicht nur die SA eine Masse Uniformen bewegen konnte.

Anfang April 1934 fragte der US-Journalist Louis P. Lochner Hitler in einem Interview, ob es nicht unter den Herren seiner »nächsten Umgebung Männer gebe, die sich an Ihre Stelle setzen möchten«? Da es sich, sagte der Kanzler, um »harte, aufrechte Männer« handle, seien »Reibungen« unvermeidlich, aber alle würden sich »in bewunderungswürdiger Weise« seinen Wünschen unterordnen. Lochners Frage war offenbar ausgelöst worden durch ein Angebot Hitlers an den britischen Lordsiegelbewahrer Antony Eden, die SA auf ein Drittel ihrer Stärke zu reduzieren, falls Großbritannien ihm in der Politik entgegenkomme.

Im Frühjahr besiegelte Hitler sein Bündnis mit der Reichswehr; sein Unterhändler war dabei der General Walter von Reichenau, den Blomberg als Oberst aus Ostpreußen mitgebracht hatte und der schon vor der Machtergreifung als Vertrauensmann der Nazis gegolten hatte. Jetzt konnte er als rechte Hand des Reichswehrministers befehlen, daß der SS auf Anforderung Waffen und Transportmittel zur Verfügung gestellt würden. Im Mai mußte die Partei einen Propagandafeldzug gegen »Miesmacher und Kritikaster, Gerüchtemacher und Hetzer« inszenieren. Primitive SA-Mitglieder sollten wohl damit zu Übergriffen aufgefordert werden, damit das eingeplante Strafgericht eine zusätzliche Begründung erhalte. Andererseits mußte jedoch auch verhindert werden, daß jemand den schon eingefädelten Kabalen auf die Spur kam. Also verbot Rudolf Heß am 9. Juni allen Parteiorganisationen, einen eigenen Nachrichtendienst zu unterhalten – mit Ausnahme der SS und ihrem SD. Die Mitglieder des SD waren auf Gehorsam und Verschwiegenheit eingeschworene SS-Mitglieder, vielfach im Hauptberuf auch bei der Gestapo tätig und nur kenntlich an einer unscheinbaren kleinen Raute mit den Buchstaben SD in der Mitte, die im unteren Teil des linken Jackenärmels befestigt war.

Damit waren Hauptpersonen und Handlung festgelegt für eine Tragikomödie, die mit einem Massenmord endete. Sie begann mit einem stürmischen Vorspiel. Röhm mußte sich vom Reichskanzler eine Flut von Vorwürfen gegen die SA anhören, und daraus wurde das schon erwähnte lautstarke und keineswegs einseitige Streitgespräch, das sich über Stunden hinzog. Am Ende einigten sich die beiden Kampfhähne: Vom 1. Juli bis Monatsende sollte die SA Urlaub haben, ihre Uniformen mußten im Schrank bleiben, und Röhm sollte in dieser Zeit seine lädierte Gesundheit durch eine Kur in Bad Wiessee am Tegernsee kurieren. Durch das Presseamt der SA ließ er verkünden, »daß er nach Wiederherstellung seiner Gesundheit sein Amt in vollem Umfang weiterführen« werde.

Die Falle war gestellt und schon terminiert auf den 30. Juni, einen Samstag, ein Tag, an dem Hitler in Zukunft vorzugsweise überraschende Aktionen auslösen sollte, weil die Regierenden in den meisten Hauptstädten dann schon auf dem Weg ins Wochenende und die Staatsapparate bereits in Ruhestellung gegangen waren. Für die Mitglieder der SA hatte an diesem Tag der Urlaub schon begonnen. Bewaffnete Verbände der SS, die Gestapo und Teile der Reichswehr waren jedoch schon seit Tagen in Alarmbereitschaft. Scheinbar sorglos ging Hitler am 28. Juni auf Reisen, von Berlin nach Essen, wo er Gast bei der Hochzeit des dortigen Gauleiters war und wo er Krupps Kanonenschmiede besichtigte. Am folgenden Freitag ließ er sich Einrichtungen des Reichsarbeitsdienstes im Westen zeigen, um dann am Nachmittag zum Rheinhotel Dreesen in Godesberg zu fahren, wo er schon wiederholt eingekehrt war. Um Mitternacht blies ihm dort der Arbeitsdienst den volkstümlichen Ohrenschmaus des Großen Zapfenstreichs und bot ein Fackelspektakulum. Es kamen jedoch – so die später erzählte Legende – so alarmierende Nachrichten aus München, daß der Führer kurz entschlossen und nur mit kleinem Gefolge auf dem Flugplatz Bonn-Hangelar in seine dort wartende Junkers-Maschine gestiegen sei, um mit dem ihm eigenen Mut die Meuterer in Bayerns Hauptstadt zur Räson zu bringen.

Hätten Röhm und die angeblich Mitverschworenen beabsichtigt, am 30. Juni ihren Führer mit einer Palastrevolution nach Walhall zu schicken und ihm die Creme der Politischen Leiter als Begleiter mitzugeben, dann wäre der Gestapo-Mannschaft einschließlich Himmler immerhin vorzuwerfen, daß sie das Komplott erst in letzter Stunde gewahrten. Und hätten sie von der Bedrohung nichts gewußt, dann wäre ihnen schlichtes Versagen anzukreiden. Tatsächlich wußten sie sehr genau, was sich im geheimen abspielte, denn sie wirkten als Regisseure bei den Vorbereitungen zur Bartholomäusnacht mit.

Der Auftritt des Hauptdarstellers Hitler in München war bühnenreif für ein Schmierentheater. Er riß im Innenministerium zwei hohen SA-Führern die Rangabzeichen von den Uniformen und ließ sie ins Gefängnis bringen. Aus Wiessee hatte inzwischen der SA-Obergruppenführer Viktor Lutze telefonisch gemeldet, daß die Aufrührer im Hotel Hanselbauer noch schliefen. Im gepanzerten Mercedes fuhr Hitler, behütet von SS-Männern in zwei Fahrzeugen gleicher Art, an den Tegernsee. Zu dem im Schlafanzug in die Hotelzimmertür tretenden Röhm sagte er: »Du bist verhaftet!« Ohne Widerspruch folgte der aus dem Schlaf gerissene Stabschef zwei Gestapo-Beamten ins Erdgeschoß. Er war jetzt nicht einmal mehr Hauptmann a. D., hatte ihn doch Reichenau in Hitlers Auftrag zwei Tage zuvor aus dem Deutschen Offiziersbund ausschließen lassen. Aus dem gegenüberliegenden Zimmer mit der Nummer 31 holten Gestapo-Beamte unter heftigem Gerangel den SA-Obergruppenführer Edmund Heines und einen seiner Geliebten heraus. Der hünenhafte Leutnant a. D. und Freikorpskämpfer war als Fememörder im Zuchthaus gewesen, hatte seit seiner durch eine Amnestie bewirkten Entlassung der Partei (gegen Bezahlung) als Redner gedient und zeitweise als Zeugmeister die Uniformen an Parteigenossen verkauft, ehe er 1933 Gelegenheit bekommen hatte, in Breslau eine Schreckensherrschaft aufzuziehen.

Auf der Rückfahrt nach München begegnete die Wagenkolonne Hitlers nacheinander den Autos anreisender SA-Führer. Kurzfristig, am 28. Juni, hatte ihr Führer sie durch Röhms Adjutanten zu einer Tagung nach Bad Wiessee befehlen lassen. Sie wurden auf der Landstraße von SS-Polizei einzeln angehalten. Wer in Ungnade gefallen war, wurde festgenommen, wem man gnädig gesinnt war, der durfte umkehren und sich dem wachsenden Hofstaat anschließen.

Die Verhafteten, in einem Omnibus zusammengesammelt, wurden im Stadelheimer Gefängnis zunächst einmal verwahrt, bis Hitler entschied, wer von ihnen überleben durfte. Das Todesurteil bestand aus einem Blatt weißen Papiers mit einer Liste von Namen, die Hitler im Braunen Haus an seinem

Schreibtisch durchsah und eine Anzahl davon ankreuzte. Über den dienstbeflissenen Parteifunktionär Martin Bormann ging die Liste an das Erschießungskommando weiter, das im Gefängnishof Stadelheim tat, was es für seine Pflicht hielt. Dem Duzfreund Röhm ließ Hitler eine Pistole als Aufforderung zum Selbstmord in seine Zelle bringen. Weil er ihr nicht nachkam, wurden zwei SS-Führer als Scharfrichter in seine Zelle geschickt. Der Ranghöhere schoß, es war Theodor Eicke, Kommandant im KZ Dachau.

Als Handlanger standen Hitler SS-Männer der Leibstandarte zur Verfügung, die in Kraftwagen der Reichswehr herbeigeschafft worden waren. In ihrem Standort, der Kaserne in Berlin-Lichterfelde, waren genug ihrer Kameraden zurückgeblieben, um auch dort befehlsmäßig ein Blutbad anzurichten. Die Mordaktion leiteten hier Göring, Himmler und Heydrich, nachdem ihnen ihr Führer mit dem Codewort »Kolibri« telegrafisch die mörderische Jagd auf Menschen freigegeben hatte.

Gregor Strasser stand auf Hitlers Liste ganz oben. Bis Dezember 1932 war er Reichsorganisationsleiter in der NSDAP und damit zweiter Mann an der Spitze der Partei gewesen; und er war aus dem Amt geschaßt worden, weil er versucht hatte, mit dem damaligen Reichskanzler Schleicher und Gewerkschaftsfunktionären eine parlamentarische Mehrheit für eine stabile Reichsregierung zusammenzubringen. Hitler hatte ihm diesen »Treuebruch« nie vergeben und den Gestapo-Chef Diels schon gelegentlich gefragt: »Weshalb lebt dieser Mann eigentlich noch?« Nun erfüllte ihm die Gestapo seinen Wunsch. Bewaffnete SS-Männer führten Strasser in Handschellen durch den Mittelgang im Kellergeschoß der Prinz-Albrecht-Straße und stießen ihn in eine der rechts und links aufgereihten Zellen des Hausgefängnisses. Angeführt wurde die Gruppe von einem Hauptsturmführer der SS, der in der rechten Hand eine 08-Pistole hielt, wie sie von der Reichswehr verwendet wurde. Wenige Augenblicke später hörten die Häftlinge im Keller fünf Schüsse, und der Hauptsturmführer trat auf den Flur mit den Worten: »Das Schwein wäre erledigt!« Die Leiche wurde in einem Sack weggetragen.

Strassers Partner im seinerzeitigen Treuebruch, General Kurt von Schleicher, wurde gleich in seinem Haus von einem SD-Mann erschossen, und weil Schleichers Frau Augenzeuge war, starb auch sie an der Seite ihres Mannes. Ebenso starb an diesem 30. Juni in Berlin der General Kurt von Bredow, der gemeinsam mit Schleicher die Reichswehrspitze durch politisches Ränkespiel in Unruhe gehalten hatte. Unbequeme Zivilisten wurden ebenfalls kurzerhand ermordet: so Dr. Erich Klausener, der einmal die Politische Polizei des Landes Preußen gelenkt hatte, nun im Verkehrsministerium Dienst tat und Leiter der Katholischen Aktion war; so Edgar Jung, der für Vizekanzler Franz von Papen Reden zu schreiben pflegte und auch die den Nazis so ärgerliche Rede Papens in Marburg verfaßt hatte; so der Oberregierungsrat von Bose, ein Mitstreiter Klauseners in der Katholischen Aktion, mit der die Kirche sich gegen die antichristliche Propaganda der SS zu wehren versuchte.

Es starben nicht nur Männer aus der politischen Prominenz. In München erschoß das SS-Kommando einen Musikkritiker. Weil er Schmidt hieß, fiel er einer Namensverwechslung zum Opfer. Erschossen wurde auch der Wirt eines Münchener Gasthauses zusammen mit zweien seiner Kellner. Sie waren verdächtig, weil sie zu einem Klüngel von Homosexuellen gehörten, den Röhm in diesem Lokal angesiedelt hatte. In Württemberg wurde sogar der Chef der Geheimen Staatspolizei Stuttgart »hingerichtet«, ihn hatten SS-Kameraden über viele Kilometer Landstraßen gejagt und schließlich in einem Straßengraben erschossen. Die Leiche ließen sie liegen. Im Vogtland starb ein Hitlerjugend-Führer, weil ein persönlicher Feind die

Gelegenheit benutzte, ihn zu denunzieren. Einer der Berliner Toten war der SA-Gruppenführer Karl Ernst. Er wollte den SA-Urlaub zur Hochzeitsreise nutzen und war am 30. Juni gerade dabei, sich mit seiner Frau in Bremen einzuschiffen, als ihn die Gestapo verhaftete. Erst glaubte er, Kameraden leisteten sich mit ihm einen Scherz, wie er wohl in diesen Kreisen üblich war. Das Lachen verging ihm erst, als er in der Berliner SS-Kaserne den Ernst der Situation erahnte, aber jetzt glaubte er, die SS putsche gegen Hitler. So rief er »Heil Hitler!«, ehe ihn die Salve traf.

Reagiert so ein Mann, der seinen Führer ermorden wollte? Andere SA-Größen verhielten sich in der Haft und auch angesichts des Todes ähnlich. Kein Vernehmungsprotokoll, kein Dokument bestätigt, daß es dieses Komplett gegen Hitler überhaupt gegeben hat. Doch es existieren Fakten, die eine andere Deutung zulassen. So ließ Himmler bereits im Mai durch den SD eine »Reichsliste unerwünschter Personen« zusammenstellen – und auf ihr standen auch Namen jener Opfer, die am 30. Juni 1934 sterben mußten. Von vielen wußte man, daß sie sich nie und nimmer mit der SA verbündet hätten. Gegen Hitler und sein System waren sie freilich alle. Verdächtig ist ja wohl auch, daß Himmler drei Tage vor dem Massenmord die Abschnittsführer der Allgemeinen SS und des SD in Berlin versammelte. Offenbar wurden sie dabei schon instruiert, welche Aufgaben sie in den nächsten Tagen zu übernehmen hatten.

Über die Zahl der Ermordeten existieren keine verläßlichen Angaben. Der notorische Lügner Hitler sprach zwar in seiner Reichstagsrede von 74 Toten – und das sollten angeblich alle sein. Die Rede wurde – wie üblich – über alle deutschen Sender ausgestrahlt, und die Zahl erschien den meisten Hörern gerechtfertigt, da der Redner auch in der Lage war, den Mann namentlich zu nennen, der ihren »verehrten Führer« erschießen sollte.

Hitlers Angaben klangen verläßlich, da er auch von drei hingerichteten SS-Männern sprach, die angeblich wegen Mißhandlung von Schutzhäftlingen erschossen wurden. Im Ausland jedoch verbreiteten Journalisten und Emigranten erheblich höhere Zahlen, weit über hundert oder gar über tausend. Allerdings reihten sie unter die Toten auch NS-Gegner ein, die sich später als quicklebendig erwiesen. Wahrscheinlich wäre nur die Gestapo in der Lage gewesen, eine halbwegs zutreffende Zahl zu nennen. Doch auch sie hat sich offenbar nicht die Mühe einer solchen Statistik gemacht, denn aus Briefen geht hervor, daß sich weder der Reichsinnenminister Dr. Wilhelm Frick noch der Stellvertreter des Führers Rudolf Heß in der Lage sahen, verläßliche Angaben zu machen. Selbst das Internationale Militärgericht in Nürnberg wollte sich nach dem Krieg nicht auf eine Zahl festlegen, meinte aber, etliche hundert seien es wohl gewesen. Weshalb keine einschlägigen Akten existierten, läßt sich einfach erklären. Göring wies am 2. Juli 1934 per Funkspruch alle »nachgeordneten Polizeidienststellen« an, »alle mit der Aktion der beiden letzten Tage zusammenhängenden Akten ... auf höhere Anordnung zu verbrennen«.

Gestapo-Chef Heydrich drang begreiflicherweise sehr darauf, daß dieser Befehl befolgt wurde, denn letzten Endes war er es, der gewisse Details der Mordaktion gesteuert hatte. So hatte er bereits am 20. Juni den Hauptsturmführer Kurt Gildisch aus Hitlers Begleitkommando zur SS-Leibstandarte in die Lichterfelder Kaserne abkommandieren lassen, damit dieser als guter Pistolenschütze bekannte Mann der Gestapo für besondere Aufträge zur Verfügung stand. Am späten Vormittag des 30. Juni wurde Gildisch von Heydrich befohlen, er möge sich von einer kleinen Gefolgschaft begleiten und zum Reichsverkehrsministerium fahren lassen. Dort habe er den Ministerialdirektor Dr. Erich Klausener zu erschießen. Nachdem dies durch einen

Schuß in den Hinterkopf geschehen war, meldete Gildisch über Klauseners Telefon, der Befehl sei ausgeführt. Er wurde angewiesen, den Tatort für einen Selbstmord zu dekorieren. Dementsprechend wurden die Angehörigen dann auch von der Gestapo unterrichtet: Klausener habe sich damit seiner Verhaftung entziehen wollen. Daraus entwickelten sich Weiterungen, die von der Gestapo nicht einkalkuliert waren.

Dasselbe gilt für einen weiteren »Selbstmord«; den Mord an Gregor Strasser. Wie er starb, weiß der Leser bereits. Der von Hitler aus der Partei ausgeschlossene Spitzenfunktionär hatte in Berlin als Apotheker eine leitende Stellung in der Pharmaindustrie angenommen und zwei Lebens- und Unfallversicherungen abgeschlossen. Beide weigerten sich jedoch, die Versicherungssumme auszuzahlen, weil auf der amtlichen Benachrichtigung Selbstmord als Todesursache stand. Die Angehörigen Strassers hatten seinen Leichnam nicht mehr zu sehen bekommen; sie erhielten von der Gestapo nur die Urne mit seiner Asche zugeschickt. Die Witwe und ihre Kinder waren auf das Geld angewiesen. Sie baten deshalb den Reichsinnenminister Dr. Wilhelm Frick um Beistand. Er war dem Ermordeten und auch der Familie seit der Frühzeit der NSDAP ein Freund gewesen. Obwohl nun das Ministerium bei den Versicherungen intervenierte, beriefen die sich weiterhin auf ihre Verträge, die ihnen Leistungen bei Selbstmord nicht gestatteten. Andererseits konnte das Ministerium auch die Gestapo nicht bewegen, eine andere Todesursache anzugeben. Erst nach langwierigem Papierkrieg, in den am Ende auch noch das Reichsjustizministerium eingreifen mußte, wurde die Witwe Strassers vertragsgemäß versorgt.

Noch schwieriger wurde für die Gestapo eine faire Regelung des Falles Klausener. Er war, anders als Strasser, Beamter gewesen, so daß die Angehörigen außer der Pension noch eine

Entschädigung verlangen konnten. Als ihre Forderung abgelehnt wurde, nahmen sie sich einen Anwalt, und nach dem in solchen heiklen Fällen wohl üblichen Zuständigkeitsgerangel zwischen Ministerien stellten Fricks Bürokraten fest, daß das Reich erst zahlen dürfe, wenn »der Reichsminister des Inneren der Weiterbehandlung des Anspruchs im Rechtsweg widersprochen« habe. Also – so sagten die Beamten – müsse der Anwalt erst einmal eine Klage gegen das Reich einreichen, damit der Minister tätig werden könne. Dies geschah dann am 27. März 1935; Beklagte waren drei Reichsminister und an ihrer Spitze der Reichskanzler.

Die Klage wurde nie verhandelt. Statt dessen wurden der Anwalt und sein Sozius am 16. April von der Gestapo verhaftet. Der letztere wurde in das Berliner Columbia-Haus gebracht, wo die SS ihr privates Konzentrationslager unterhielt, der Anwalt wurde im Kellergefängnis der Prinz-Albrecht-Straße verwahrt. SS-Hauptsturmführer Josef Meisinger, einer aus Heydrichs Münchener Mannschaft, warf ihm bei der Vernehmung vor, er habe mit seiner Klage eine »große Aktion gegen den Führer und Reichskanzler« in Gang bringen wollen. Er werde – so drohte Meisinger – nur dann nicht erschossen, wenn er dies gestehe und seine Hintermänner angebe. Nach vier Wochen Haft wurden beide Anwälte freigelassen, allerdings nur, weil etliche Reichsminister sich für sie eingesetzt hatten und weil die schwedische Regierung ihretwegen auf diplomatischem Weg vorstellig werden wollte. Sie hatten dann auch die Genugtuung, daß die Ansprüche der Familie Klausener vom Reich anerkannt wurden. Gewiß gab es noch mehr Fälle dieser Art, aber es fand sich nur noch ein Anwalt, der einen einzigen Fall erfolgreich durchfocht; hätte er mehr Fälle übernommen, wäre die Gestapo mit dem Vorwurf schnell bei der Hand gewesen, er betreibe eine staatsfeindliche Aktion. Es war nicht zuletzt die Furcht vor den

Konzentrationslagern und der Gestapo, die jede Opposition gegen das NS-System verkümmern ließ. Die Kommunistische Partei Deutschlands bestand praktisch nicht mehr; in den Großstädten waren ihre militanten Kämpfer teilweise sogar in geschlossenen Einheiten zur SA übergelaufen, und das Millionenheer der Arbeitslosen, bisher das Rekrutendepot der Marxisten, verlor sich in der wiederaufblühenden Wirtschaft. Noch riskierten die Treuesten ihrer Mitglieder Freiheit und Leben, um einen mageren Packen illegaler Druckschriften über eine deutsche Grenze zu schmuggeln und dann auch noch zu verteilen, aber Ende 1934 war fast jedem klar, daß die Nazis über ihre gefährlichsten Gegner gesiegt hatten. Schon während der letzten Wochen des Jahres 1933 hatte Göring verfügt, daß aus den preußischen KZs viele Häftlinge entlassen wurden, sofern ihre Bewacher sie als »geheilt« einstuften. Diese Amnestie kam in erster Linie den einfachen Genossen und kleinen Funktionären der SPD zugute. Die süddeutschen Staaten folgten diesem Beispiel. Die Lager leerten sich. Die Entlassenen hatten unterschrieben, daß sie über ihre Erlebnisse schweigen würden, aber im Volk sickerte doch durch, wie dort mit den Gegnern der NSDAP umgegangen wurde.

Unbelehrbaren Häftlingen wurde diese Milde nicht zuteil – und diese Widerspenstigen waren weniger unter den bekannten Politikern der demokratischen Parteien zu finden. Etliche von denen verstummten, weil ihnen Pensionen bewilligt wurden. Verdächtiger als Leute ihres Schlages waren Intellektuelle, die – ob parteigebunden oder nicht – sich mit scharfzüngiger Polemik den NS-Propagandisten als überlegen erwiesen hatten. Beispielhaft galt dies für den Sozialdemokraten Dr. Kurt Schumacher, Reichstagsabgeordneter der jungen Generation, gewählt in Stuttgart, wo er bis zum Verbot der dortigen Parteizeitung als Redakteur gearbeitet hatte. Die »Schwäbische Tagwacht« hatte sich durch massive Gegnerschaft hervorgetan – und so die Nazis am Neckar in Wut versetzt. Dazu hatte sich Schumacher als Redner durch seine scharfe Zunge Feinde gemacht. Nachdem am 22. Juni 1933 die SPD verboten worden war, man deren Vorstand sogar schon sechs Tage zuvor in Hamburg festgenommen hatte, suchte die Stuttgarter Politische Polizei den Abgeordneten Schumacher durch Steckbrief. Die Berliner Gestapo fand ihn in der Wohnung eines Genossen, lieferte ihn den Schwaben aus, die selber mit ihm abrechnen wollten und die ihn in ihr Schutzhaftlager Heuberg brachten. Das Lager war auf einem Teil eines Truppenübungsplatzes auf der Schwäbischen Alb eingerichtet worden.

Schumacher war 1914 als Freiwilliger in den Ersten Weltkrieg gezogen und bald darauf an der Ostfront schwer verwundet worden; sein rechter Arm mußte bis zur Schulter amputiert werden. Da die Nazis eine Partei der Frontsoldaten sein wollten, hätte Schumacher eigentlich von ihnen mit Achtung und Schonung behandelt werden müssen, aber davon war im Schutzhaftlager nichts zu spüren. Auf dem Heuberg herrschte ein Lagerkommandant der SS, der sich bisher als Schläger für seine Partei verdient gemacht hatte, und die Bewacher, meist junge Arbeitslose aus der gleichen Formation, machten sich ein Vergnügen daraus, Häftlinge zu schikanieren und zu quälen. Neuzugänge im Lager wurden mit einem großen Brennesselstrauß begrüßt, der ihnen gründlich ins Gesicht und in die Hände gedrückt wurde. Einen SPD-Funktionär legten sie in eine von Kommunisten beherrschte Baracke mit der Empfehlung, er habe als leitender Angestellter in einem Konsumverein Hunderttausende Arbeitergroschen veruntreut, worauf sie lachend zusehen konnten, wie er von seinen Schicksalsgenossen verprügelt wurde. Die Bewacher scheuten zwar davor zurück, den Kriegsinvaliden Schumacher in der üblichen Art zu mißhandeln, aber sie befahlen dem Einarmigen, die Steine im Lagerbereich in einem Eimer einzusammeln – eine Sisyphusarbeit für jeden, der das Gelände des Heuberg kennt.

Als das Lager im Dezember 1933 im Zuge der Expansion Himmlerscher Polizeigewalt aufgelöst wurde, schickte man eine Anzahl der Häftlinge nach Hause. Doch die Gauleitung der NSDAP wollte Schumacher nicht in Freiheit wissen. Auf dem Oberen Kuhberg bei Ulm wurde in ehemaligen Festungsbauten ein neues Lager eingerichtet, und als es nach weiteren eineinhalb Jahren ebenfalls aufgelöst wurde, überstellte man den Häftling Schumacher nach Dachau. Dort geriet er unter die Fuchtel professioneller Peiniger, die vom Kommandanten Theodor Eicke zu sadistischen Quälereien abgerichtet worden waren. Schläge mußte er ertragen, und durch die mangelhafte Ernährung und die fehlende ärztliche Betreuung während der langen Haft verlor er seine Zähne. Als man ihn in Dachau zu schwerer Arbeit einteilen wollte, wehrte er sich mit einem Hungerstreik. So allerdings wollten die Nationalsozialisten den Frontsoldaten Schumacher dann doch nicht sterben lassen. Sie setzten ihn in die Lagerbibliothek. Dort blieb er, bis er im März 1943 entlassen wurde. Hannover wurde ihm als Zwangsaufenthalt zugewiesen. Schumacher war zum Skelett abgemagert, kraftlos, von Krankheit gezeichnet und von Schmerzen geplagt, die von seiner Kriegsverwundung herrührten. In der Buchhaltung einer Leimfabrik durfte er arbeiten. Doch im Sommer 1944, nach dem Attentat auf Hitler im Führerhauptquartier »Wolfschanze«, holte ihn die Gestapo abermals, obwohl er keine Verbindung zum Widerstand unterhalten hatte. Vorübergehend steckte man ihn noch in das Lager Neuengamme bei Hamburg. Nach 1945 wurde er einer der Neubegründer der Sozialdemokratischen Partei in den westlichen Besatzungszonen und ihr Vorsitzender, obwohl er schwer unter den Folgeerscheinungen seiner Haft litt.

In einem Brief schrieb er: »Ich habe aus dem KZ eine blühende Kultur von Magengeschwüren mitgebracht.«

Sehr viel tragischer endete für den Berliner Rechtsanwalt Hans Litten der Kampf gegen Hitler und sein System. Der Haß des zum Kanzler aufgestiegenen Parteiführers war so stark, daß Littens Schicksal eigentlich schon am Tag der Machtergreifung besiegelt war. Obschon er keiner Partei angehörte und sich auch nicht einseitig für eine Partei einspannen ließ, rieten ihm Freunde bald nach dem 30. Januar 1933, er möge sich ins Ausland absetzen, doch er lehnte es ab, sich in Sicherheit zu bringen, weil – so meinte er – der Hitlerismus nur von Leuten bekämpft werden könne, die im Reich lebten. Außerdem war ziemlich sicher, daß sich die Nationalsozialisten kaum länger als ein Vierteljahr an der Macht halten könnten – ein Irrtum, den er mit vielen teilte. Sein Name stand jedoch bereits in den Proskriptionslisten der Berliner Politischen Polizei, und am Morgen nach dem Brand des Reichstagsgebäudes, am 28. Februar, wurde auch er in aller Frühe von Polizisten aus dem Bett geholt und in einer Haftzelle des Präsidiums am Alexanderplatz verwahrt.

Dies geschehe zu seinem Schutz, hieß es in dem Haftbefehl, und obgleich diese Begründung geheuchelt war, stimmte sie doch ein wenig. Tatsächlich hatte sich Litten innerhalb der SA und der SS so zahlreiche Feinde geschaffen, daß es schon ein Wunder gewesen wäre, hätten sie nicht gleich die »nationale Revolution« benutzt, sich auch persönlich an ihm zu rächen. Von Polizisten bewacht, schien er diesen Gegnern fürs erste entkommen. Auch als er am nächsten Tag in das Gefängnis von Spandau verlegt wurde, weil die Zellen am Alexanderplatz überquollen, schien dies ein günstiger Umstand im Unglück zu sein, denn die regulären Beamten des Strafvollzugs hielten sich zwar streng an ihre Dienstvorschriften, ließen sich jedoch nicht zu einer gesetzeswidrigen Behandlung der Häftlinge mißbrauchen, gleichgültig, ob sie einen Kriminellen oder einen politisch Mißliebigen zu bewachen hatten. Wie ernst die Situation war, wurde dem Anwalt Litten bewußt, als ihn seine Sekretärin nach ein paar Tagen besuchte und ihm mitteilte, sie habe trotz intensiver Bemühungen keinen Anwaltskollegen bewegen können, Littens Vertretung in der Kanzlei und bei den anhängigen Prozessen zu übernehmen.

Weshalb der junge Anwalt mit dem Gesicht eines Heranwachsenden – tatsächlich war er gerade dreißig Jahre alt – den braunen Machthabern so verhaßt war, läßt sich nur aus der politisch überhitzten Atmosphäre Berlins verstehen. In der Millionenstadt kontrastierten auf engstem Raum Elend und verschwenderischer Luxus, eine weitverbreitete Arbeitslosigkeit und behördliche Korruption, primitive Roheit und eine experimentierende Kulturszene sowie zahlreiche weitere Gegensätze so heftig, daß sich die Spannungen kaum mehr friedlich entladen konnten. Den politischen Alltag hatten bis zum Januar 1933 Nationalsozialisten und Kommunisten beherrscht, die Braunen angeführt von dem schlimmen Demagogen Joseph Goebbels, dem Gauleiter der NSDAP, die Roten eher hintergründig gelenkt von dem Apparatschik Walter Ulbricht, dem obersten Kommunisten im Bezirk Berlin. Jeden Tag hatte es Zusammenrottungen, Prügeleien und häufig genug Schießereien zwischen den feindlichen Lagern gegeben – Arbeit für Polizei, Gericht und damit auch für Anwälte. Jede Partei bevorzugte eigene Rechtsbeistände, was allerdings nicht bedeuten mußte, daß sie die Kosten übernahm, wenn ein Prügel- oder Messerheld verteidigt werden mußte. Die SA-Hilfskasse auf der einen, die »Rote Hilfe« auf der anderen Seite überließen es gern den Steuerzahlern, die Anwälte als Offizialverteidiger zu honorieren. Reich wurden sie dabei nicht, wohl aber bekannt, weil die Zeitungen oft in großer Aufmachung über diese Prozesse berichteten.

Litten war kein Mitglied der KPD; nach seinen eigenen Worten stand er sogar noch »viel weiter links«. Der Literat Erich Mühsam, ein Anarchist, war sein Gesinnungsfreund. Außerdem dachte er christlich-humanistisch. Wenn die KPD trotzdem straffällig gewordenen Mitstreitern empfahl, Litten als Verteidiger zu wählen, so geschah dies, weil er in Strafverfahren alle Rechtsmittel bis an die Grenze des Erlaubten rigoros zugunsten seiner politischen Mandanten ausnutzte und weil sein Haß gegen die Nationalsozialisten so grenzenlos war, daß er bei seiner Verteidigung gelegentlich über das Erlaubte hinausging.

Zwei seiner Prozesse waren es, die ihm von den Hakenkreuzlern besonders angekreidet wurden. Der durch seinen Umfang bedeutendere war die Strafsache »Felsenecke«, ein Verfahren, das sich 1932 über viele Wochen vor dem Landgericht Moabit hinzog, durch Littens Initiative auch einmal platzte und dann ein zweites Mal neu anlaufen mußte.

»Felsenecke« hieß eine Laubenkolonie am Rand des Berliner Stadtteils Reinickendorf. In ihr wohnten vorwiegend Arbeiter, die entweder den Mietskasernen entflohen waren, die kein Geld mehr für Miete ausgeben wollten oder gar konnten. Sie hatten sich als Pächter auf städtischem Land einen kleinen Nutzgarten angelegt und ihre Geräteschuppen mit der Zeit zu primitiven Eigenheimen ausgebaut. Die Mehrzahl der Felsenecke-Bewohner lebte als Arbeitslose am Rande der Existenz. Sie und die Bewohner dreier ähnlich strukturierter Siedlungen in der näheren Umgebung waren zumeist Anhänger der KPD, indessen die NSDAP dort nur wenige Mitglieder gewinnen konnte, die selbstverständlich von ihren Nachbarn schikaniert und verfolgt wurden. Für den örtlich zuständigen Sturmbann III der SA-Standarte 4 war dies der Anlaß, in einer Januarnacht 1932 mit einigen hundert ihrer Marschierer in loser Ordnung (weil

Demonstrationen verboten waren) durch diese Gegend zu zie-
hen – angeblich, um die dort wohnenden Kameraden sicher nach
Hause zu geleiten. In erster Linie aber war dieser Marsch eine
Provokation; die Gegner sollten eingeschüchtert werden. An
der Felsenecke kam es zu einem nächtlichen Kampf, bei dem mit
Zaunlatten, Schlagringen, Knüppeln aller Art, aber auch mit
Messern und Pistolen gefochten wurde. Mit dem Ergebnis, daß
ein Kommunist erschossen und ein SA-Mann erstochen wurde.
Die Polizei konnte keinen Täter ermitteln, obwohl sie am Tatort
43 Streiter verhaftete und obwohl sich nach ein paar Tagen sogar
45 Angeschuldigte in der Untersuchungshaft befanden. Bis zur
Eröffnung des Strafverfahrens blieben schließlich 24 Angeklagte
übrig; 18 davon verteidigte der Rechtsanwalt Litten, ein NS-
Anwalt sechs. Litten war mit allen denkbaren Mitteln bemüht,
seinen Mandanten einen Freispruch zu verschaffen. Er klapperte
die ganzen Behausungen der Siedlung ab, angeblich, um weitere
Indizien zu sammeln, aber nicht zuletzt auch, um Zeugen zu
beraten, wie sie ihre Aussagen am besten vorbringen könnten.
Veröffentlichungen in linken Blättern, Solidaritätsaktionen und
auch eine große Versammlung dienten ihm dazu, die Strafverfahren von individueller Belastung auf grundsätzliche Auseinandersetzungen abzulenken. Als der Justiz diese Aktionen zu weit
gingen, nutzte sie eine an sich nebensächliche Auseinandersetzung, um den übereifrigen Verteidiger vom Verfahren auszuschließen.

Gravierender war für die Nationalsozialisten, daß Litten
einen Strafprozeß gegen SA-Männer des Berliner »Mordsturm
33« (wie Litten ihn nannte) dazu benutzte, Hitler selbst vor die
Schranken des Gerichts zu zitieren. Diese ohnehin übel beleumundete SA-Formation aus dem Stadtteil Charlottenburg hatte
das Tanzvergnügen eines Arbeiter-Vereins mit Schlagwerkzeu-
gen und Pistolenschüssen beendet. In dem Strafverfahren trat

Litten als Nebenklägervertreter für die verletzten Vereinsmitglieder auf, und er beantragte in dieser Eigenschaft beim Gericht, man möge den Parteiführer Adolf Hitler, Schriftsteller aus München, als Zeugen laden, damit er aussage, ob er und seine Parteigenossen die Macht im Staat nur mit legalen Mitteln erkämpfen wollten.

Der Antrag hatte Erfolg: Hitler mußte anreisen, schwören und aussagen. Zwei Stunden lang verhörte der junge Anwalt am 8. Mai 1931 den bereits berühmten Zeugen, der über den impertinenten Fragesteller immer mehr in Wut geriet. Littens Ziel war der Nachweis, daß Hitler es mit der Wahrheit trotz des Eides nie genau nehme. Er hatte zu diesem Zweck möglichst viele Aussagen studiert, die Hitler während zahlreicher Prozesse als Zeuge bei Gericht vorgetragen hatte; entdeckte er einen Widerspruch, dann folgte die Anzeige wegen Meineids. Wenn erst eine Verurteilung erfolgt wäre, hätte der Demagoge in das Land seiner Herkunft ausgewiesen werden sollen. Dasselbe Ziel peilte übrigens zu jener Zeit auch der im preußischen Innenministerium angestellte Jurist Robert Kempner an – ebenso vergeblich. Immerhin konnte Litten mit einem Strafantrag erreichen, daß ein Untersuchungsrichter in München den NS-Obersten am 6. August 1931 verhörte, ehe das Verfahren eingestellt wurde. Kempners Bemühungen verdichteten sich sogar zu einem Aktenbündel bei der Politischen Polizei. Es hatte die Aufschrift »Hitlermeineide«, und nachdem Diels die Akte gemustert hatte, landete sie bei Göring. In dessen Panzerschrank wurde sie dann verwahrt – wohl für alle Fälle.

Der rachsüchtige Hitler hat wohl den jungen und damals noch weithin unbekannten Juristen nie vergessen. Er dürfte dafür gesorgt haben, daß Littens Name in die Listen aufgenommen wurde, die der SD für den Fall einer Machtergreifung laufend zusammenstellte.

Als sich nun die Mutter des inhaftierten Anwalts um dessen Freilassung bemühte und dafür namhafte Fürsprecher gewann, so daß der Fall schließlich auch Hitler vorgetragen wurde, entschied dieser, daß Litten hinter Stacheldraht verwahrt werden müsse. Also wurde er als Staatsfeind weiterhin von seinen Bewachern geprügelt und von der Gestapo bei Verhören mißhandelt. Er wurde gefoltert, weil er den Namen des Kommunisten verraten sollte, der den SA-Mann in der Felsenecke-Siedlung erstochen hatte. In den Akten wurde er als »einer der geistigen Führer des Kommunismus« charakterisiert. Nachdem er durch mehrere Lager geschleppt worden war, erhängte er sich angeblich im Februar 1938 in Dachau.

Der Gestapo oblag es, die Staatsfeinde zu dezimieren – so oder auch anders. Wollte sie sich nicht selbst überflüssig machen, mußte sie nach den Marxisten (gemeint waren Sozialdemokraten, Kommunisten und deren Abspaltungen) weitere Gegner entdecken. Das konnte bei den Ansprüchen Hitlers und seiner Parteigewaltigen nach totaler Gleichschaltung aller Deutschen nicht allzu schwerfallen. Anfang 1935 alarmierte Heydrich die Parteigenossen, als er in einer öffentlichen Rede rügte, sie hätten noch gar nicht begriffen, daß mit der Zerschlagung der gegnerischen Organisationen, also der Parteien, der Gewerkschaften, der Vereine, die Gegner ja keineswegs vernichtet seien. Nun müsse man sie in ihren Verstecken auftreiben. Zur Kontrolle ihres Verhaltens sollte also nun noch die Kontrolle ihrer Gesinnung kommen. Die feindlichen Kräfte seien weiterhin »Weltjudentum, Weltfreimaurertum und ein zum großen Teil politisches Priesterbeamtentum ... Die Verzweigung dieses Netzes ist ungeheuerlich.«

Tatsächlich konnten Christen aller Konfessionen unmöglich die nationalsozialistische Weltanschauung (oder was immer darunter zu verstehen war) vorbehaltlos bejahen, wenn sie sich ihrem Glauben verbunden fühlten. Hatten Protestanten ursprünglich in der NSDAP einen Bundesgenossen in der Auseinandersetzung mit der marxistischen Gottlosenbewegung gesehen, so kamen doch viele bald zur Überzeugung, daß sie damit im Begriff waren, den Teufel mit Beelzebub auszutreiben. Die protestantischen Kirchen spalteten sich daraufhin in die von Nationalsozialisten gelenkten »Deutschen Christen« und in Anhänger der »Bekenntnisfront«, wie die Mitglieder der »Bekennenden Kirche« im militärischen Jargon jener Jahre genannt wurden. Diese argumentierten, ein Christ müsse im Zweifelsfall Gott mehr gehorchen als den Menschen. Da Gott seinen Willen in erster Linie durch die Bibel kundgetan hatte, einschließlich des Alten Testaments, trotz seines jüdischen Ursprungs, war der Konflikt im Ansatz schon vorgezeichnet. Er ließ sich auch kaum vertuschen, als 1933 in den Großstädten Massentrauungen von Frauen im weißen Hochzeitskleid und braun uniformierten Männern arrangiert wurden, die in feierlichem Zug zum Münster schritten, denn auch dieses Schauspiel war nur eine von vielen Propagandamaschen. Manches dieser Paare war auch schon längere Zeit verheiratet und holte sich nun auf Wunsch von Parteifunktionären den Priestersegen, auf den sie aus irgendwelchen Gründen bisher verzichtet hatten.

Der SS gefiel dieses Schauspiel keineswegs. Ihr waren die Kirchen so etwas wie eine Konkurrenz. Eine dieser schwarzen Existenzen, der es als Massenmörder von Juden zu einer makabren Berühmtheit brachte, der Hauptsturmführer Dieter Wisliczeny, sah in der SS »eine neue Art religiöser Sekte mit eigenen Formen und Brauchtum«. Er stand damit nicht allein.

Wer zur Creme der SS gehören wollte, trat aus der Kirche aus, ob Protestant oder Katholik. Der christliche Glaube galt in diesen Kreisen als Weichmacher, indes doch gelobt wurde, was hart macht. Mochten sich die gläubigen Christen streiten, ob der

Gründer ihrer Religion jüdischer Rasse oder (was auch anvisiert wurde) von einem römischen Legionär germanischer Herkunft gezeugt worden war oder ob gar der Heilige Geist in die Jungfrau Maria gefahren sei – was ging solcher Streit einen Nichtchristen an? An eine Gottheit, ein höheres Wesen, zu glauben war Pflicht. Der Reichsführer SS verlangte dies ausdrücklich. Man hielt es mit Goethes Faust: »Name ist Schall und Rauch, umnebelnd Himmelsglut.« Eine richtige Theologie des artgemäßen Glaubens gab es nicht, trotz Alfred Rosenbergs, des Reichsleiters der NSDAP und zuständig für Weltanschauungen, und trotz des an der Tübinger Universität wirkenden Professors Jakob Wilhelm Hauer, der mit der »Deutschen Glaubensbewegung« der SS eine religiöse Unterfütterung anbot.

Hakenkreuze in den Gotteshäusern einerseits, Kirchenaustritte und Abkehr vom Judenchristentum andererseits schokkierten viele protestantische Pastoren und deren Gemeinden. Die Landeskirchen – es gab deren zwei Dutzend – sahen sich gezwungen, in dieser Auseinandersetzung Stellung zu beziehen. Sie kamen dabei zu unterschiedlichen Ergebnissen, aber die Mehrheit der Protestanten war gemäß ihrer Tradition bereit, der neuen Obrigkeit zu dienen, weil auch sie von Gott gesandt sei. Die NS-Parteigenossen bezeichneten sich vielfach als »SA-Männer Christi« und forderten, daß nach dem Ende der politischen Zwietracht (das sie euphemistisch bereits herbeigekommen wähnten) nun auch noch die kirchliche Eintracht zu schaffen sei. Ein protestantischer Reichsbischof schien ihnen dazu die erste Stufe.

Hitler, ihr heißumschwärmtes Idol, war im Grunde stets gegen alle »Pfaffen«, aber solche Pläne schienen ihm dienlich für seinen Weg zur totalen Macht. Er hatte auch nichts einzuwenden gegen den Kandidaten des Reichswehrministers General von Blomberg, der den in der Reichswehr tätigen Wehrkreispfarrer von Ostpreußen Ludwig Müller empfahl, nachdem dieser sowohl den General als auch den Feldmarschall und Gutsherrn Paul von Hindenburg, im Hauptberuf jetzt Präsident des Deutschen Reiches, von ihren Vorurteilen gegen die Partei Hitlers kuriert hatte. Daß dieser begeisterte Nationalsozialist aus den Reihen der Wehrmacht kam, mußte Hitlers Ansehen bei den Offizieren und Generälen heben, und da Müller sich außer mit dem Heiligen Geist auch gern mit dem Geist in Flaschen beschäftigte, fand er auch bei den trinkfesten Parteifunktionären Anklang. Im soldatenfreundlichen Preußen würde ihn das Kirchenvolk ohne Zögern akzeptieren, und mit einigen Querköpfen im Süden würden die Partei und notfalls auch die Gestapo bald fertig werden.

Ganz so einfach wurde dieser Sieg dann doch nicht errungen. Im Süden entwickelte sich eine Opposition. Die Protestanten in den konfessionell gemischten Bereichen hatten sich in der Vergangenheit häufig ihrer Haut wehren müssen und scheuten deshalb auch diesmal nicht vor einem Streit zurück. Die weitverbreiteten Pietisten hielten sich an das Wort, man müsse zwar dem Kaiser geben, was des Kaisers ist, aber Gottes Ansprüche müßten auch erfüllt werden. Sie fragten, wie weit der erklärte Heide Alfred Rosenberg ihren in vielen Gottesdiensten und Bibelstunden gefestigten Christenglauben respektieren würde. Und ebenso wollten sie wissen, wie die »Gottgläubigen« – so die neue und amtliche Bezeichnung für alle aus den Kirchen Ausgetretenen – mit den Christen verfahren würden, wenn sie erst die Macht im Staat haben würden. Im Sommer 1933 hatte sich Hitler deshalb mit einer Rundfunkrede für die Deutschen Christen engagiert. Dabei hatte er es seiner Partei zugeschrieben, daß sie »dem Bolschewismus Einhalt« geboten habe, was keiner der bestehenden Kirchen bisher geglückt sei, und er hatte auch »den sehnlichsten Wunsch« ausgesprochen, mit einer »einigen

Reichskirche« ein Abkommen zu schließen. Daraufhin hatten die Deutschen Christen die Kirchenwahl hoch gewonnen, nicht aber das Mißtrauen von vielen Geistlichen beschwichtigt. Als dann im Dezember 1933 der Reichsjugendführer Baldur von Schirach die Eingliederung der evangelischen Jugendverbände in die Hitlerjugend durchsetzte, wurde deutlich, wohin die Reise gehen würde.

Soweit die aufmüpfigen Christen nicht das Volk in Massen hinter sich brachten, ließ man sie gewähren. Die Partei schickte ihre Späher in die Gottesdienste, der SD berichtete über die renitentesten Prediger, und die Gestapo sammelte das Material. Soweit ein Pastor für das Alte Testament stritt, das die Neuerer nicht mehr als Wort Gottes anerkennen wollten, weil es nur »eine Sammlung jüdischer« und vielfach sogar »übler Geschichten« sei, überließ es die Gestapo den örtlichen Politischen Leitern der Partei, den Rebellen zu ermahnen. Schloß er sich daraufhin nicht wieder der Volksgemeinschaft an (die übrigens an solchen Glaubensproblemen nicht sehr interessiert war), dann blieb zunächst noch die Möglichkeit der Drohung, indem sich vor dem Pfarrhaus abends ein johlender Haufen junger Männer aus SA und HJ unüberhörbar für einen deutschen Christus einsetzte. Bei drei Landesbischöfen fanden renitente Pastoren besonderes Verständnis: Hanns Lilje aus Hannover, Hans Meiser aus München und Theophil Wurm aus Stuttgart. Weil der württembergische Gauleiter Murr hieß, leisteten sich die Schwaben das Wortspiel »Es wurmte den Murr, wenn der Wurm murrte«. Mehr geschah zunächst nicht.

In Berlin jedoch, im vornehmen Stadtteil Dahlem, fühlte sich ein schlichter Pastor aufgerufen, den Griff des Staates nach Glauben und Kirche abzuwehren. Amtsbrüder hatten ihm gemeldet, daß aus Schulräumen die Kruzifixe entfernt wurden oder daß dem Religionslehrer verboten wurde, den Kindern diese oder jene Stelle aus den biblischen Geschichten zu erzählen, weil sie dem gesunden deutschen Volksempfinden widerspräche. Der Pastor Martin Niemöller hatte im Ersten Weltkrieg als Kommandant eines U-Bootes manche gefährliche Situationen durchgestanden, war 1918 als Monarchist an Land gegangen und hatte die Weimarer Republik in seinen Predigten gelegentlich übel gezaust. Er stand allerdings auch auf dem Standpunkt, es dürfe nicht der Staat entscheiden, ob Abraham, Moses oder Jeremia christliche Vorbilder sein könnten. Also gründete er zusammen mit Gleichgesinnten einen »Pfarrernotbund«. Auf Anhieb bekam er Zustimmung von 2000 Geistlichen, und damit von jedem siebenten im Reich. Dem Bonner Theologieprofessor Karl Barth war er nicht einmal konsequent genug; der machte als radikaler Christ den Trennungsstrich noch deutlicher mit der Parole: »Wir haben einen anderen Gott.«

Hitler und der Partei jedoch ging es nicht um die Reinheit, wohl aber um eine Einheit des Glaubens. Also lud der Führer zum 25. Januar 1934 die zwanzig wichtigsten Köpfe der protestantischen Kirchen in die Reichskanzlei ein, darunter auch den Reichsbischof Müller und den Pastor Niemöller. Nach seinen zahmen einleitenden Worten – so erzählte Hitler später im Führerhauptquartier »Wolfschanze« am 6. April 1942 in einem seiner Tischgespräche – habe Niemöller »mit heuchlerischen Worten und vielen Bibelzitaten« den Reichsbischof angegriffen. Im Gegenschlag aber habe Göring den Wortlaut eines Telefongesprächs verlesen, das der Pastor neunzig Minuten zuvor mit einem Gleichgesinnten geführt habe. Darin sei besprochen worden, wie man den Einfluß abbauen werde, den der »alte Hurenbock« Müller auf den Reichspräsidenten von Hindenburg ausübe. Mit neuen Informationen über dessen Leben und Wirken habe man nun dem greisen Hindenburg »die Letzte Ölung« gegeben.

Die geistlichen Oberhirten erfuhren bei dieser Gelegenheit, daß Göring, zu dieser Zeit noch oberster Chef der Gestapo, ein Amt zum Abhören von Telefongesprächen besaß. Es stellte sich dann heraus, daß der respektlose Gebrauch eines Ausdrucks aus der Seelsorge nicht dem Pastor Niemöller anzukreiden war, sondern einer Vikarin, die im Notbund beschäftigt war. Trotzdem machte die Blasphemie einer solchen Äußerung die geistlichen Würdenträger so klein, daß sie – wie Hitler erzählte – »fast nicht mehr dagewesen« seien. Zwar kam es zu einem längeren Streitgespräch zwischen ihm und Niemöller, aber die Besucher verzichteten jetzt darauf, ihre Anliegen vorzutragen. Sie waren schon zufrieden, daß ihr aufsässiger Amtsbruder nicht gleich in ein KZ abgeführt wurde. Auf die Dauer entging er einer solchen Repressalie freilich nicht. Göring begnügte sich damit, am gleichen Abend noch acht Gestapo-Beamte in Niemöllers Wohnung zu schicken, als Schreckschuß. Gefunden wurde nichts, aus dem sich ein Haftbefehl hätte entwickeln lassen. Hitler allerdings hatte den störrischen Christen bei dem Empfang mit seinen Gauleitern gedroht, die er nur noch mit Mühe von Aktionen zurückhalten könne. Dies besagt: Die Partei werde sich nun verstärkt um widerborstige Pfarrer kümmern, und Späher werden deren Predigten auf strafwürdige Zungenschläge abhören.

Mit Martin Niemöller abzurechnen, überließ die Partei zunächst dem für Berlin zuständigen Konsistorium, also den gewählten Vertretern der Kirchenmitglieder, die sich mehrheitlich zu den Deutschen Christen zählten. Sie enthoben ihr schwarzes Schaf seines Amtes als Pastor in Dahlem. Er jedoch dachte nicht ans Aufgeben, predigte weiter seinen Anhängern in der Gemeinde und außerdem vor einer wachsenden Zahl von Zuhörern, die im öffentlichen Leben Rang und Namen hatten und das prickelnde Gefühl genossen, Zeuge zu sein, wie jemand mit dem Feuer spielt. Auf den Kirchenbänken saß dann immer die Gestapo und notierte außer rebellischen Sätzen des Predigers auch die Namen der prominenten Besucher. Preußischer Adel traf sich dabei mit steifnackigen Beamten der oberen Ränge, und zwischen den Männern von Wirtschaft und Finanz wurde gelegentlich auch der überhohe Stehkragen gesichtet, den der amtierende Reichsbankpräsident und Reichswirtschaftsminister Dr. Hjalmar Schacht zu tragen pflegte.

Ob die Gestapo dieser hochgestochenen Klientel eine Lehre erteilen wollte, als sie Niemöller am 1. Juli 1937 verhaftete? Oder ob die ausländischen, vorwiegend angelsächsischen Proteste bei der Vorbereitung einer Weltkirchenkonferenz gegen eine Nazi-Christenverfolgung den Anstoß gaben? Niemöller saß neun Monate in Untersuchungshaft, ehe er sich vor dem Sondergericht II in Berlin-Moabit verantworten mußte, weil er dem Ansehen des Vaterlandes im Ausland und dem Ansehen der NS-Führung im Inland Abbruch getan habe. Mit der Untersuchungshaft – so meinten die Richter – habe er die ihm zugemessene sieben Monate Festungshaft abgesessen, aber als ihn die Strafjustiz aus dem Gerichtsgebäude entließ, präsentierten ihm draußen Beamte der Gestapo den roten Schutzhaftschein. Sie brachten ihn ins KZ Sachsenhausen mit dem Status eines »Sonderhäftlings« – was bedeutete, daß er nicht mit dem Gros der Gefangenen zusammenkommen durfte und daß er in einem Zellenbau und nicht in einem Massenquartier untergebracht wurde. Dann und wann durfte ihn seine Frau besuchen, die nun an seiner Stelle das Büro des Pfarrnotbundes leitete. Auch durfte ihn einmal ein Admiral besuchen, sein Vorgesetzter im Krieg; er bot sich als Vermittler an, scheiterte aber, weil der Häftling zu keinem Kompromiß bereit war. Seine Bewacher faßten ihn gewiß nicht mit Samthandschuhen an, aber sie mißhandelten ihn auch nicht, wie denn auch die Gestapo-Beamten auf die üblichen

81

Folterungen verzichteten, weil offenbar der Gefreite a. D. in der Reichskanzlei seine Hand ein wenig über den Kapitänleutnant a. D. hielt.

Bei Ausbruch des Zweiten Weltkrieges meldete sich der Häftling Niemöller freiwillig zur Wehrmacht, wahrscheinlich ohne Hintergedanken, einfach als Patriot. Die Ablehnung kam wenige Tage später ohne Angabe von Gründen, unterschrieben von Generaloberst Wilhelm Keitel; sie war demnach mit Hitler abgesprochen. Der Häftling reagierte beleidigt: Er verzichtete brieflich auf das Recht zum Tragen einer Wehrmachtsuniform. Als Himmler 1941 befahl, daß alle in Schutzhaft befindlichen Geistlichen im Lager Dachau zusammengefaßt würden, bekam Niemöller auch dort im Zellenbau Quartier, als einziger Geistlicher. Alle anderen hausten im »Priesterblock«, der Baracke 26, mit ihren verschiedenen Stuben. Drei waren belegt mit etwa 400 deutschen Geistlichen, teils Protestanten, teils Katholiken, indessen die nahezu tausend ausländischen Priester, fast ausschließlich Katholiken, in vier Stuben zusammengedrängt leben mußten. Den Deutschen bot die Gestapo im Sommer 1942 die Entlassung an, falls sie unterschrieben, »dem Führer Gefolgschaft zu leisten« und nichts mehr gegen die NSDAP zu unternehmen – nur ein einziger unterschrieb und kam frei.

Während in Sachsenhausen wichtige Funktionärsstellen im Häftlingsbereich von sogenannten »Berufsverbrechern« gehalten wurden – kenntlich durch einen grünen Winkel auf der Montur –, regelten in Dachau Häftlinge mit einem roten Winkel, die Politischen, den internen Lagerbetrieb. Dachau war auch das Musterlager, das gelegentlich ausländischen Besuchern gezeigt wurde, natürlich nicht in seiner normalen Gestalt und nicht im üblichen Betrieb. Dort konzentrierte die Gestapo zunehmend mit der immer deutlicher werdenden militärischen Niederlage und dem Schrumpfen des NS-»Lebensraumes« Häftlinge, die für die Nazis in irgendeiner Weise von Bedeutung waren. Als sich im Frühjahr 1945 amerikanische Streitkräfte dem Lager näherten, wurden auf Himmlers Befehl etwa 200 dieser ausgewählten Häftlinge in Autobusse verladen und unter scharfer Bewachung nach Süden aus der Gefahrenzone gefahren. Unter ihnen befand sich eine Anzahl hoher Offiziere der deutschen Wehrmacht, aber auch aus feindlichen Armeen, dazu der ehemalige französische Ministerpräsident Léon Blum, der ehemalige Reichsminister Hjalmar Schacht, einige Geistliche und Martin Niemöller. Die Kolonne strandete am 29. April 1945 in Niederndorf im Südtiroler Pustertal. Die Bewacher waren unschlüssig, was mit den Häftlingen geschehen sollte, alliierte Truppen rückten von Süden vor, italienische Partisanen machten die Täler unsicher, und die noch einigermaßen intakten deutschen Truppen würden über kurz oder lang eh kapitulieren. Vielleicht erwogen die Bewacher auch, die Häftlinge kurzerhand zu erschießen. Doch einem der deutschen Häftlinge gelang es, ein Wehrmachtskommando zu Hilfe zu rufen, das die SS-Bewacher entwaffnete. Nach Übergabe an die Alliierten wurden aus den KZ-Häftlingen auch noch Kriegsgefangene und schließlich bis zu ihrer Entlassung Internierte auf der Insel Capri.

Eine Polizei »zum Schutz
von Volk und Staat«

Der schreckliche Apparat Gestapo funktionierte fast bis zur letzten Stunde des Regimes. Zwar wurde er im Lauf der Jahre mehrmals umgebaut, weil sich seine Funktionen änderten und erweiterten. Dabei veränderte er sich nur im Detail, nicht im Prinzip als Maschinerie des Terrors, auch dann nicht, als die ihn bedienenden Funktionäre ausgewechselt werden mußten. Unverändert blieben die kalte Grausamkeit, die Unmenschlichkeit; sie durften nicht gemildert werden, wenn der Apparat seinen Zweck erfüllen sollte. Göring hatte ihm 1933 den Terror als Aufgabe gestellt, als er in Preußen die Delikte Hochverrat und Landesverrat der Kriminalpolizei entzogen und das Gestapa, das Geheime Staatspolizeiamt, für allein zuständig erklärt hatte. Nun waren dessen Beamte insofern allmächtig geworden, als sie zunächst einmal entscheiden durften, was dem Staat an Gesinnung und Taten abträglich sein würde. Die Notverordnung des Reichspräsidenten vom 20. Februar 1933 »zum Schutz von Volk und Vaterland« hatte sie außerdem ermächtigt, Ankläger, Richter und Vollstrecker zugleich zu sein. Ohne Gerichtsbeschluß konnten sie jedes Haus durchsuchen, jeden Menschen festnehmen, ihn auf unbestimmte Zeit der Freiheit berauben, konnten jedes Eigentum beschlagnahmen, jeden Brief lesen, jedes Telefongespräch abhören. Was immer diese Beamten zu unternehmen geruhten, mußte der Bürger als rechtens hinnehmen, denn kein Gericht war befugt, darüber zu urteilen.

Als der Reichsjustizminister Franz Gürtner gemeinsam mit dem NSDAP-Reichsleiter Hans Frank, dem Anwalt Hitlers, im Sommer 1934 vorschlug, die Schutzhaft und die Konzentrationslager abzuschaffen, meinte Hitler, dazu sei es noch zu früh. Ein Jahr später verbot der Reichsjustizminister aus- und nachdrücklich, daß es Rechtsanwälten gestattet werde, sich für KZ-Häftlinge einzusetzen. Das Preußische Oberverwaltungsgericht beschied einem Kläger im Mai 1935, wer sich über Maßnahmen und Verhalten der Gestapo-Beamten beschweren wolle, könne nicht bei einem Gericht klagen; er könne allenfalls eine Dienstaufsichtsbeschwerde beim Chef des Amtes einreichen, also bei Heydrich oder gar Himmler. Jedermann wußte, wie aussichtslos und wie gefährlich ein solcher Versuch war. Werner Best, Leiter des Amtes Recht in der Gestapo, wimmelte solche Unbotmäßigkeiten autoritär mit der Feststellung ab, die Polizei handle nie rechtlos oder rechtswidrig, sofern sie den Willen ihrer Führung vollziehe.

Nach der Röhm-Affäre schien es sogar Parteigenossen und SS-Mitgliedern an der Zeit, diese Selbstgerechtigkeit und Rechtswillkür wenigstens zu bremsen. Sie fanden im Reichsinnenminister Wilhelm Frick insofern einen Bundesgenossen, als er, herkömmlicher Dienstherr aller Polizisten, die von ihm wegdriftende Gestapo wieder in den Hafen seiner Bürokratie manövrieren wollte. Auch Rudolf Diels, jetzt Oberpräsident in Köln, plädierte bei Göring, daß die Staatspolizeistellen in den preußischen Provinzen wieder an die dortige Verwaltung gekoppelt werden müßten. Selbst Ostpreußens Gauleiter Erich Koch in

Königsberg, einer der Favoriten Hitlers, zugleich als Oberpräsident höchster Beamter seiner Provinz, fühlte sich durch eine eigenwillige Gestapo-Leitstelle eingeengt und überwacht. So wurde an manchen Stellen Material gegen Heydrich und seine Schergen gesammelt – vergebens, denn es gelang nicht, Himmlers weiteren Machtzuwachs zu verhindern oder Heydrichs Stellung zu gefährden.

Die meisten Gegner aus den eigenen Reihen schuf ihnen der SD, die nach dem Muster der Geheimdienste aufgezogene Schnüffelinstitution der SS. Sie verfügte über ein Heer von Informanten, die zumeist ehrenamtlich und dienstbeflissen ihre Meldungen über Ereignisse und ihre Berichte über Zustände an ihre SD-Außenstelle ablieferten. Über den SD-Leitabschnitt wanderte dieses Material – gesiebt und zusammengefaßt – weiter zum SD-Oberabschnitt, und im SD-Hauptamt liefen dann die Berichte aller Oberabschnitte zusammen. Das SD-Hauptamt residierte in unmittelbarer Nachbarschaft zur Gestapo im Palais Prinz Albrecht in der Wilhelmstraße und bei wachsendem Raumbedarf auch noch im anschließenden Gebäude. Der Chef war Reinhard Heydrich.

Diesen Sicherheitsdienst hatte er 1932 gegründet und seitdem aufgebaut – beginnend in einer Zeit, als die NSDAP noch eine der vielen Parteien – wenn auch die mit dem stärksten Anhang – der Weimarer Republik war. Sein Dienst hatte nicht die geringste Befugnis, irgendwo handelnd einzugreifen, nicht einmal innerhalb der Partei oder der SS. Er sollte Informationen sammeln und Berichte liefern, sollte Feind und Freund beobachten; er konnte allenfalls Alarm rufen. Für Späher dieser Art war es vorteilhaft, wenn sie aus anonymer Dunkelheit heraus beobachten konnten. Viele SD-Mitglieder delektierten sich an der romantischen Vorstellung, einem Geheimdienst anzugehören, in dem sie eine schicksalentscheidende Rolle spielen dürften.

Als nach der Machtergreifung die Polizei der einzelnen Länder nacheinander »gleichgeschaltet« wurde und die Zuständigkeiten zwischen staatlichen Organen und der NS-Partei zeitweise fließend waren, glaubten viele Mitglieder des SD, nun sei auch für sie ihre Stunde gekommen. Ihr Chef rückte dann ja auch Zug um Zug zum Oberpolizisten hinter Heinrich Himmler auf. Doch als er seine Gestapo-Mannschaft zusammenstellte, achtete er bei der Wahl der Beamten weit weniger auf das Parteibuch und auf SD-Meriten als auf fachliche Erfahrung im Polizeidienst und auf charakterliche Willfährigkeit. Bei Rivalengezänk entschied Heydrich meist zugunsten der effektiveren Formation, und das war allein schon von der Kompetenz her die Gestapo.

Er hatte in beiden Komplexen, bei der Gestapo und beim SD, ein Dienstzimmer. Die Vorteile einer solchen Doppelfunktion nutzte er intensiv. Je nach Zweckmäßigkeit handelte er als Staatsdiener oder als Parteifunktionär. Gleich einem Orgelspieler verfügte er damit über zwei Manuale; auf dem oberen löste er mit einer Handbewegung die durchdringenden Töne der NSDAP und der SS aus, während er gleichzeitig mit der anderen Hand das untere Manual und die tiefen und drohenden Töne der Gestapo entfesselte. Auf diese Weise ließen sich Zuständigkeit und Verantwortung nach Bedarf verschieben – mit dem Zaubertrick des doppelten Bodens, wie ihn der Meisterillusionist als Führer und Kanzler permanent einsetzte. Wer immer gegen Gestapo oder SD zu Felde ziehen wollte, lief Gefahr, ins Leere zu stoßen, weil der Gegner nach Belieben seinen Platz wechseln konnte.

In der Vergangenheit war die Polizei in den preußischen Provinzen von den jeweiligen Regierungspräsidenten als den örtlich höchsten Repräsentanten der Staatsmacht gesteuert worden, soweit nicht eine Verfügung des Innenministeriums dem Einsatz entgegenstand. Unter dem Verwaltungsfachmann Diels hatten sich die konkurrierenden Instanzen von Fall zu Fall verglichen, aber seit Himmler und Heydrich das Gestapa übernommen und die Außenstellen mit eigenen Leuten besetzt hatten, gab es Ärger: SS-Führer ließen sich von Bürokraten nichts sagen. Ministerpräsident Göring sollte klärend eingreifen. Mit einem Erlaß zog er sich elegant aus der Affäre, indem er die Staatspolizeistellen anwies, dem »Ersuchen der Regierungspräsidenten um Durchführung bestimmter Maßnahmen zu entsprechen, es sei denn, daß ausdrückliche Anweisungen von mir oder dem Inspektor der Geheimen Staatspolizei der Erfüllung des Ersuchens entgegenstehen«. Legte sich ein SS-Führer als Polizist gegenüber einem Regierungspräsidenten quer, dann brauchte er nur Himmler oder dessen Stellvertreter anzurufen, damit seine Insubordination genehmigt wurde. Anders gesehen: Der Reichsführer SS oder auch Reinhard Heydrich konnten mit einem Veto jede polizeiliche Beamtenentscheidung blockieren.

Als Diels die Politische Polizei im Frühjahr 1933 übernommen hatte, wirkten dort 35 Männer. Nach dem Finanzetat von 1935 befehligte die Gestapo über 34 Staatspolizeileitstellen mit 2053 Beamten und 747 Angestellten. In der Berliner Zentrale saßen weitere 637 Beamte und 1508 Angestellte, in diesem Fall einschließlich der Wachmannschaften für das Kellergefängnis und das SS-Columbia-Gefängnis. Für das darauffolgende Jahr war eine weitere Expansion des Terrorapparats vorgesehen, so daß der Etat auf 6372 Festbesoldete kam. Deswegen wurde es in den Gebäuden der Prinz-Albrecht-Straße 8 zunehmend eng; etliche Dezernate mußten in die benachbarte Wilhelmstraße, also um die Ecke herum, einquartiert werden.

Als Zulieferungsbetrieb stand der Gestapo der SD mit seinem Netz aus Zehntausenden von Spähern und Spitzeln zur Verfügung – fast ausschließlich ehrenamtlich Tätige. Ihre Aufgabe war es, das »Ohr am Puls des Volkes« zu haben und zu ermitteln, ob alle Herzen für Hitler schlugen, und sie hatten Alarm zu schlagen, wenn jemand sein Herz den Gegnern der Partei verschrieb. So lautete Himmlers Richtlinie: »Damit nimmt der SD an der Erfüllung aller Aufgaben des Staatsschutzes teil und bildet eine wesentliche Ergänzung der mit diesen Aufgaben betrauten staatlichen Vollzugsorgane.« Grundsätzlich gelte: Die Polizeibehörden bekämpften die Feinde des nationalsozialistischen Staates, der SD ermittle und rege die Polizei zur Bekämpfung an.

Vorübergehend war Adolf Eichmann, der Jahrzehnte später wegen des Massenmordens an Juden in Israel gehängt wurde, Hilfsarbeiter in der Berliner SD-Zentrale. Er hatte sich 1934 im Auffanglager für die aus Österreich geflüchteten SS-Männer für den Sicherheitsdienst des Reichsführers SS beworben, im Glauben, er werde als ein Leibwächter in Himmlers Begleitkommando durch die Lande reisen. Erst in der Reichshauptstadt, in der Wilhelmstraße, war ihm aufgegangen, daß er Büroarbeiten zu leisten hatte. Bei seiner Vernehmung in Israel schilderte er dem Polizeihauptmann Avner Less seine Enttäuschung: »Wir wurden dann in einem riesigen Saal verbracht, wo gewaltige Karteiträge waren, und in einer Ecke saß unser Chef, ein Scharführer. Hier bekam ich meinen ersten Horror ...«, nämlich vor der unerwünschten Büroluft. »Wir mußten eine Kartei alphabetisch einordnen.«

Heydrich setzte im großen Maßstab, von Partei und Staat finanziert, fort, was er in München unter primitiven und ärmlichen Bedingungen begonnen hatte: Er ließ Daten sammeln über alle, die im öffentlichen Leben eine, wenn auch nur kurze, Bedeutung gewannen – Daten von Politikern und Schwerverbrechern, von SA-Führern und SPD-Genossen, von Wirtschaftsgrößen und Künstlern. Im Grunde war niemand so unbedeutend, daß sein Name nicht auf einer Karteikarte vermerkt wurde. Heydrich war auf diese Datenbank besonders stolz. System und Technik ließ er stets auf den neuesten Stand bringen, und sehr früh schon ließ er jene Lochkartenmaschinen aufstellen, die noch ohne die Elektronik eines Computers die Fragen nach Name und Art der verzeichneten Personen in kurzer Zeit beantworteten. Ergänzt wurde diese Namenkartei durch eine Ortskartei mit Hinweisen auf Geschehnisse und Zustände und durch eine Themenkartei, die auf Veröffentlichungen hinwies. Mit den auf diese Weise gespeicherten Informationen beeindruckten er und seine Beamten immer wieder Freund und Feind.

Auf ihre Art waren Himmler und Heydrich Perfektionisten, aber wenn sie die Ehre hatten, ihrem obersten Dienstherrn mündlich berichten zu dürfen, staunten Augen- und Ohrenzeugen, wie untertänig dies geschah. Noch gehörten sie – auch nach der Röhm-Affäre – nicht zu den mächtigsten Männern im Reich, obwohl ihnen ihr Wirken als Hitlers professionelle Mörder die Selbständigkeit der SS vom neuen Stabschef der SA eingebracht hatte. Ihnen war nun die Gewalt über andere in reichem Maße verliehen worden. Sie wußten aber auch, daß sie diese Macht nur leihweise ausübten und daß sie ihnen jederzeit und nur durch ein simples Machtwort des Führers entzogen werden konnte. Sie wußten ferner, daß Hitler solche Macht nur jemandem zubilligte, der sie sich erkämpft hatte und sie immer wieder aufs neue erkämpfte, wenn sie ihm von Rivalen strittig gemacht wurde. Also mußte Gewonnenes weiterwachsen, damit es besser gehalten werden konnte. In vieler Hinsicht ähnelten Gestapo und SD großen Wirtschaftsbetrieben, die nur dann florieren, wenn sie Aufträge ergatterten und daran wuchsen. Ebenso mußte sich der Polizeiapparat Aufträge sichern.

Was aber würde geschehen, wenn alle Gegner des NS-Systems (überzeugt oder gewaltsam) ausgemerzt waren? Waren diese

Gebilde dann nicht unnötig geworden? Hitlers Erfolg in den ersten Jahren seiner Herrschaft (sinkende Arbeitslosenzahlen, aufblühende Wirtschaft, Winterhilfswerk, freundschaftliche Verträge mit dem Vatikan und mit Polen, Rückkehr des Saarlandes zum Reich, Arbeitsdienst und Wehrpflicht) schien ganz dazu angetan, nahezu alle Gegner der Nationalsozialisten mit dem Regime zu versöhnen. Brauchte ein allseits befriedetes Staatswesen noch die Geheime Staatspolizei, einen SD? Vielleicht nicht einmal mehr eine SS.

Die Bürger Hinz und Kunz des Jahres 1935 glaubten, daß sich das Reich dem idyllischen Zustand inneren Friedens nähere. Sie wunderten sich, als dann nach dem Ende des Dritten Reiches die Widerständler aus deutschem Boden so zahlreich schossen wie die Pilze nach warmem Regen aus der Walderde. Tatsächlich waren unter den sich zu Antifaschisten und Widerstandskämpfern erklärenden Deutschen auch Betrüger; die Zusammenschlüsse der Nazi-Verfolgten entlarvten so manchen, der sich auf diese Weise eine Entschädigung für (nicht) erlittene Verfolgung holen wollte. Sehr viel höher war jedoch die Zahl jener Antifaschisten, die nicht mehr entschädigt werden konnten, weil die Gestapo, die SS und eine willfährige Justiz ihnen das Leben genommen hatten. Bei der letzten noch einigermaßen freien Reichstagswahl am 5. März 1933 hatten die von Hitler zu Staatsfeinden erklärten »Marxisten« trotz beginnender Verfolgung in der Summe (SPD und KPD) mehr Stimmen bekommen als die NSDAP. Diese Gegnermassen konnten sich ja in den folgenden Monaten und Jahren nicht völlig bekehrt oder gar in der Luft aufgelöst haben. Gegner gab es immer, wenn auch mit der Stabilisierung der Naziherrschaft sich ihre Gefolgschaft verringerte. Nur mit geringem Erfolg versuchten die Mutigsten trotz Verbots und drohender Strafe die einstigen Anhänger zu neuen und illegalen Organisationen zusammenzubringen. Den

Kommunisten gelang dies besser, weil sie sich auf die Illegalität vorbereitet und zum Teil schon vorher konspirativ gewirkt hatten. Doch Anfang 1935 waren sie und mehr noch die Anhänger der SPD so gut wie ganz aus dem politischen Kraftfeld des Reiches verschwunden – sei es, daß die Anhänger zum einstigen Gegner übergelaufen waren, sei es, daß sie, genervt von Mißerfolgen, der Politik abgeschworen hatten. Nur soweit sie den folgsamen Staatsbürger spielten, konnten sie nicht gefaßt und dezimiert werden, obwohl sie von der Gestapo beargwöhnt wurden. Auf diese Weise stellten sie eine stille Reserve des Widerstands dar.

Für die auf Wachstum angewiesene Gestapo schienen ruhige Zeiten, das heißt schlechte Zeiten, anzubrechen. Wollten Himmler und seine Spießgesellen mehr Bedeutung und Einfluß im NS-Staat gewinnen, dann mußten sie mit Erfolgen imponieren können. Wie aber war dies möglich, wenn die Zahl der Reichsfeinde offenbar schrumpfte und wenn schon die Furcht vor Verfolgung, Terror und Strafen deren Tätigkeit lähmte? »Diese Entwicklung wäre an sich im Hinblick auf die noch schwache KPD nicht besorgniserregend«, heißt es im Lagebericht der Geheimen Staatspolizei für die Zeit vom Juli bis September 1935, »wenn nicht andere Momente hinzutreten würden.« Es wird dann auf einen »wachsenden Ernst der allgemeinen Lage« hingewiesen, »hervorgerufen durch das immer weiter sinkende Stimmungsbarometer breitester Volksschichten, insbesondere der werktätigen Bevölkerung«, wodurch »die kommunistische Bewegung erneut Auftrieb bekommen muß«.

Statistiken beweisen, daß diese Schwarzmalerei unzutreffend, möglicherweise sogar zweckgerichtet war. Im Sommer 1935 wurden etwa 1500 Menschen pro Monat im Reichsgebiet aus politischen Gründen festgenommen, aber bis zum Dezember sank diese Zahl unter tausend. Im ganzen Jahr 1936 faßte die Gestapo 11 687 Personen wegen kommunistischer Betätigung, also etwa 980 im Monatsdurchschnitt, und 1937 waren es 8068 Personen, pro Monat also etwa 673. Wollte die Gestapo in der Vergangenheit mit Schwarzmalerei ihre Unentbehrlichkeit beweisen, so schaltete sie nun im Lagebericht für das Jahr 1937 auf Selbstlob um. In dem Abschnitt über »Organisation und Taktik der illegalen KPD« wird festgestellt, daß der Gegner seine Organisation reduziere, weil »er sich in Deutschland auf Grund der Tätigkeit der Geheimen Staatspolizei nicht oder nur sehr schwer halten kann«.

Solches Frohlocken konnte sich Himmler insofern leisten, als inzwischen nicht mehr die sogenannten »Marxisten« als die gefährlichsten Staatsfeinde angesehen wurden. Mit den Anhängern der SPD war die Gestapo schnell fertig geworden; von einzelnen führenden Köpfen, die in Konzentrationslagern festsaßen, abgesehen, fügte sich das Gros der Millionen Sozialdemokraten verschreckt dem brutalen NS-System, erst zähneknirschend, dann verhalten schimpfend und am Ende resginierend oder gar halbwegs zufrieden. Die wenigsten waren Revolutionäre von Natur, die meisten nicht einmal bewußte Proletarier, sondern im Grunde friedliche Kleinbürger, die sich damit zufriedengaben, wenn sie die soziale Frage für die eigene Person gelöst hatten. Da sie keine Gefahr mehr darstellten, die Kommunisten aus dem Spiel geworfen und sogar viele Intellektuelle aus dem Land gejagt oder in den Konzentrationslagern zum Schweigen gebracht worden waren, benötigten Himmlers Terroristen neue Gegner, wenn sie nicht arbeitslos werden wollten.

Die Bekenntnisfront der Protestanten war kein ernst zu nehmender und vor allem kein gefährlicher Gegner. Bibelchristen neigen selten zu revolutionärer Gewalt. Sie wollten diskutieren, aber damit hatten sich die Nationalsozialisten nie aufgehalten. Recht hat in der Natur immer nur der Stärkere, und weil sie nun im Deutschen Reich die Stärksten geworden waren, blieb das Recht immer auf ihrer Seite, selbst wenn sie den Herrn Jesus aus des Königs David Geschlecht in einen Helden nordischer Rasse ummodelten. Den meisten Protestanten war die Kirche ohnehin nur noch notwendig für Taufe, Konfirmation, Trauung und Grabrede, nachdem die Mildtätigkeit von der NS-Volkswohlfahrt übernommen worden war. Drohungen mit der Hölle verfingen ebensowenig wie Lockungen mit der ewigen Seligkeit im Himmel. »Grüß Gott« sagten die Süddeutschen zwar immer noch, aber die Norddeutschen schränkten den frommen Gruß häufig mit dem Bedingungssatz »wenn du ihn triffst« ein – und diese Begegnung wurde zunehmend seltener. Weitgehend überließ das protestantische Fußvolk den Streit um den wahren Glauben ihren Theologen – und die konnte die Gestapo mit einer Unterschrift unter einen Schutzhaftbefehl zum Schweigen bringen.

Weit mehr Vorsicht empfahl sich im staatspolizeilichen Umgang mit den Katholiken. Ihnen hatte der Führer im Konkordatsvertrag bestimmte Rechte zugesichert, damit die Kleriker sich aus der Politik zurückzögen. Die katholische Kirche durfte beispielsweise ihre Jugendvereine behalten – anders als die Protestanten –, aber sie sollten sich nicht mit Politik befassen und sich mit der Hitlerjugend vertragen. Das wiederum hing nicht allein von den Katholiken ab, denn was politisch war, bestimmte der Gegner. Auch sollten beispielsweise die Gelder aus staatlichen Kassen der Kirche und ihren Einrichtungen weiterhin wie gehabt zufließen, wie auch fürderhin die Finanzämter die Kirchensteuer einziehen und der Geistlichkeit abliefern würden, vorausgesetzt, diese würden sich den Finanzgesetzen fügen.

Doch so viele Gegensätze zwischen Nationalsozialismus und Katholizismus auch bestehen mochten, so glichen sie sich in einer Hinsicht sehr: Beide forderten den Menschen total. Der Anspruch Hitlers und seiner Jünger, sie verkündeten eine Weltanschauung, kollidierte nun einmal mit jeder Religion. Der schließliche Zusammenprall mit der katholischen Kirche war heftig. Im Umgang mit Ketzern hatte die Kirche ihre Erfahrungen. Sie konnte es nicht auf Dauer hinnehmen, daß ihre Gotteshäuser am Sonntagmorgen nur schwach besucht waren, weil es den örtlichen Einheiten der Hilterjugend, dem Bund deutscher Mädel und der SA eingefallen war, für diese Stunden Dienst anzusetzen. Mochte Hitler in seinen Reden dann und wann dem »Allmächtigen« oder gar dem »Herrgott« danken, weil ihm wieder einmal ein Coup geglückt war, so wußten zumindest die Geistlichen, daß dieser Gott nicht der ihrige war, und sie hielten mit diesem Wissen auch nicht zurück, obwohl der Redner katholisch getauft war, nie aus der Kirche austrat und bis zu seinem Ende die Kirchensteuer von seinem hohen Einkommen abziehen ließ.

Die Gestapo tat sich schwer, gegen die katholische Kirche vorzugehen. Nur wenige Gemeindepfarrer gaben sich Blößen; meist begnügten sie sich mit nicht faßbaren Andeutungen, um den Grad ihrer Abneigung den Gläubigen mitzuteilen. Die Hierarchie darüber, die Prälaten, Äbte, Bischöfe wären vielleicht mit ihren Rundschreiben gelegentlich zu fassen gewesen, aber sie galten bereits als politisch heiße Eisen, und der oberste aller Priester thronte unfaßbar in Rom. Er sollte möglichst nicht gereizt werden, denn wenn er ein Machtwort sprach, hörte es die ganze Welt. Daß er noch nicht das Anathema gegen die Verehrer des heidnischen Hakenkreuzes verkündet hatte, war wohl nur damit zu erklären, daß er diese Ketzer als Feinde des atheistischen Kommunismus für brauchbar hielt.

In einem Bericht der Staatspolizeistelle Dortmund über die politische Lage im August 1934 wird die zähe Widersetzlichkeit des katholischen Klerus geschildert aus Anlaß der Trauerfeiern, die im ganzen Reich stattzufinden hatten, als der tote Reichspräsident Paul von Hindenburg im Tannenberg-Denkmal in Ostpreußen beigesetzt wurde. »Kein Mißton hat die Tage der allgemeinen Trauer gestört«, heißt es mit dem durch die Vorzeile »Geheim« versiegelten Text. »Lediglich das Verhalten fast aller katholischer Geistlicher ließ das bittere Gefühl zurück, daß es in Deutschland noch eine Macht gibt, die... den Gedanken der konfessionellen Spaltung und der internationalen Bildung nicht zurückzustellen vermag.« Trauergeläut und Trauerbeflaggung hätten bei den meisten Kirchen durch Partei und Polizei erpreßt werden müssen, und »fast in allen Fällen erfolgte die endlich vorgenommene Beflaggung in internationaler Farblosigkeit. Nur wenige Pfarrhäuser zeigten schwarz-weiß-rote Fahnen. Die Flagge des Dritten Reiches war dagegen nirgends zu sehen.«

Ein Scharmützel nur, aber bezeichnend. Wochen zuvor war es zu einer Auseinandersetzung in der gleichen Gegend gekommen. Die Gestapo hatte festgestellt, daß es im Brüderkrankenhaus Dortmund, betrieben von einem katholischen Laienorden, dann und wann zu homosexuellen Handlungen zwischen Pflegern und auch Patienten gekommen war. Die bekanntgewordenen Fälle waren bereits alle durch den Strafrichter abgeurteilt, aber zusammengenommen ließen sie sich noch als Handhabe benutzen. Nachdem Hitler und die Gestapo eben erst die Homosexuellen aus den eigenen NS-Reihen massakriert hatten, schien nun am 19. Juli 1934 die Stunde gekommen, auch eine christliche »Lasterhöhle« auszuräumen. Im Krankenhaus kreuzten um neun Uhr morgens der Kreisleiter der Partei, der Oberbürgermeister, der Polizeipräsident der Stadt mit einem Gefolge von Ärzten, Beamten und Parteifunktionären auf. Sie wiesen eine Verfügung des Regierungspräsidenten vor und forderten die pflegenden Brüder und die Angestellten der Verwaltung auf, bis 16 Uhr das Haus zu verlassen. Auch der Hausgeistliche, ein Jesuitenpater, mußte gehen. Grund: die Gefahr weiterer sittlicher Verfehlungen. Anstelle der in Trier ansässigen Zentrale des »Ordens der Barmherzigen Brüder« übernahm die Stadt Dortmund die Trägerschaft. Die Partei hatte zu dem Exodus gleich vierzig »Braune Schwestern«, Mitglieder einer von der NSDAP gestützen Neugründung, mitgebracht. Auf diese Weise ging der Kirche das größte Männerkrankenhaus Westfalens verloren.

Derartige Übergriffe der Gestapo gab es in jenen Tagen am laufenden Band; mit ihnen sollte die Kirche mehr und mehr aus dem öffentlichen Leben verdrängt und ein Zustand erreicht werden, den Hitler Jahre später während des Krieges in seinem Hauptquartier bei einem Tischgespräch herbeiwünschte: Dem Pfarrer würden in der Kirche nur noch ein paar alte Weiblein als Gläubige geblieben sein. Wenn die Polizei in Klöstern Sittlichkeitsvergehen entdeckte, wurden sie zu Kampagnen gegen die Kirche benutzt, indem die vom Reichspropagandaminister gesteuerte Tagespresse breit darüber berichtete, beginnend mit der Fahndung bis zur öffentlichen Gerichtsverhandlung. Nicht minder groß wurden Devisenvergehen von Ordensmitgliedern aufgezogen. Manche Klöster hatten in der Vergangenheit bei ausländischen Niederlassungen ihres Ordens Darlehen aufgenommen und wurden nun durch rigorose Verbote, Geld über die Grenze zu schaffen, an der vertraglich festgelegten Rückzahlung gehindert, sofern sie nicht gegen die deutschen Devisenvorschriften verstoßen wollten. Im ersten Prozeß dieser Art wurde im Mai 1935 in Berlin eine 42jährige Ordensschwester zu fünf Jahren Zuchthaus, fünf Jahren Ehrverlust und 140 000 Mark Geldstrafe verurteilt.

Ein offener Streit zwischen den Kirchen und den Nazis mußte dann wohl 1935 im Land der kirchentreuen Westfalen ausbrechen – ohne Dazutun der Gestapo, aber doch insofern willkommen, weil ihre Feinde dabei aus der Deckung ihrer stummen Überzeugung hervortraten. Der Gauleiter der NSDAP für Westfalen mit dem Sitz in Münster hatte zum Gautag den Parteiideologen Alfred Rosenberg als Hauptredner eingeladen. Er hatte ein Buch verfaßt – »Der Mythos des 20. Jahrhunderts« –, das Hitler nur angelesen und dann als verschroben und langweilig wieder zur Seite gelegt hatte, das also ohne des Führers Segen geblieben war, aber doch als halb parteiamtlich galt. Für die Katholiken war es so etwas wie das rote Tuch beim Stierkampf, denn sein Inhalt war ausgesprochen antikirchlich, ja auch antichristlich. Es gab zwar schon reichlich Literatur dieser Art, und wahrscheinlich wären Mann und Werk bereits in wenigen Jahren in Vergessenheit geraten, wenn der Autor nicht in der NSDAP als Reichsleiter, zuständig für die weltanschauliche Erziehung der Parteigenossen, aufgetreten wäre. Wahrscheinlich hatte er diesen Auftrag nur bekommen, weil er als gebürtiger Balte und Rußlandemigrant als ein Sachkenner des roten Erzfeindes und auch des Landes angesehen wurde, das Hitler einmal erobern wollte.

Der Bischof von Münster, Clemens August Graf von Galen, forderte vom Oberpräsidenten der Provinz, daß diesem Antichristen verboten werden müsse, im christkatholischen Westfalen in öffentlicher Versammlung zu reden, denn damit errege er öffentliches Ärgernis. Das wiederum konnten sich die Parteigenossen nicht bieten lassen. Der mit dem Gauleiter befreundete Rosenberg redete dann am 6. Juni 1935 in Münster, und es kam nach Nazidemonstrationen gegen den Bischof zu Radauszenen. Mit Graf von Galen und seiner gläubigen Mannschaft wird sich die Gestapo noch jahrelang beschäftigen müssen. Schon im folgenden Jahr drohten dickschädelige Westfalen mit einem Volksaufstand, weil in den Klassenräumen der Schulen die Kruzifixe entfernt wurden. Staat und Partei hielten in dieser Sache Nachgeben für klüger, aber Preußens Ministerpräsident Hermann Göring befahl in einem Erlaß am 16. Juni 1935, gegen den »politischen Katholizismus, gegen oppositionelle Priester und ehemalige Zentrumspolitiker« (Zentrum war die Partei der Katholiken) müsse schärfer durchgegriffen werden. Die übrigen Länderregierungen übernahmen den Erlaß in der Praxis. Und eine Woche später löste Göring dann auch noch den Reichsbund katholischer Frontkämpfer auf.

Eigentlich hätten Hitler und seine Trabanten aus der Historie lernen müssen, daß Versuche scheitern, eine Religion mit Gewalt zu verbieten oder etwa dem Volk aufzuzwingen. So schwelten denn auch die Auseinandersetzungen der NSDAP mit den Kirchen, den protestantischen wie auch den katholischen, weiter bis zum bitteren Ende des Dritten Reiches. Doch sooft einige Elemente in der Partei diesen Streit immer wieder neu entfachten, sooft wurden sie auch von oben abgebremst, sobald die Staatsmacht anderweitig engagiert war; die Gestapo wurde dann angewiesen, unauffällig gegen die Kirchen zu wirken. Auch die NSDAP konnte es sich nicht leisten, alle ihre Gegner zugleich anzugreifen. Sie begann im Jahr 1935 mit Nachdruck jene pathologischen Vorstellungen zu verwirklichen, die Hitler als eine Abrechnung der Deutschen mit den Juden ansah. Vorweg ist zu sagen: Ohne die Gestapo, ohne den SD und ohne die SS wäre das beispiellose Verbrechen der Massenmorde nicht möglich gewesen.

Auf dem 7. Reichsparteitag der NSDAP Mitte September 1935 drohte Hitler in seiner einleitenden Proklamation am 11. September einmal mehr dem »politischen Klerus«, aber das war nur noch ein Nachgefecht an einem sich beruhigenden Frontabschnitt. Sein Angriff begann am 15. September an einer neuen Front, und um ihn gleich mit schwerem Geschütz einzuleiten, waren die Abgeordneten des Reichstags zu einer Sitzung nach Nürnberg gerufen worden. Sie stimmten wie erwartet einmütig drei Gesetzen zu, von denen zwei die im Reich lebenden Juden aus dem Volk ausstießen, dem sie sich bisher zugerechnet hatten. Das »Reichsbürgergesetz« beschränkte die Bürgerrechte auf Menschen »deutschen oder artverwandten Blutes«, das »Gesetz zum Schutze des deutschen Blutes« verbot Heirat und Geschlechtsbeziehungen zwischen den als deutschblütig Geltenden und Juden oder sogenannten Mischlingen. Das dritte, das Reichsflaggengesetz, verbot den Juden das Zeigen der deutschen Nationalflagge. Das war jetzt die einstige Kampffahne der Nazis, die mit dem Hakenkreuz.

Was jüdisches von arischem Blut unterscheidet, konnte kein Nationalsozialist exakt erklären – nicht einmal der Nürnberger Gauleiter Julius Streicher, der ordinärste aller Antisemiten, der ernsthaft behauptete, das Blut jeder arischen Frau sei für immer jüdisch verseucht, wenn sie auch nur einmal mit einem Juden koitiert habe, weil ihr Körper dessen Samen aufgenommen habe, wodurch nun alle ihre Nachkommen jüdische Rassenmerkmale aufweisen würden, gleichgültig, wer immer der Vater sei. Das Gesetz schrieb Gefängnis- oder gar eine Zuchthausstrafe für jüdische Rassenschänder vor. Es wurde dann auch noch dahingehend erweitert, daß es jüdischen Haushalten verbot, arische Dienstmädchen zu beschäftigen, die noch nicht 45 Jahre alt waren.

Die Ermittlung solcher »Straftatbestände« fiel zwar im allgemeinen der Kriminalpolizei zu, aber in vielen Fällen wurde dann doch die Gestapo eingeschaltet, vor allem, wenn Geständnisse bei normalen Vernehmungen nicht zu bekommen waren. Die Gestapo wurde jedoch immer tätig, wenn ein »Rassenschänder«

seine Strafe abgebüßt hatte. Er wurde noch vor Verlassen der Strafanstalt von Beamten der Gestapo mit einem Schutzhaftbefehl festgenommen und in ein Konzentrationslager gebracht. Auch wenn schlüssige Beweise nicht beschafft werden konnten, griff die Gestapo zu gemäß einem Leitsatz ihres Chefs Heydrich: »Die Politische Polizei hat im nationalsozialistischen Staat die Aufgabe, präventiv alle Gefährdungen und Beeinträchtigungen der Volksgemeinschaft zu verhindern. Folglich hat sie vorzubeugen, daß neue Gefahren für das Volksganze nicht (sic!) entstehen.« Danach waren alle Juden im Reich Freiwild, denn jeder einzelne bildete gemäß den Lehren der Partei eine stets potente Gefahr. Für Rasse, Moral, Wirtschaft, Kunst, Wissenschaft, kurz, für alle Bereiche waren Juden angeblich ein »Ferment der Dekomposition«, der Zersetzung des Gesunden mit Ideen des Liberalismus und des Marxismus.

Die gängigen Schilderungen der Gestapo-Methoden bei Festnahmen, Verhören und in KZs lassen vermuten, die Beamten der Geheimen Staatspolizei seien ausnahmslos wilde Fanatiker oder sadistische Schlägertypen gewesen. Doch so billig tat es die SS nicht; sie wollte ja eine Elite sein, also machte sie sich die Mühe, ihre Leute zu schulen – selbstverständlich einseitig in der autoritär verkündeten NS-Wahrheit. Der Judenvernichter Adolf Eichmann lieferte dafür bei seiner Vernehmung im israelischen Gefängnis ein anschauliches Beispiel. Als er sich im bayerischen Sammellager freiwillig zum Sicherheitsdienst des Reichsführers SS gemeldet hatte, war er als abgebrochener Gymnasiast und Mineralölverkäufer aus Österreich eigentlich berufslos. In der Berliner Reichsleitung des SD hatte ihn nach anfänglicher Mitarbeit an einer Freimaurerkartei ziemlich zufällig der Leiter der Abteilung Juden als Mitarbeiter übernommen. Das war Anfang 1935. Hier bekam er Bücher und Zeitschriften, die sich mit den Juden beschäftigten und vorwiegend von jüdischen Autoren stammten, zum Studieren, und er vertiefte sich besonders in Berichte und Stellungnahmen zum Thema Zionismus, also der Rückgewinnung Palästinas für einen Staat Israel.

Außerdem wurden ihm und einem Kollegen alle Berichte von NS-Organisationen zugeleitet, soweit sich deren Inhalt mit dem Thema Juden befaßte. Berichte der Polizei ergänzten dieses Material. Diese Informationen von der Basis lieferten V-Männer, meist ehrenamtliche Mitarbeiter, die ihrem SD-Abschnitt berichteten, der seinerseits daraus einen Bericht für den SD-Oberabschnitt zusammenfaßte, damit der ein Konzentrat der Abschnittberichte an das SD-Hauptamt in Berlin leitete. Chef des Hauptamtes war, wie schon erwähnt, Reinhard Heydrich und insoweit ein Funktionär einer Parteiorganisation. Zugleich aber war er als Chef der Gestapo und der Kriminalpolizei auch ein Beamter. Deren Mitarbeiter lieferten ihm zusammengefaßt, was von den Gestapo-Stellen in den Städten und von den übergeordneten Gestapo-Leitstellen zusammengetragen worden war.

Die Gestapo und der SD legten Wert darauf, daß jede gehobene Position mit einem Mann besetzt war, der mehr konnte, als nur Zähne einzuschlagen. So darf man Eichmann glauben, daß er sich in seinem Referat ein gründliches Wissen erarbeitet und – selbstverständlich als Antisemit und damit extrem einseitig – für jüdische Probleme durchaus sachkundig war. Damit er sich über den Zionismus besser informieren könne, versuchte er gemeinsam mit einem Vorgesetzten unter falschem Namen und mit falschen Pässen nach Jerusalem zu kommen und sich über die Juden zu unterrichten, die dort die illegale Einwanderung betrieben. Doch die Engländer, damals Mandatsträger für Palästina, verweigerten den beiden SD-Männern die Einreise, nachdem sie immerhin bis Haifa gekommen waren. Wer Eichmanns Geständnissen aus dem Frühsommer 1960 Glauben schenken möchte, darf annehmen, daß die SS 1937 mit den Zionisten insoweit sympathisierte, als sie die Einwanderung von Juden nach Palästina (und damit die Auswanderung aus Deutschland) fördern wollte. Daß dies auch Hitlers Absicht war, darf bezweifelt werden, denn er beschwor ja stets Gefahren, die von einem Weltjudentum für die gesamte übrige Menschheit ausgehen, wie denn auch Eichmann selber im Lauf der Zeit bezweifelte, ob es ratsam sei, die reichen Juden, soweit sie ihre Ausreise finanzieren und Geldmittel mitnehmen konnten, auswandern zu lassen, indes die armen Juden am Ende vielleicht gar als Wohlfahrtspfleglinge von den Deutschen versorgt werden müßten.

Noch hatte im Reich der offene Krieg gegen die Juden nicht begonnen, aber periphere Maßnahmen in den Jahren von 1933 bis 1935 ließen bereits erahnen, was ihnen bevorstand. So wurde jüdischen Künstlern verboten, sich eines Pseudonyms zu bedienen. Der Reichsjustizminister forderte von allen Notaren, ihren Vertretern und sogar von ihren Ehefrauen den Nachweis, rückschauend bis 1800, daß sie nur von arischen Vorfahren abstammten. Der Reichserziehungsminister verbot, daß Juden zu Schwimmeistern ausgebildet wurden. Wer als Jude ein Kino besaß, wurde gezwungen, es zu verkaufen. Viele Orte stellten an den Einfallstraßen Schilder auf mit der Inschrift »Juden sind hier unerwünscht«. Wer nicht Mitglied der Reichskulturkammer durch einen Berufsverband war, durfte nichts publizieren oder künstlerisch tätig sein – und Juden wurden als Mitglieder nicht geduldet. In Parteizeitungen erschienen Prangerfotos von Kunden beim Verlassen jüdischer Geschäfte. Wer als »Arier« mit einem Juden freundschaftlich verkehrte, wurde als Judenknecht diffamiert. Darüber hinaus gab es zahllose Schikanen, die den Juden das Leben im Deutschen Reich schwermachen sollten.

Doch für die große Auseinandersetzung mit den Juden fühlte sich das Reich noch nicht stark genug. Außerdem standen für die erste Augusthälfte 1936 die Olympischen Spiele in Berlin bevor, und die ganze Welt sollte dabei den Glanz eines genesenen Deutschland erleben. Selbst als ein jugoslawischer Jude im Schweizer Kurort Davos einen hohen Funktionär der Auslandsorganisation der NSDAP erschoß, gab sich Hitler so moderat, daß er in seiner Rede beim Begräbnis des ermordeten Parteigenossen die Worte »Jude« oder »jüdisch« kaum gebrauchte.

Hinter dieser Zurückhaltung gingen jedoch die Pressionen weiter. Verbände und Organisationen entließen jüdische Angestellte, jüdischen Eigentümern von Betrieben und Handelsgeschäften wurde mehr oder weniger massiv beigebracht, daß sie gut daran täten, ihre Firma jetzt zu verkaufen und nicht auf eine Enteignung zu warten; ein Käufer stand meist schon bereit, ein Parteigenosse natürlich. Die »Arisierung« – so nannte man solchen Besitzwechsel – klappte am besten, wenn der Käufer mindestens den Gauwirtschaftsberater der Partei oder gar den Gauleiter hinter sich hatte und wenn er geneigt war, Parteiprominenz als stille Teilhaber ins Geschäft zu nehmen. In Nürnberg brachte später ein Parteigerichtsverfahren an den Tag, daß sich sogar der Gauleiter Julius Streicher mittels solcher Geschäfte bereichert hatte und daß Juden gezwungen worden waren, Grundstücke für ein Zehntel des sogenannten Einheitswertes abzugeben – und der lag schon erheblich unter dem eigentlichen Wert.

Gestapo und Kripo bekamen durch die Aktionen gegen die Juden viel zu tun. Fanatische Antisemiten entdeckten und meldeten häufig angebliche Verstöße gegen die neuen Gesetze und Vorschriften. Deswegen mußte beispielsweise in Hamburg der Landgerichtspräsident eine zusätzliche Strafkammer installieren, die sich nur mit sogenannten »Rasseschändern« beschäftigte. Bei ihr kassierten im Lauf der Zeit 429 Angeklagte zumeist hohe Zuchthausstrafen. Sie hatten als Juden keine Aussicht, die Freiheit wiederzugewinnen, denn wenn sie nach Verbüßung ihrer Strafe aus der Strafanstalt entlassen werden sollten, wartete auf sie schon ein Gestapo-Beamter mit dem Einweisungsschein in ein Konzentrationslager.

Die Deutschen nahmen diese Judenverfolgung zwar zur Kenntnis, aber nur die wenigsten lehnten sie ab, geschweige denn, daß sie sich dagegen auflehnten. Wer kein Jude war, den betraf sie ja nicht. Nur wer die »Jüdische Rundschau« las, erfuhr, daß zwischen dem 1. Februar 1933 und dem 1. April 1936 rund 93 000 Juden das Territorium des Deutschen Reiches verlassen hatten: unfreiwillig-freiwillig. (Die Volkszählung von 1933 hatte ergeben, daß derzeit 500 000 Deutsche jüdischen Glaubens im Reichsgebiet leben. In dieser Zahl waren die staatenlosen und nichtgemeldeten Juden nicht enthalten.)

Selbstverständlich wurde auch von der Gestapo diese Zeitung gelesen, aber stürmischen Jubel dürfte die Zahl nicht bei allen ausgelöst haben. Antisemitismus war gewissermaßen Pflichtfach bei allen diesen Beamten, aber für sie war der Kampf gegen den jüdischen Feind Routine geworden. Da bedurfte es keiner großen Recherchen und kaum irgendwelcher Beweise. Die Schuld eines Juden war nicht unbedingt aus einer Tat abzuleiten, denn sein Stammbaum genügte schon. Es gab allerdings auch Beamte, die sich erinnerten, daß ihr erster Dienstherr Hermann Göring es sich vorbehalten hatte zu bestimmen, wer Jude sei, und daß er Jagdfliegerkameraden aus dem Ersten Weltkrieg als Mitarbeiter heranzog, auch wenn deren Stammbaum nicht rein »arisch« war.

Anders ihr neuer oberster Chef Heinrich Himmler. Von ihm bekam auf die Dauer jeder Beamte einen SS-Rang entsprechend der jeweiligen Dienststellung, so daß ein Regierungsrat seine schwarze Uniformjacke mit den vier Sternen eines Sturmbannführers verzieren konnte. Dazu mußte er allerdings erst einmal nachweisen, daß er unter seinen Vorfahren, zurückgehend bis 1750, weder einen Juden noch einen Zigeuner oder einen anderen Fremdrassigen hatte. Weniger streng achtete der Reichsführer SS bei den Beamten der Gestapo auf Kriterien der von ihm zwar selbst nur mangelhaft repräsentierten, wohl aber von seiner Gefolgschaft geforderten nordischen Rasse: Länge mindestens 170 Zentimeter, Haarfarbe möglichst Hell, Augenfarbe möglichst Blau, Gesicht möglichst schmal, Schädel möglichst lang – Forderungen, die Reinhard Heydrich nahezu ideal erfüllte.

Für Göring waren bei der Wahl seiner Mitarbeiter in Gestapo und SD auch Fähigkeiten und Leistungen ausschlaggebend, und wenn es um leitende Positionen ging, holte er sich bevorzugt junge Akademiker, die bereits im Studium Intelligenz und Tatkraft bewiesen hatten. Unter Diels hatte die Gestapo neue Kräfte vorzugsweise aus der Hilfspolizei rekrutiert, also SA- oder SS-Mitglieder mit Erfahrungen im rauhen Kampf auf der Straße. Sie waren dann 1933 und 1934 in Lehrgängen noch zusätzlich und vorwiegend theoretisch ausgebildet worden. Diese Phase im Aufbau der Gestapo hat Dr. Laurenz Demps in einer Dissertationsarbeit für die Ostberliner Humboldt-Universität gründlich untersucht und dabei ermittelt, daß aus fünf Lehrgängen, die jeweils drei bis vier Wochen dauerten, mehr als hundert »Hilfsbeamte« in die Praxis entlassen worden waren, teils zu Außenstellen, teils zur Zentrale. SS-Mitglieder waren auch darunter gewesen, aber man hatte sie damals noch nicht bevorzugt. Empfehlend war dagegen gewesen, daß sich der Bewerber als Hilfspolizist durch Härte – sprich Brutalität – den Häftlingen gegenüber hervorgetan hatte. Diese Anfänger wurden nun zu Verhören erst zugezogen, wenn ein Häftling nach gutem Zureden nicht erzählte, was man von ihm hören wollte. Die Akademiker machten sich in der Regel die Hände mit dem Blut der Staatsfeinde nicht schmutzig. Wohl aber erweiterten sie an ihren Schreibtischen mit sophistischen Begründungen die Liste der Staatsfeinde. Hinsichtlich der Homosexuellen bedurfte es keiner Gründe; des Führers Strafgericht genügte als Legitimierung. Im KZ bekamen sie einen rosaroten Winkel als Kennzeichen. Gänzlich ungefährlich war es, Mitglieder der Internationalen Bibelforscher-Vereinigung festzunehmen, denn sie leisteten nicht den geringsten Widerstand, wenn sie auch die Gewalt des Staates nur insoweit anerkannten, als sie nicht im Widerspruch zu Bibelworten stand. Allein schon durch ihre Ablehnung des Wehrdienstes gerieten sie in die Mühle der Strafjustiz und, weil unbelehrbar, ins KZ. Dort waren sie so fügsam, daß man sie ohne Wächter außerhalb des Lagers arbeiten lassen konnte. Sie flohen nicht, weil ihnen die Haft als eine Prüfung galt, die Gott ihnen auferlegt hatte.

Daß der Staat die Pflicht hatte, dem Volk die Berufsverbrecher vom Hals zu schaffen, war jedem Diener des Gesetztes klar; fraglich war nur, wo eine Grenze unter den Kriminellen zu ziehen war. Sollte jeder Wiederholungstäter, jeder Mehrfachtäter ins KZ und dort mit einem schwarzen Winkel gekennzeichnet werden? Die wohl bekanntesten Kriminellen jener Jahre waren die beiden Brüder Saß aus Berlin, die ins Zuchthaus gekommen waren, weil sie auf raffinierte Art eine Bank geplündert hatten, und denen auch noch weitere Missetaten nachgesagt wurden, aber nicht nachgewiesen werden konnten. In der Weimarer Republik hatten sie sich noch über ihre Richter lustig gemacht, aber im Dritten Reich wurden sie ohne Urteil im KZ umgebracht. Sie waren eben »Volksschädlinge«. Ebenso die chronischen Faulpelze, die nichts beitragen wollten zu dem nun aufkeimenden Wohlstand braver Bürger und deshalb lieber bettelnd oder gar als Hühnerdiebe durchs Land zogen. Sie wurden nun von der Gestapo hinter Stacheldraht seßhaft gemacht, und in Steinbrüchen oder Torfmooren lehrte man sie arbeiten. Alle Asozialen mußten so auf Gehorsam und Anstand getrimmt werden. Bei den Zigeunern fand die Gestapo noch einen zusätzlichen Haftgrund: Sie waren sichtbar fremdrassig. Die »Sicherheitsverwahrung« all dieser Menschen ließ sich unter anderem begründen mit Erlassen des preußischen Innenministeriums vom 2. Mai 1935, in denen die Polizei darauf hingewiesen wurde, daß sie Straftäter nicht nur zu verfolgen hatte, sondern auch verpflichtet sei, sie an weiteren Taten zu hindern.

Ein deutsches Rezept:
»Arbeit macht frei!«

Die Beschäftigung mit sogenannten »Volksschädlingen« wurde für die Gestapo-Beamten bald zur Routine, zur Alltagsarbeit. In Form von Akten liefen ihnen die Schicksale nun massenhaft über den Schreibtisch, und sie ließen sich häufig ohne Ansehen der Person (buchstäblich) und ohne großes Nachdenken mit einer Unterschrift erledigen. Wo blieben bei solcher Tätigkeit die aufregenden Erlebnisse, die sensationellen Fälle, auf die ein Geheimpolizist in gehobener Stellung Anspruch hat? Würde nicht im Hohen Rat der NSDAP und der Ministerien die Achtung vor der Gestapo und dem SD noch steigen, wenn ihnen spektakuläre Erfolge glückten? Doch wo waren solche Aufgaben? Die Gegner von Rang und Ruf waren ermordet, inhaftiert oder emigriert, und wer sich von ihnen noch gegen Hitler stellte, tat dies im Ausland. Konnte man dagegen nichts unternehmen?

Da verbreitete doch aus der Tschechoslowakei ein Kurzwellensender regelmäßig Nachrichten und Kommentare in deutscher Sprache und wurde deswegen im Reich viel gehört, wobei die Nationalsozialisten nur schlecht wegkamen. Ermittelt hatte man bereits, daß der Betreiber des Senders der Ingenieur Rolf Formis war. Der hatte im Dienste des Südfunks Stuttgart mit

Sende- und Empfangsanlagen insofern Furore gemacht, als er Berichte amerikanischer Kurzwellensender über Kämpfe des Boxers Max Schmeling empfangen und übertragen hatte. Den Sender in der ČSSR hatte er selber gebaut. Er betrieb ihn ohne regierungsamtliche Genehmigung, aber er brauchte kein Verbot aus Prag zu befürchten. Dort wurde alles geduldet, was Hitler ärgern konnte. Nach Protesten aus Berlin hatte die Regierung erklärt, sie habe den Sender suchen lassen, aber nichts finden können, und sie bezweifle sogar, daß er seinen Standort auf ihrem Territorium habe.

Also entschloß sich Heydrich zur Aktion. Er schickte einen seiner Männer aus dem SD, den Techniker Alfred Naujocks, mit falschen Papieren, einem Kraftwagen und einem Peilempfänger in die Tschechoslowakei. Peilversuche im Reich hatten ergeben, daß der Standort in der weiteren Umgebung der Hauptstadt zu suchen sei, und tatsächlich ortete er Formis in einem Hotel, das von Prag etwa eine Autostunde entfernt lag. Sein Auftrag war, Formis bei der Gestapo in Berlin lebend abzuliefern. Doch die Entführung mißlang; als Naujocks und sein Gehilfe am 23. Januar 1935 in das Hotelzimmer von Formis eindrangen, versuchte dieser eine Pistole zu ziehen. Die SS schoß schneller. Sie zerstörte auch das Sendegerät, aber Formis mitzunehmen erwies sich als zwecklos, denn selbst bei »verschärfter Vernehmung« hätte er seine Hintermänner nicht mehr verraten können. Er war tot.

Diese Hintermänner glaubte die Gestapo zu kennen: Otto Strasser und sein Häuflein nationaler Sozialisten. Der seit 1930 Abtrünnige galt in der Partei als Nationalbolschewist. Seine politische Laufbahn hatte er bei den Spartakisten begonnen, hatte dann neben seinem Bruder versucht, der NSDAP einen Linkskurs abzunötigen. Er hatte an Rhein und Ruhr revolutionäre Mitkämpfer gesammelt, zu denen zeitweise auch ein gewisser Dr. Joseph Goebbels gehört hatte, und hatte bis zum Januar 1933 in Berlin eine Gruppe Intellektueller geführt, die sich um ein Blatt, die »Tat«, gruppierte. Auch seine Stimme war nun verstummt. Der Bruder des am 30. Juni 1934 ermordeten Gregor Strasser war 1933 emigriert.

Der Gestapo ging die Arbeit jedoch nicht aus. Bald darauf meldete sich auf Kurzwelle 29,8 Meter ein neuer »Hetzsender«. Die in Prag sitzende Sopada (Sozialdemokratische Partei Deutschlands), also die Leitung der emigrierten SPD, stufte den Sender als ein Sprachrohr der nach Osten geflüchteten Kommunisten ein und ließ sich von ihren im Reich verbliebenen Korrespondenten melden, daß der Sender im Rheinland wie in Bayern, also praktisch überall im Reich, von vielen Deutschen regelmäßig und zunächst auch einwandfrei empfangen werde. Das Abhören von »Feindsendern« wurde erst im September 1939 bei Kriegsausbruch gesetzlich unter Strafe gestellt, aber die Partei wollte es auch in den Jahren zuvor nicht dulden, daß sich das Volk aus fremden Quellen informierte. Die Gestapo und Goebbels ließen Störsender einsetzen, die mit Pfeifen oder Rattern den unerwünschten Nachrichtensprecher übertönten und möglicherweise auch die Nachbarn darüber unterrichteten, daß jemand aus der nationalsozialistischen Reihe tanzte. Parteifunktionäre, SD-Vertrauensmänner und Gestapo nahmen dann den Missetäter unter ihre Lupe. Er konnte nämlich wegen staatsfeindlicher Propaganda bestraft werden, sobald er das heimlich empfangene Wissen weitergab oder wenn er gar jemanden zu einem Gemeinschaftsempfang zuzog. Die Sopada registrierte, daß es beispielsweise in Breslau zu einigen Strafprozessen gekommen war, in denen Angeklagte für fünf Jahre ins Zuchthaus geschickt worden seien. Doch ab September 1939 konnte man dabei auch den Kopf verlieren.

Erfolgreich schien Heydrich zunächst bei der Jagd auf den

Schriftsteller Berthold Jacob zu werden. Der 1898 Geborene hatte schon etlichen Ministern der Weimarer Republik Ungelegenheiten bereitet, weil er als radikaler Pazifist mit seinen Berichten in Tageszeitungen und Zeitschriften militärische Verstöße gegen die Paragraphen des Versailler Vertrags publik gemacht hatte. Er denunzierte die Reichswehrführung, als er dahinterkam, daß sie »schwarze« Einheiten unterhielt, die über die von den Siegermächten zugestandene Truppenstärke hinausgingen. In den sogenannten nationalen Kreisen galt er deswegen als ein notorischer Landesverräter. (Auch bemühte er sich mit großem Eifer, die Morde an Rosa Luxemburg und Karl Liebknecht, begangen von Soldaten der Ebert-Noske-Regierung in den Berliner Januarunruhen von 1919, aufzuklären.)

Als die NSDAP bei den Wahlen des Jahres 1932 immer mehr Stimmen gewann, hatte Jacob als Jude noch einen zusätzlichen Grund, den immer heißer werdenden Boden Deutschlands zu verlassen. Er wählte Straßburg als ständigen Wohnsitz, wo er sich vor dem Terror sicher fühlen konnte und doch nahe genug jener Grenze war, hinter der Hitler seine Aufrüstung bereits insgeheim, aber doch sehr umfänglich, betrieb. Die Gestapo vermutete, daß er durch einen Informanten aus dem Reichswehrministerium auf dem laufenden gehalten wurde. Dessen Namen hoffte man zu erfahren, wenn Jacob erst einmal in der Prinz-Albrecht-Straße verhört würde. Der Name des schon 1933 Ausgebürgerten stand deshalb seit dieser Zeit in den Fahndungslisten.

Es gelang einem deutschen Journalisten, Berthold Jacob nach Basel zu locken, indem er ihm ein Treffen mit einem Informanten aus Reichswehrkreisen anbot. Ein Gestapo-Mann spielte diese Rolle. Die drei Männer trafen sich in einer grenznahen Weinstube, becherten und riefen schließlich ein Taxi herbei, damit in einer Wohnung Schriftliches übergeben werden könne.

27. Februar 1933: In Berlin wird durch Brandstiftung der Reichstag zerstört. Am nächsten Morgen schlagen noch immer Flammen aus dem Gebäude, das bis dahin der Sitz des Deutschen Parlaments war (oben). Der Brandstifter, der holländische Kommunist Marinus van der Lubbe, wird am Tatort verhaftet. Im Dezember desselben Jahres wird er vom Reichsgericht in Leipzig angeklagt und zum Tode verurteilt (unten, van der Lubbe stehend)

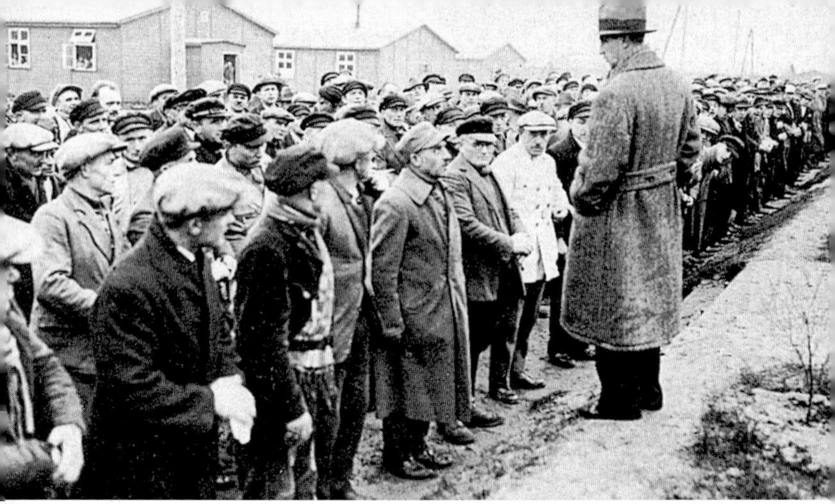

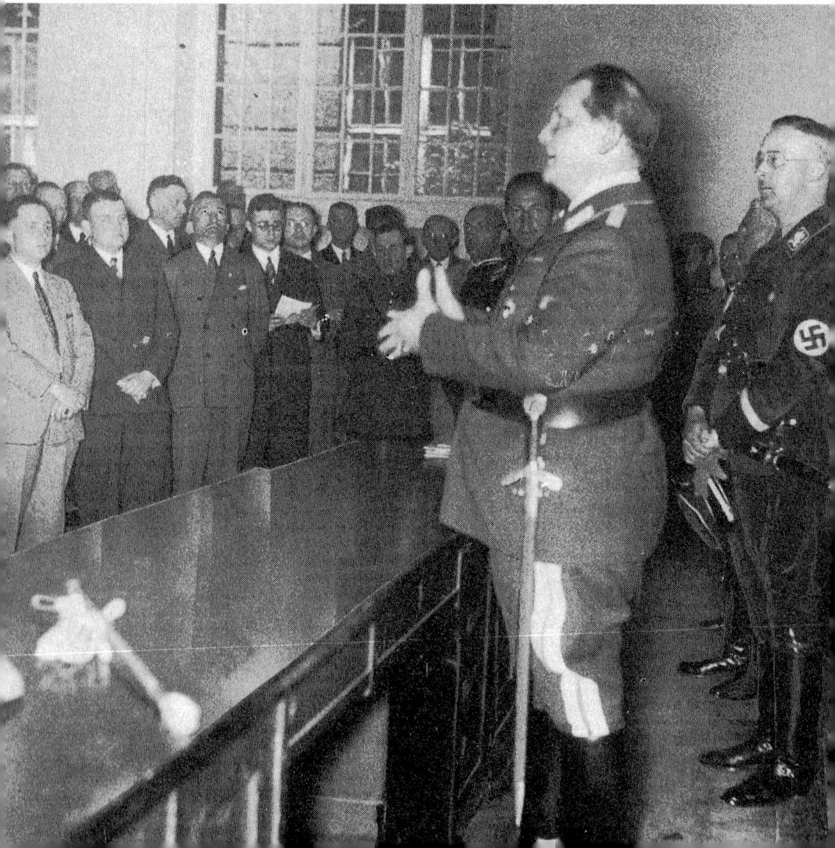

Noch in der Brandnacht befiehlt Hitler die Festnahme der Kommunisten. Der Chef der Politischen Polizei Preußens, Rudolf Diels, vor Gefangenen (links oben). Die Politische Polizei der Länder schließt sich unter Führung des Reichsführers SS, Heinrich Himmler, zusammen. Hermann Göring bei der Übergabe des Berliner Amtes an Himmler (links unten). Die Spitze der Gestapo bei einer Besprechung (oben, von links: Huber, Nebe, Himmler, Heydrich, Müller). Der letzte Chef der Gestapo, Ernst Kaltenbrunner (unten links). Erstes Opfer, SA-Stabschef Ernst Röhm, im Gespräch mit Hitler (unten rechts)

Zwölf Jahre lang sind die Kommunisten und die Sozialdemokraten die Hauptgegner der Geheimen Staatspolizei. Im Februar 1933 besetzt die SA das Karl Liebknecht-Haus in Berlin (links). Ernst Thälmann, der Führer der deutschen Kommunisten, im Untersuchungsgefängnis Berlin-Moabit (rechts). Im August 1941 bezeichnete Hitler seinen Gefangenen als den Typ des kleinen Mannes«, der nicht anders handeln konnte. Er halte ihn nicht aus Rache gefangen. Sei »die Gefahr Rußland beseitigt, kann er hingehen, wo er will«. Im August 1944, als die Sowjetarmeen an der Reichsgrenze stehen, läßt er ihn liquidieren

Die Notverordnung des Reichspräsidenten »zum Schutz von Volk und Staat« (28. 2. 1933) proklamiert den Ausnahmezustand (links oben). Fortan herrscht Willkür. Wer sich nicht »einordnet«, wird festgesetzt und »umerzogen«. Aus den wilden SA-Lagern macht die SS sehr schnell Arbeitslager, in denen »Zucht und Ordnung« herrschen (links unten). Den elektrischen Zaun, der jede Flucht unmöglich macht, müssen die Häftlinge selbst bauen (oben). Himmler führt Parteiprominenz das Lager Dachau vor (unten)

Der persönlichen Rache Hitlers entgeht keiner. Nach dem Röhm-Putsch 1934 präsentiert er alte Rechnungen, läßt er gefährliche Gegner liquidieren. Ermordet: Erich Klausener, Führer der katholischen Aktion (oben). Ermordet: der letzte Reichskanzler der Weimarer Republik, Kurt von Schleicher (rechts: seine Frau und Gregor Strasser). Schleicher und Strasser hatten gegen Hitler konspiriert. Hinter Strasser Hermann Göring (links)

Doch Taxi und Fahrer gehörten ebenfalls zur Gestapo, der Wagen rollte über die Grenze, und Jacob wurde nach Berlin verfrachtet. Dies geschah am 9. März 1935, aber eine weltweite Pressekampagne und diplomatische Vorstellungen seitens der Schweizer und der französischen Regierung wurden den Berliner Machthabern so lästig, daß sie Jacob im September wieder in die Schweiz entließen. Aus Frankreich griff er weiterhin die Regierung in Berlin an, so auch in einem Buch über den Herausgeber der »Weltbühne« Carl von Ossietzky, den die Nazis schließlich nach den Jahren der Quälerei todkrank aus dem KZ entließen.

Wie anderen Flüchtlingen aus dem Reich lohnten die Franzosen Jacob den Kampf gegen das Hitlersystem schlecht. Sie sperrten ihn als deutschen Staatsangehörigen (der er gar nicht mehr war) bei Kriegsbeginn in ein Internierungslager im Süden des Landes ein. Als die Wehrmacht siegreich durch Frankreich zog, gelang es ihm, aus dem Lager zu entkommen. Er floh über Spanien nach Portugal. Doch auch dort stöberten ihn Heydrichs Agenten auf. Am 25. September 1941 wurde er von ihnen gekidnappt, in das von General Franco regierte Spanien verschleppt und im Flugzeug nach Berlin gebracht. Wieder war er Gefangener im Gestapo-Keller in der Prinz-Albrecht-Straße, monatelang, aber in den Verhören wurde er offenbar nicht mißhandelt, denn er erwähnte davon nichts, obgleich er unzensierte Schreiben nach draußen schmuggeln konnte. Doch die harten Bedingungen der Haft, die schlechte Ernährung und wohl auch die schwindende Hoffnung auf Befreiung machten ihn krank. Mitte Februar 1944 wurde er in das Jüdische Krankenhaus in Berlin überstellt, und dort starb er wenig später.

Als Reinhard Heydrich zum Chef der Sicherheitspolizei und zum SS-Obergruppenführer aufgerückt war, sah er unvermittelt eine Chance, durch eine weltpolitische Aktion seinen Namen in das Buch der Geschichte zu schreiben. Allerdings war das Geschehen so diffiziler Art, daß es zunächst nur den Spitzen von Partei und Staat bekanntwerden durfte. Die Nachwelt stellte dann freilich fest, daß er nicht der Initiator und Motor dieser Sache gewesen war, sondern allenfalls eine von einem Mächtigeren benutzte Hilfskraft. Er blieb jedoch bis zu seinem Tod in dem Glauben, er habe Wesentliches zu weltgeschichtlichem Geschehen beigetragen.

Zu dieser Illusion verhalf ihm der weißgardistische General Nikolai Skoblin, seinerzeit Anführer der in Paris versammelten zahlreichen russischen Emigranten, Nutznießer einstiger Zarenherrlichkeit und darum geschworene Feinde der roten Herren im Kreml. Diese sehr gemischte Gesellschaft aus tatsächlichem und angeblichem Adel, aus Abenteurern und Gelehrten, Schachweltmeistern und Falschspielern verdiente den Lebensunterhalt zum Teil als Kellner, Gigolos, Taxifahrer oder auch als Agenten irgendwelcher Geheimdienste. Von Skoblin erfuhr Heydrich, daß der Diktator Josef Stalin von Verschwörern der Roten Armee abgesetzt werden sollte, weil er durch eine Kette von Todesurteilen gegen Abweichler, von Massenverschickungen in sibirische Straflager, durch heimliche Morde seiner Geheimpolizei zum Tyrannen geworden sei. Solche Aktionen nannte der »rote Zar« eine »Reinigung« von Verrätern, die der kommunistischen Glückseligkeit im Wege standen. Kopf der Militärverschwörung – so Skoblin – sei der General Michael Tuchatschewski, der in der Zarenarmee noch Leutnant gewesen war und es nun bis zum stellvertretenden Kriegsminister gebracht hatte.

Mit dieser Information – so überlegten die Geheimpolizisten in der Berliner Prinz-Albrecht-Straße – lasse sich der Diktator Stalin wohl dazu bringen, daß er seine Reinigung auch auf das Offizierskorps der Roten Armee ausdehne. Er werde dies um so gründlicher tun, wenn Dokumente die Verschwörung belegten. Der vielseitig verwendbare Alfred Naujocks, derzeit SS-Obersturmführer, leitete das Fälscherlabor der Gestapo. Tuchatschewski war schon mindestens dreimal im Reich gewesen; einmal als kriegsgefangener Zarenleutnant im Ersten Weltkrieg, einmal in der Weimarer Republik anläßlich der Zusammenarbeit zwischen Reichswehr und Roter Armee und war dabei sogar dem Reichspräsidenten Hindenburg vorgestellt worden und noch einmal auf einer Durchreise, als er die Sowjetunion bei Trauerfeierlichkeiten in London vertreten hatte. Es gab seit dieser Zeit Schriftproben in Archiven, Fotos, Notizen, Berichte. Naujocks fabrizierte daraus mit seinem Fälscherstab schriftliche Beweise für eine Verschwörung. Ein SD-Agent konnte tschechische Agenten dazu bewegen, daß Staatspräsident Eduard Benesch von der Existenz der Papiere erfuhr, worauf dieser, ein Freund und Verbündeter Stalins, prompt den Herrn im Kreml unterrichtete.

Nun hatte Heydrich wirklich Grund zur Freude: Der Rote Hai biß an. Ein Offizier des Moskauer Geheimdienstes kam nach Berlin, zahlte einem angeblichen Nachrichtenhändler eine phantastisch hohe Summe Geld für das Aktenbündel, und obwohl sich später herausstellte, daß es Blüten waren, glaubte die Firma Heydrich, Himmler, Hitler ein gutes Geschäft gemacht zu haben, denn in den folgenden Monaten grassierte innerhalb der Roten Armee eine tödliche Seuche: die Jeshowschtschina, benannt nach dem damaligen Chef der sowjetischen Geheimpolizei Nicolai Jeshow, Stalins oberstem Henker. Nur wenig mehr als das halbe Offizierskorps überlebte die Seuche. Höhere Ränge befiel sie mit Vorliebe. Es starb die Mehrzahl der Generäle und der Marschälle. Bisher galt in Hitlers Eroberungsplänen die Sowjetunion als stärkster Gegner, berechnet nach Quadratkilometern, Bevölkerungszahl und

Rüstungsstand, aber nach der Jeshowschtschina war er überzeugt, daß ihm im Osten nur noch eine Masse Muschiks ohne führende Köpfe gegenüberstehen werde.

Erst nach dem Zweiten Weltkrieg gab es Zweifel an dem deutschen Sieg in diesem heimlichen Untergrundkrieg. Es stellte sich heraus, daß der Zarengeneral Skoblin längst im Dienst des sowjetischen Geheimdienstes gestanden hatte, und es scheint sicher zu sein, daß er von Jeshow den Auftrag hatte, die Deutschen zu einer Denunziation Tuchatschewskis zu verleiten. Stalin glaubte ohnhein, daß ihn die Militärs stürzen wollten, und versuchte, ihnen zuvorzukommen. Also reinige er das Heer. Auf gleiche Weise reinigte er alle Bereiche seiner Herrschaft: die KPdSU, die Ministerien, die Wirtschaft und selbst die Geheimpolizei. Der zutiefst mißtrauische Oberbolschewist vermutete überall potente und vielleicht auch nur potentielle Gegner, Konterrevolutionäre, von denen er annahm, daß sie früher oder später zusammen mit den kapitalistischen Nachbarn über das Vaterland aller Werktätigen herfallen würden. Deshalb mußten auch die Streitkräfte lupenrein kommunistisch sein. Daß er sie dezimierte, nahm er als unumgängliches Risiko in Kauf. Hitler, der Stalin stets öffentlich beschimpfte, aber heimlich bewunderte, hat Jahre später nach Niederlagen im Osten gesprächsweise sinniert, ob Stalin am Ende nicht doch das Richtige getan habe. Wenn er (Hitler) 1934 statt Röhm und dessen SA-Führerkorps eine Anzahl Offiziere und Generäle der Reichswehr hätte erschießen lassen, hätte wohl sein Heer fanatischer gekämpft, weil es dann ein nationalsozialistisches gewesen wäre – meinte er.

Als in Moskau der Schauprozeß gegen Tuchatschewski anlief, feierte man bei der Gestapo einen Sieg: Das Schwarze Korps hatte sich erfolgreich in die Weltpolitik eingeschaltet. Daß Polizisten in solche Bereiche eindringen konnten, war bezeichnend für das Durcheinander der Zuständigkeiten im Dritten Reich. Allein schon der Werdegang der Gestapo war chaotisch gewesen. Von der Jahresmitte 1934 an verwendeten Himmler und Heydrich für amtliche Schreiben Briefbogen mit der Aufschrift »Der Politische Polizeikommandeur der Länder« als eine zunächst magere Beute nach dem Massaker an den »Röhmlingen« (wie man in Parteikreisen die Toten abwertend nannte). Zu dieser Zeit zog sich der Staat aus fast allen Konzentrationslagern zurück und überließ sie völlig der SS. Heydrich, der zeitweise allein berechtigt war, Schutzhaftbefehle zu unterschreiben, erhob als deren Hauptlieferant zunächst einmal den Anspruch, daß auch sie ihm unterstellt werden müßten. Sein Dienstherr war jedoch gegen eine solche Ballung von Macht in einer Person und noch dazu seines fähigsten Gefolgsmannes. Er wollte keinen Rivalen großziehen.

Theodor Eick, der »Schleifer von Dachau«, wurde Inspektor der Konzentrationslager. Er wurde zum SS-Gruppenführer aufgewertet und war damit gleichen Ranges wie Heydrich und außerdem Himmler direkt unterstellt. Die Wachmannschaften der KZs befehligte Eicke schon seit Mai 1934. Sie waren von anfangs wenigen hundert Mann bis 1935 bereits auf 2000 Mann angewachsen. Doch auch er blieb nicht lange Alleinherrscher der Areale hinter dem Stacheldraht. Die Lager kosteten Geld, das vom Staat über die Reichsschatzmeisterei der NSDAP floß, so daß eine Finanzabteilung notwendig wurde. Zuständig dafür wurde das zunächst noch kleine SS-Verwaltungsamt unter seinem Chef Oswald Pohl, einem ehemaligen Zahlmeister der Marine. In den folgenden Jahren avancierte dieser mit der Ausdehnung der Lager zum Generaldirektor jener Höllen, in denen Millionen Menschen mißhandelt und umgebracht wurden.

Anfänglich war dem Volk erzählt worden, die Lager sollten

verführte Volksgenossen zu nützlichen Mitgliedern der Volksgemeinschaft erziehen. Doch dazu gab es nicht einmal einen Ansatz, denn dabei hätten sich nationalsozialistische Agitatoren zum Beispiel den in politischen Diskussionen gestählten marxistischen Häftlingen stellen müssen. Nicht umsonst hatte Hitler während der Kampfzeit seinen Parteigenossen verboten, sich auf solche gewagten Unternehmen einzulassen. Eine in sich geschlossene nationalsozialistische Weltanschauung hat es nämlich nie gegeben. Nur wenige Parteigenossen, scharfsinnig und zungenfertig wie Goebbels, konnten solche Auseinandersetzungen wagen. Im Grunde bestand die NS-Weltanschauung aus dem lapidaren Satz: »Führer, befiehl, wir folgen!« Die Aufgabe der Konzentrationslager war denn auch über dem Eingangstor einiger von ihnen zu lesen: »Arbeit macht frei«, unter anderem über dem von Buchenwald, Dachau und Auschwitz. Praktisch wurde dieses Versprechen erfüllt, indem die Häftlinge sich zu Tode schuften mußten.

In Bayern sagte man »Wer zahlt, schafft an«, was hieß, daß ein Geldgeber auch das Sagen beanspruchen könne. Reichsinnenminister Wilhelm Frick hatte sich in der bayerischen Beamtenschaft bis zum Amtmann hochgedient, ehe er wegen seiner Beteiligung an Hitlers Operettenputsch 1923 ausscheiden mußte. Seit er nun Reichsminister war, strebte er danach, Herr über eine reichseinheitlich geführte Polizei zu werden. Zeitweise hatten er und Himmler dabei am gleichen Strang gezogen, aber nur, solange der SS-Chef bereit schien, sich als Polizeichef dem Innenminister unterzuordnen, gemäß altem Brauch. Davon war nun längst keine Rede mehr; die harten Ellenbogen der SS-Männer drängten Frick und seine Bürokraten immer mehr zur Seite. Über eine Regelung der Zuständigkeiten wurde zwischen seinen Beamten und Heydrich seit langem verhandelt. Die Frick-Männer hatten auch schon einen Vorschlag für einen

Führererlaß konzipiert, der Himmler zum »Inspektor der Deutschen Polzei« ernennen und Frick direkt unterstellen sollte – als eine Art Staatssekretär. Doch der Verhandlungspartner im schwarzen Rock opponierte; Hitler würde das Papier nie unterschreiben, wenn er von dem Plan Fricks erfahren würde, die Schutzhaft einzuschränken und den Häftlingen ein Gerichtsverfahren zuzubilligen, in dem die zeitliche Dauer ihres Zwangsaufenthalts festgeschrieben und in dem sie sogar einen Anwalt zur Seite haben würden. Solcher Art erpreßt, stimmte Frick dem Gegenvorschlag Heydrichs zu, wonach er Himmler den amtlichen Titel »Der Reichsführer SS und Chef der Deutschen Polizei« und dazu noch das Recht zubilligte, an Sitzungen des Reichskabinetts teilzunehmen, wenn polizeiliche Belange bei der Beratung berührt würden. Außerdem wurde Himmler der Stellvertreter des Ministers und entscheidungsbefugt auch dann, wenn Frick erreichbar war.

Mit dem Kürzel RFSSuChDP entstand am 17. Juni 1936 ein weiterer Zwitter neudeutscher Art gemäß dem Hitler-Wunsch, Staat und Partei müßten miteinander verwachsen. Damit wurde Himmler Chef aller Einrichtungen, die sich mit polizeilichen Aufgaben auch nur am Rand beschäftigten. Polypengleich reichten die Fangarme seines Apparates von seiner Berliner Zentrale bis zu den Grenzwächtern in den Alpen und in Ostpreußen und reichten mit den Dorfpolizisten bis ins kleinste Rathaus.

Die Ämterhäufung in den Händen Himmlers machte eine Neuverteilung der Zuständigkeiten notwendig. Heydrich war insofern im Vorteil, als er die neue Situation als Verhandlungspartner selbst geschaffen hatte. Himmler konnte nicht umhin, ihn zum Chef eines neueingerichteten Hauptamtes Sicherheitspolizei zu machen, dem die gesamte nichtuniformierte Vollzugspolizei, vor allem die Politische Polizei und die Kriminalpolizei, unterstanden. Bedeutender schien zunächst rein optisch der

Befehlsbereich des SS-Obergruppenführers Kurt Daluege, dem die gesamte uniformierte Polizei zufiel, angefangen vom Ortspolizisten über die gesamte Gendarmerie und die Verkehrspolizei bis zur kasernierten und teilweise schwerbewaffneten Schutzpolizei. Daluege bekam außerdem noch die Funktion eines Vertreters von Himmmler, falls dieser verhindert sein sollte, sein Amt auszuüben, und außerdem blieben ihm auch noch Titel und Uniform eines Generals der Polizei. Trotzdem sah Heydrich in ihm keinen Rivalen oder gar Vorgesetzten. Gelegentlich erinnerte er seine SS-Kameraden daran, daß Daluege als SA-Führer von seinen Mannen »Dummi-Dummi« genannt worden war.

Heydrich spaltete seinen Befehlsbereich in drei Ämter. Er selbst behielt die Leitung der Politischen Polizei und nominell auch die der Kriminalpolizei, doch faktisch gab er dieses Amt ab an Arthur Nebe, der als Kriminalpolizeidirektor in diesem Bereich bisher schon überaus erfolgreich gewesen war. Ein drittes Amt »Verwaltung und Recht« leitete Dr. Walter Best, vor 1933 Mitverfasser der Boxheimer Dokumente und Landtagsabgeordneter in Hessen, nun Stellvertreter Heydrichs in der Leitung der Gestapo.

Versucht man aus den hinterlassenen Akten jener Zeit zu einem Überblick über das Wirken der Geheimen Staatspolizei zu kommen, so erschwert eine wechselnde Firmierung das Vorhaben. So konnte sie sich in ihrem Briefkopf als »Reichsführer SS und Chef der Deutschen Polizei« mit entsprechendem Aktenzeichen vorstellen oder auch als »Chef der Sicherheitspolizei« oder als »Hauptamt Sicherheitspolizei« sowie als » Geheimes Staatspolizeiamt«. Das Amt Sicherheitspolizei war dann wieder aufgeteilt in zwei Abteilungen. Eine davon, die Innere Politische Polizei, leitete der aus München kommende Heinrich Müller. Zu seiner Behörde gehörten neun Dezernate; so das

Dezernat II A, es befaßte sich mit »Kommunismus und Marxismus«, II B mit »Kirchen und konfessionellen Verbänden«, II C mit der »Rechtsopposition« und II D mit »Schutzhaft«.

Über die Rechtlichkeit ihres Tuns brauchten sich Gestapo-Beamte damals keine Gedanken zu machen; das tat für sie der Chef des Amtes »Verwaltung und Recht«, Dr. Werner Best. Er war als 26jähriger in Hessen bereits Richter gewesen und nun gewissermaßen im Nebenamt Leiter der Abteilung Polizeirecht an der Berliner Universität. Als Jurist verfügte er über die Fähigkeit des sagenhaften Freiherrn von Münchhausen, der angeblich sich und sein Pferd am eigenen Zopf aus dem Sumpf gezogen hatte. Best schrieb, was immer ein Polizist anstelle, sei rechtens, solange er damit den Willen der Führung vollziehe. Wenn er jedoch den Willen der Führung überschreite, dann handele nicht mehr die Polizei, sondern liege ein Dienstvergehen eines Beamten vor.

Ausgestattet mit einem solchen Blankoscheck, konnte sich die Gestapo nahezu absoluter Macht gewiß sein. Nur noch Hitlers Wille schränkte ihren Freibrief ein – und ihm pflegte sich Himmler ohne Einwände zu unterwerfen. Bei der Röhmschen Mordaktion waren auch zwei (wirklich nur zwei?) SS-Kameraden ums Leben gekommen, angeblich, weil sie die Grenze des Führerwillens überschritten hatten. Das war das Risiko, das jeder eingehen mußte, der in des Führers Dienst trat. Es war nun einmal Hitlers Taktik, seinen Getreuen bei ihrem Tun freie Hand zu lassen. Gelang ihnen ihr Spiel und störte es nicht seine Kreise, dann war er der Gewinner. Mißlang etwas, dann hatte der Führer von der Verfehlung, dem Rechtsbruch, dem Mord nichts geahnt.

Ganz im Sinne dieses Vorgehens war am 29. April 1936 im »Völkischen Beobachter« ein umfangreicher Artikel über »Die Bekämpfung der Staatsfeinde« zu lesen. Daraus einige Sätze: »Der Nationalsozialismus ... bricht auch mit der liberalistischen

Bekämpfung der Staatsfeinde. Nach liberalistischer Denkweise wurde nur die staatsfeindliche Handlung und die Organisation des Staatsfeindes als Träger dieser Handlung bekämpft... Dem Nationalsozialismus kommt es auf die geistigen Kräfte dieser Gegner an... Wir wissen, es sind die ewig gleichen. Der Jude, der Freimaurer und der politische Geistliche.« Als Autor des Artikels zeichnet »Reinhard Heydrich, SS-Gruppenführer, Leiter des Geheimen Preußischen Staatspolizeiamtes Berlin«.

Daß in dieser Zielansprache die Marxisten nicht mehr genannt werden, erklärt sich aus den Monatsberichten der Gestapo. Im April 1936 heißt es, »daß die illegale kommunistische Propaganda durch Druckschriftenvertrieb erheblich abgenommen hat«. Der Mai-Bericht meldet über »Linksbewegungen«: »Die Propagandaarbeit trat im Interesse der Neuorganisation zurück.« Und der Juni-Bericht 1936 ergänzt: »Allgemein wird über einen weiteren Rückgang der kommu. Propagandatätigkeit ... berichtet.«

Unterstrichen wurden solche Erfolgsmeldungen durch einen um diese Zeit laufenden Strafprozeß in Wuppertal gegen weit über hundert Arbeiter und Arbeiterinnen des Textilbetriebs Bemberg. Sie waren angeklagt, weil sie nach der Zwangsauflösung der Gewerkschaften einen illegalen Ersatz gegründet, Flugblätter hergestellt, verteilt und sogar einen kurzen Streik organisiert hatten. Die Gestapo hatte 1935 zunächst über tausend Beteiligte festgenommen, etliche mußte sie jedoch wieder laufen lassen. Einige der über hundert Angeklagten wurden zu hohen Zuchthausstrafen verurteilt, die meisten zu Gefängnis, und wenn man summiert, was die Richter insgesamt über die Angeklagten an Freiheitsentzug verhängten, kam man auf mehr als tausend Jahre. Das Verfahren erregte großes Aufsehen. Mit seiner drakonischen Härte war es dazu ausersehen, potentiellen NS-Gegnern die Lust zum Widerstand zu nehmen.

Heydrich zählte auch die Freimaurer zu den Feinden des Dritten Reiches. Dennoch galten sie zu dieser Zeit in der Gestapo fast als Lappalie. Ihre Logenhäuser waren beschlagnahmt worden, das Inventar und die Kultgegenstände waren zum Teil als Asservate gelagert, teils aber auch in Ausstellungen zur allgemeinen Erheiterung aufgebaut. Die Logenbrüder gingen wie bisher zumeist friedlich ihrem Gelderwerb nach und waren froh, wenn sie in Ruhe gelassen wurden. Die traditionell liberalen und sozialen Logen fußten mit ihren (nur scheinbaren) Geheimbünden auf den Ideen der Aufklärung und der Französischen Revolution, und es war nicht ihre Art, mit Gewalt Widerstand zu leisten. Daß Heydrich sie überhaupt als Gegner betrachtete, bedeutete nicht, daß er sie für gefährlich hielt. Die frühen Völkischen (und so auch Heinrich Himmler) sagten den Logen nach, daß ihre Großlogen im Ausland danach strebten, die Welt zu beherrschen. Doch Hitler nahm diese Ängste wohl nicht sehr ernst. Er hätte sonst wohl kaum Hjalmar Schacht, einen Freimaurer, zum Reichsminister und Reichsbankpräsidenten gemacht.

Hingegen konnte die Gestapo den dritten der obengenannten Feinde nie aus den Augen lassen, die »politischen Geistlichen«. Sie fanden sich in beiden großen Konfessionen. Die protestierenden Protestanten störten zwar da und dort erheblich die amtlich vorgeschriebene Volksgemeinschaft, aber sie traten fast nur örtlich auf, konnten durch Schutzhaftbefehle verunsichert werden und gefährdeten die staatliche Autorität kaum, weil sich die Gemeindemitglieder und Landeskirchen untereinander endlos zankten. Ein Reichskirchenausschuß, als Ordnungskraft gegründet, lief nach mehr als einjährigen Bemühungen am 12. Februar 1937 auseinander, weil sich die Delegierten nicht einigen konnten. Die wohl spektakulärste Gestapo-Aktion gegen Christen ereignete sich am 23. Juni 1937 in Berlin in der Kirche am Friedrich-Werderschen Markt, wo sich um die Mittagsstunde der Reichsbruderrat der Bekennenden Kirchen versammelt hatte. Neunzig Minuten lang beklagten die versammelten Geistlichen ihre und ihrer Gemeinden Bedrängnisse durch die Nationalsozialisten, bis sie unerwartet durch ein Dutzend Männer gestört wurden, die trotz allseitig verschlossener Türen schon geraume Zeit Zuhörer gewesen sein mußten. Sie tauchten aus dem Halbdunkel des Chors auf und verlangten, daß sich alle Teilnehmer der Versammlung auszuweisen hätten. Es waren Beamte der Gestapo. Acht Geistliche wurden festgenommen. Die Beamten durchsuchten das Gepäck und die Aktentaschen aller Anwesenden. Sie beschlagnahmten eine Anzahl Schriftstücke. Ehe die Verhafteten abgeführt wurden, konnte sie einer der Geistlichen noch segnen. Die Amtsbrüder sangen einen Choral, in dem Gott als Schutzherr der Kirche angerufen wurde.

Da waren die Katholiken doch wohl die gefährlicheren Gegner. Sie folgten in jahrhundertealter Tradition ihrem geistlichen Führer in Rom und dessen Weisungen. So erregte denn eine Enzyklika von Papst Pius XI. mit den einleitenden Titelworten »Mit brennender Sorge« die deutschen Katholiken, denn darin wurde die Weltanschauung der Nationalsozialisten unverhohlen als Irrlehre bezeichnet. Sie wurde am 17. März 1937 erlassen. Fünf Tage später veröffentlichte der Vatikan eine weitere Enzyklika; sie richtete sich gegen den atheistischen Kommunismus und sollte offenbar darauf hinweisen, daß der Papst alle antichristlichen Bewegungen gleichermaßen verdammte, rückte aber andererseits Hitler und Stalin nahezu auf die gleiche Linie.

In Berlin hätte Goebbels diese römischen Verkündungen am liebsten mit Stillschweigen übergangen, aber das war trotz seines strengen Reglements der Medien nicht möglich. Die an die deutschen Katholiken gerichteten Verkündungen wurden von den Bischöfen an die Geistlichen ihres Sprengels weitergeleitet und am 21. März 1937 in allen katholischen Kirchen verlesen. Sie wurden ferner im Wortlaut in Kirchenblättern und zusätzlich als Flugblatt gedruckt. Am Vortag schon hatte die Druckerei der ehemaligen Tageszeitung der aufgelösten Zentrumspartei, der Betrieb der »Germania«, Gestapo-Besuch bekommen, weil vermutet wurde, daß dort die Enzyklika gedruckt würde, aber der Griff war ins Leere gegangen. Rechtliche Grundlage für die beabsichtigte Beschlagnahmung war ein Erlaß des Reichsministers für kirchliche Angelegenheiten gewesen, der das päpstliche Rundschreiben eine »schwere Verletzung der im Reichskonkordat festgestellten Vereinbarungen« genannt und »Druck, Vervielfältigungen und Vertreibung« des »Rundschreibens in jeder Form verboten« hatte.

Die Gestapo präzisierte ihren Gegenangriff, weil »das Rundschreiben hochverräterische Angriffe gegen den nationalsozialistischen Staat enthält«. Sie ordnete an, daß »sämtliche außerhalb der Kirchen und Pfarrhöfe greifbaren Exemplare... zu beschlagnahmen« seien; daß »sämtliche Personen, die sich mit der Verteilung der Schriften außerhalb der Kirchen und Pfarrhäuser befassen«, sofort festzunehmen sind; daß Kirchenblätter, die den Text abdrucken, »zu beschlagnahmen und auf drei Monate zu verbieten« sind; »daß Druckereien und Verlage, in denen das Rundschreiben hergestellt wurde, sofort zu schließen« sind. Gegen Verleger, Drucker und Schriftleiter seien »weitere Maßnahmen« zu erwarten. Tatsächlich wurde dann auch unter anderem ein Münchner Unternehmen, Druckerei und Verlag, »zugunsten des Landes Bayern eingezogen«, und dessen Eigentümer wurde »aus der Reichspressekammer wegen mangelnder Zuverlässigkeit ausgeschlossen« – was bedeutete, daß er nicht nur seinen Betrieb einbüßte, sondern daß ihm fortan jede Art von publizistischer Tätigkeit verboten war.

Über die von Heydrich in diesem Zusammenhang als Staatsfeinde aufgezählten Juden an dieser Stelle zu berichten wäre verfrüht, wenn man sich an den zeitlichen Ablauf hält. Obschon es bei der Gestapo in jenen Tagen noch nicht einmal ein ausgebautes Judenreferat gab, beobachtete sie gemeinsam mit dem SD, ob alle antisemitischen Gesetze und Verordnungen – bis Kriegsbeginn wurden es über 250 – auch eingehalten würden. So waren am 14. November 1935 die Beamten entlassen worden, die nicht mindestens zwei »arische« Großelternteile vorweisen konnten. Die akademischen Berufe, die Handwerkskammer, ja selbst der Viehhandel stießen nacheinander die Nachtarier aus ihren Reihen aus. Polizeiliche Nachhilfe war dabei kaum nötig; die Parteigenossen wußten, was sie ihrem Führer an Härte schuldig waren. Die Gestapo hatte Kräfte frei für Haupt- und Staatsaktionen.

Ihr fehlten allerdings noch Informationen und Verbindungen für den Fall, daß sie sich stärker in das politische Geschehen einschalten wollte. Sie benötigte mehr Einblick in die Kreise der Diplomatie, der Wirtschaft und auch des Staates. Zwar besaß Göring noch immer seine geheime Abhörstelle, die gezielt Telefongespräche belauschte, aber sie gehörte zur Luftwaffe, und die Gestapo mußte dankbar sein, wenn aus deren Protokollen etwas für sie abfiel. Der SD wurde von Heydrich angehalten, neue Quellen zu erschließen. Himmlers Neugründungen wie der Verein »Das Ahnenerbe« mit den darin tätigen Wissenschaftlern eignete sich dazu ebensogut wie etwa die Treffen der Freunde des Reichsführers, in denen Industrielle und Finanzleute zugunsten der SS um Millionen Mark erleichtert wurden.

Heydrich und Nebe schufen gemeinsam in Berlin den Salon Kitty, ein Bordell der feinsten Art, mit Steuergeldern subventioniert, das vom Sittendezernat der Berliner Kriminalpolizei mit Prostituierten erster Wahl beliefert wurde und dessen Besonder-

heit in den Mikrofonen bestand, die reichlich in allen Räumen
versteckt und so geschickt montiert waren, daß die Lauschzen-
trale jede Unterhaltung registrieren konnte. Die Chefs des
Hauses wußten, daß entspannte Männer zum Schwatzen und
Renommieren neigen und daß eine geschickte Partnerin das
Gespräch auf Themen lenken kann, die für Staatspolizisten
interessant sind. Geschah das, dann konnte das Honorar der
Dame auch noch aus der Staatskasse aufgebessert werden. Unter
der Parteiprominenz aus der Provinz und unter den Diplomaten
der Reichshauptstadt sprach es sich schnell herum, wie zuvor-
kommend ein Mann bei Kitty bedient wird.

Es muß offenbleiben, wann Himmler und Heydrich erfuhren,
was ihr Führer am 5. November 1937 zwischen 16.15 und 20.30
Uhr in der Reichskanzlei einem kleinen Kreis von seinen
Zukunftsplänen verriet. Über Kitty lief diese Information kaum,
denn diese Zuhörer pflegten nicht im Puff der Gestapo ihr Herz
zu erleichtern. Es waren dies der Reichskriegsminister, Generalfeldmarschall von Blomberg, der Oberbefehlshaber des Heeres,
Generaloberst Werner Freiherr von Fritsch, der Oberbefehlshaber der Kriegsmarine, Generaladmiral Dr. h.c. Erich Raeder, der
Oberbefehlshaber der Luftwaffe, Generaloberst Hermann
Göring, also die Spitzen sämtlicher Streitkräfte, woraus zu
schließen war, daß es bei der Zusammenkunft um Krieg oder
Frieden gehen würde. Da somit auch das Ausland berührt
wurde, war auch der Reichsaußenminister Konstantin Freiherr
von Neurath zugezogen. Zum Protokollführer war der Oberst
Friedrich Hoßbach bestimmt, Hitlers Wehrmachtsadjutant.
Seine Aufzeichnung wurde für die Historiker zu einem der
wichtigsten Dokumente beim Nachweis von Hitlers Kriegsplä-
nen und seinem maßlosen Imperialismus. Konkret ging es dem
Führer wieder einmal um das »Volk ohne Raum«. Um ihn, den
angeblich lebenswichtigen, zu gewinnen, habe er eilig und

mächtig aufgerüstet, und nun sei sein »unabänderlicher Entschluß«, spätestens bis 1943/45 die deutsche Raumfrage zu lösen. Als erste Gänge auf seiner Speisekarte wünschte der Raumhungrige die Tschechoslowakei und Österreich.

Nur Göring stimmte diesem Programm zu, sogar überschwenglich. Warnende Einwände brachten Blomberg, Fritsch und Neurath vor. Das Protokoll vermerkt sie kaum, was Hoßbach nach dem Krieg bedauernd und verschämt nachtrug. Ein Vierteljahr später war dann von den Widerstrebenden keiner mehr in seinem Amt. Die Abhalfterung des schwäbischen Barons von Neurath konnte Hitler noch als einen halbwegs normalen Wechsel darstellen: seinen 65. Geburtstag, sein 40jähriges Dienstjubiläum im Auswärtigen Dienst und eine angeblich schon einmal geäußerte Bitte um die Versetzung in den Ruhestand. Zum Abschied wurde er zum Präsidenten eines Geheimen Kabinettsrats ernannt und damit in die Arbeitslosigkeit abgeschoben, denn dieser Rat trat nie zusammen und blieb ohne Aufgabe. Das geschah am 4. Februar 1938.

Am selben Tag – so wurde bekanntgegeben – schieden »aus gesundheitlichen Gründen« Blomberg und Fritsch aus der Wehrmacht aus. Dem Kriegsminister wurde im Nachruf bescheinigt, er habe fünf Jahre lang den Treueid zur nationalsozialistischen Staatsführung »unerschütterlich gehalten«. Dem Oberbefehlshaber des Heeres wurden »hervorragende Leistungen im Wiederaufbau« der Wehrmacht nachgerühmt. Die beiden Militärs brauchten nicht allein in den Ruhestand zu gehen: 14 weitere Generäle begleiteten sie, und als Präsent ihres Obersten Kriegsherrn durfte jeder dessen Foto, gerahmt und mit Namenszug, zu Hause aufstellen. Für Himmler und Heydrich bedeutete der Wechsel in den Spitzenpositionen keine Überraschung. Sie hatten in aller Stille dabei mitgewirkt. Etliche Historiker bezeichnen sie sogar als die Erfinder dieser Kabale.

Doch selbst das planerische Talent des Intellektuellen Heydrich wird stark überschätzt. Selbst wenn man ihm unterstellt, er hätte bereits dahintergesteckt, als einige Jahre zuvor der Direktor eines Kurhotels im Harz dem erholungsbedürftigen General von Blomberg eine junge und gutaussehende Dame als Tischgenossin andiente mit der Absicht, dem älteren Witwer die Einsamkeit weniger fühlbar zu machen. Auch war die Gestapo unbeteiligt daran, daß der General und die Dame einander näherkamen. Wohl aber kann angenommen werden, daß der SD aus irgendeinem Anlaß hinter die sich entwickelnde Freundschaft gekommen und daß dann die junge Frau ein wenig unter die Lupe genommen worden war. Aus Polizei- und Gerichtsakten dürfte sich ergeben haben, daß Eva Gruhn einem sogenannten öffentlichen Berliner Haus entstammte, das von ihrer Mutter betrieben wurde. Auch daß sie selbst früh schon ihrer Jugend Blüte zu Markte getragen hatte; daß sie des Beischlaf-Diebstahls bezichtigt, aber nicht überführt worden war und daß Fotos gehandelt wurden, auf denen sie und ein Partner lustvolle Spiele trieben. Kripochef Arthur Nebe brachte über die Dame ein ansehnliches Bündel Unterlagen zusammen.

Ob Göring es schon kannte, als Blomberg ihm eines Tages mitteilte, er wolle sich wieder verheiraten, weiß niemand. Dafür könnte sprechen, daß Göring zur Ehe riet und auf Blombergs Hinweis, die Erwählte sei nur ein einfaches Mädchen aus dem Volk und habe deshalb »eine Vergangenheit«, meinte, der Führer werde sicherlich nichts dagegen haben, weil damit dem Volk deutlich gemacht werde, daß im Dritten Reich die Klassenschranken bereits abgebaut worden seien. Als Blomberg dann am 12. Januar 1938 heiratete, waren Hitler und Göring die Trauzeugen auf einem Berliner Standesamt. Dann ging das Paar auf Hochzeitsreise gen Italien, scheinbar ahnungslos, daß es in Berlin eine Bombe mit glimmender Lunte zurückgelassen hatte.

Sie explodierte am 24. Januar spät am Abend, als Hitler im Sonderzug aus München in die Reichskanzlei zurückkehrte und Göring ihm mit Akten und Fotos den Nachweis von Blombergs Mesalliance auf den Tisch legte. Heydrich hatte gute Arbeit geleistet, und der Kriegsminister hatte sich mit seiner sexuellen Spätzündung selbst aus dem Amt geschossen. Der Skandal kursierte auch bereits innerhalb der Generalität, und sie verlangte Blombergs Ablösung. Unvermeidlich ergab sich die Frage, wer wohl diese Bombe gelegt haben könnte. Etwa Hitler, der einen willfährigeren Kriegsminister suchte? Oder Göring, der nach diesem Amt strebte? Diese beiden waren auf keinen Fall enttäuscht, als Blomberg auf den Vorschlag nicht einging, er möge die Ehe wegen arglistiger Täuschung für nichtig erklären lassen. Vielmehr sagte Blomberg, er liebe diese Frau, halte zu ihr, und er sei damit einverstanden, daß er mit ihr für ein Jahr in der Welt herumreisen müsse, auf Staatskosten, versteht sich. Für das Volk war er schlagartig verschwunden. Es wunderte sich nachträglich nur, weshalb wohl diese Hochzeit ohne Festivität stattgefunden habe und weshalb so gut wie keine Fotos von den Neuvermählten in der Presse erschienen waren.

Auch der Ranghöchste der Generäle, der Freiherr von Fritsch, habe die Entlassung Blombergs bei Hitler verlangt, und zwar besonders nachdrücklich, wird behauptet. Wenn dies zuträfe, hätte der Oberbefehlshaber des Heeres dabei vor einem Schreibtisch gestanden, in dem schon die Akten lagen, die seine eigene Karriere beenden sollten. Göring hatte sie zur gleichen Stunde übergeben wie die Unterlagen über das Vorleben der Eva Gruhn, und Hitler hatte seine Entscheidung über diesen Fall nur noch nicht verkündet, weil er Fritschs Autorität im Heer brauchte, um die Entlassung Blombergs plausibel zu machen. Görings Rolle ist in dieser Situation leicht zu erkennen: Wenn er den Kriegsminister beerben wollte, dann mußte auch Fritsch diffamiert werden, damit er als nächster Prätendent nicht mehr in Frage kommen konnte. Das Material dazu hatte Heydrich geliefert, aus den Archiven der Gestapo.

Wenige Zeilen aus dieser Akte hatte Hitler schon im Herbst 1934 gesehen, kurz überlesen und dann als »schmutzige Geschichte« abgetan. Es war das Protokoll über die Aussage eines gewissen Otto Schmidt, vielfach vorbestraft als Zuhälter, Strichjunge und Erpresser, der Homosexuelle in die Zange genommen und von ihnen Schweigegeld genommen hatte. Die Gestapo hatte Schmidt seinerzeit festgenommen und verhört, weil sie im Nachklappen hinter der Röhm-Affäre immer noch Schwulen nachspürte und durch Schmidt weitere Namen und Adressen aus dem Milieu erfahren wollte. Dessen Jagdrevier war damals die Halle des Wannsee-Bahnhofs gewesen.

Dort, so erzählte er der Gestapo, habe er im November 1934 beobachtet, wie ein älterer Herr mit Monokel und aus besseren Kreisen mit einem Strichjungen in einem unbewohnten Neubau verschwunden sei. Als dieser Herr wieder zum Vorschein gekommen sei, habe er ihn angehalten, sich als Kriminalbeamten ausgegeben und behauptet, er habe ihn eben bei verbotenem Tun erwischt. Sein Opfer habe erst versucht, ihn einzuschüchtern, indem er sich als hoher Offizier bezeichnete und dies auch durch einen Ausweis erhärtet habe. Von Frisch oder auch von Fritsch habe der Name gelautet. Schließlich habe man dann doch über Geld verhandelt, das notwendig sei, um eine Anzeige zu unterdrücken, und als der Mann dann nicht genug Bares in der Tasche gehabt habe, seien sie gemeinsam bis zu dem Haus gegangen, in dem der Offizier wohnte. An diesem Abend habe er einige Hundertmarkscheine, bei einer zweiten Begegnung weit über tausend Mark bekommen.

Auf Anhieb war die Gestapo sicher, daß ihr damit der Oberbefehlshaber des Heeres ins Netz gegangen war. Er galt beim SD als Reaktionär, als Monarchist, als Gegner der Volksgemeinschaft und damit auch der NSDAP. Der 57jährige war unverheiratet, offenbar ohne ständigen weiblichen Anhang und ließ sich von einer Haushälterin reifen Alters betreuen. Wie die SA ihre Homosexuellen gehabt hatte, so mußte es sie doch wohl auch im Heer geben. Es wurde in dieser Sache noch ein wenig ermittelt, aber als Hitler kein Interesse gezeigt hatte, war die Akte ins Archiv gewandert.

Es ist heute nicht mehr feststellbar, wer sich dieser Gestapo-Akte erinnerte, als Fritsch bei Hitler in Ungnade fiel. Durch sie wurden weitere Recherchen noch etwas aufpoliert, und jetzt biß der Führer an. Hitler wollte den Generaloberst vor ein Sondergericht stellen, und nur widerstrebend ließ er sich erweichen, das für solche Fälle vorgesehene Militärgericht für zuständig anzuerkennen. Er wollte aber, daß die Gestapo weiterhin an den Ermittlungen beteiligt bliebe. Von ihr mußte sich Fritsch noch dreimal verhören lassen. Als er dabei erwähnte, daß er zeitweise zwei Hitler-Jungen als Tischgäste bewirtet hatte – einer Aufforderung der Partei folgend, wonach Kinder minderbemittelter Familien bei bessergestellten den nationalen Sozialismus kennenlernen sollten –, verdächtigten ihn die Kriminalisten auch noch der Kinderschändung. Schließlich nahm sich Fritsch dann doch einen Anwalt, einen von Göring zum preußischen Staatsrat ernannten Juristen und Träger des Goldenen Ehrenzeichens der NSDAP. Während aller Vernehmungen bestand er darauf, es müsse eine Verwechslung vorliegen. Hitler forderte nun eine Gegenüberstellung. Sie vollzog sich in seinem Beisein in der Reichskanzlei. Schmidt wurde hereingeführt und rief spontan: »Jawohl! Er ist es!«

Auffällig ist, daß in den Gestapo-Akten zwar die Aussage des Erpressers Schmidt, nicht jedoch diejenige des homosexuellen Partners des Offiziers, also des Strichjungen, zu lesen ist. Später stellte sich heraus, daß er zwar vernommen worden war, aber als man ihm Fotos vorgelegt hatte, sagte er aus, daß der Generaloberst nicht der Mann gewesen sei, den er am Wannsee-Bahnhof kennengelernt habe. Bezeichnend sind auch die Methoden, mit denen die Gestapo versuchte, Fritsch »fertigzumachen«. Für eine weitere Vernehmung wählte sie eine leerstehende Villa am Wannsee. Fritschs Freunde argwöhnten, man wolle ihn bei dieser Gelegenheit ermorden und dann verkünden, er habe sich angesichts erdrückender Schuldbeweise selbst getötet. Sie ließen deshalb in dem Villengelände eine verläßliche Truppe üben, und ihr Offizier war angewiesen, den Garten der Villa zu besetzen, sobald er einen Schuß höre. Beim Verhör stellte der Kriminalrat Josef Meisinger, ein Mann aus Heydrichs Bayernriege, die Fragen: Zunächst zum Thema der Anschuldigung, und als er damit keinen Erfolg hatte, wollte er von Fritsch das Geständnis seiner grundsätzlichen Abneigung gegen das Dritte Reich. Der Vertreter des Reichskriegsgerichts bremste diesen regelwidrigen Vorstoß mit dem Argument, dies sei nicht Gegenstand der Anklage.

Vorübergehend konzentrierten sich nun die Recherchen von Gestapo und Verteidigung auf die Glaubwürdigkeit des Zeugen Schmidt, natürlich mit unterschiedlicher Zielsetzung. Da er bei seiner ersten Vernehmung gleich eine Anzahl Namen von Homosexuellen abgeliefert hatte, mit denen er »Geschäftsbeziehungen« unterhalten hatte, wurden nun auch die dabei genannten Männer von Polizisten heimgesucht. Einer von ihnen war Gottfried von Cramm, den zu jener Zeit jedermann in Deutschland als Tennis-As kannte, nachdem er es im Wimbledon-Turnier immerhin bis zum zweiten Platz gebracht hatte. Seine Neigungen waren sowohl der NS-Sportführung wie auch der Polizei längst bekannt. Nun aber war er durch die Staatsaktion in die Mühle der sogenannten Gerechtigkeit geraten. Er wurde verhaftet, als er von einer Auslandsreise zurückkam, und anschließend zu einer Gefängnisstrafe verurteilt, wie das Gesetz es befahl. Daß er bis dahin als der Gentleman des Sports schlechthin gegolten hatte, kümmerte die Gestapo wenig. Sie konnte Cramm nicht schonen, wenn sie die Glaubwürdigkeit ihres Zeugen Schmidt stützen wollte. Sie ging bei der Suche nach zusätzlichen Beweisen gegen Fritsch noch weiter, als es das Gesetz erlaubte, indem sie alle Soldaten vernahm, die im Lauf der Jahre die Burschenstelle bei Fritsch eingenommen hatten. Einen von ihnen, der inzwischen Feldwebel geworden war, verhaftete sie sogar in seiner Kaserne in Berlin und nahm ihn mit in ihr Hausgefängnis in der Prinz-Albrecht-Straße.

Die Anschuldigung erschien endgültig widerlegt, als der Untersuchungsrichter des Militärgerichts und der Anwalt Graf Goltz gemeinsam entdeckten, daß in einem der Häuser, wo nach den Angaben Schmidts sein Opfer wohnte, ein Rittmeister a. D. von Frisch zu Hause war. Sie fanden einen bettlägerigen Kranken, der dann ohne Zögern zugab, der Gesuchte zu sein, nachdem er mit dem Fall in groben Zügen vertraut gemacht worden war. Trotzdem gab die Gestapo noch nicht auf. Sie verhaftete den Rittmeister von Frisch mit der Begründung, er habe eine Straftat zugegeben, und sie ließ Schmidt nun argumentieren, hier handle es sich um zwei verschiedene Fälle seiner Erpressertätigkeit; bei seinem ersten Geständnis hatte er die Sache mit dem Rittmeister total vergessen gehabt. Darauf gestützt, verlangte Hitler, die Anklage gegen den Generaloberst müssen vom Kriegsgericht verhandelt werden: Solange Schmidt nicht widerrufe, sei Fritsch nicht unschuldig.

Also versammelten sich am 10. März 1938 das Gericht, der Beschuldigte, die Sachverständigen, die Verteidiger, die Zeugen und der Reichsjustizminister zur Hauptverhandlung im Saal des sogenannten Preußenhauses, nicht weit vom Gestapo-Quartier entfernt. Die Öffentlichkeit war natürlich ausgeschlossen. Fritsch erklärte sich für nichtschuldig. Schmidt erzählte seine Lesart in der verbesserten Form und ließ sich auch durch den Verteidiger nicht erschüttern. Doch an diesem Punkt wurde das Verfahren durch eine Nachricht an Göring unterbrochen: Hitler hatte befohlen, in Österreich einzumarschieren, und dazu mußten einige der Anwesenden ihren Posten beziehen. Wäre in dieser Situation noch schnell ein Urteil gesprochen worden, hätte Aussage gegen Aussage, das Wort eines Erpressers und Strichjungen gegen das Wort eines der ranghöchsten Generäle, gestanden, und damit hätte das Gericht wohl nur zu einem Freispruch mangels Beweisen kommen können – ein Spruch, der einen Generaloberst vernichtend treffen mußte. Damit hätte die Gestapo, hätten Himmler und Hitler doch noch gesiegt.

Eine Woche später, am 17. März, Österreich war gleichgeschaltet, wurde die Verhandlung fortgesetzt, am gleichen Ort. Es wurden Zeugen vernommen, darunter auch die zwölf Soldaten, die Fritsch im Lauf der Jahre als Burschen bedient hatten, und am Ende auch noch ein Berufskollege von Schmidt, dessen Einvernahme der Verteidiger gefordert hatte. Daraus entwickelten sich zusätzliche Fragen an Schmidt, in die er sich so sehr verhedderte, daß alle Anwesenden ihn als Lügner entlarvt sahen. Göring geriet in Rage. Er lasse sich nicht weiter belügen, brüllte er den Zeugen Schmidt an. Bisher hatte sich dieser im Schutz der Gestapo sicher gefühlt, aber gegenüber dem zweitmächtigsten Mann des Dritten Reiches versagten seine Nerven. »Jawohl«, gestand er, »ick habe jelogen!« Alles, was er über Fritsch gesagt hatte, zog er als unwahr zurück. Der Verteidiger Fritschs fragte den Zeugen, weshalb er mit der Wahrheit erst jetzt herausrücke. Schmidts Antwort: Der Kriminalrat Meisinger habe mit der Himmelfahrt gedroht, wenn er seine Aussage ändere. Der Staatsanwalt beantragte Freispruch für Fritsch wegen erwiesener

Unschuld, und das Gericht folgte nach kurzer Beratung diesem Antrag.

Die Gestapo hatte ihren Prozeß verloren und mußte froh sein, daß ihr der Verteidiger nicht in der Verhandlung nachwies, sie habe schon in einem frühen Stadium ihrer Ermittlungen mit dem Rittmeister von Frisch in seiner Wohnung gesprochen, also die Wahrheit gekannt, und trotzdem ihren angeblichen Verdacht gegen Fritsch aufrechterhalten. Andererseits jedoch hatte sie Hitler den Vorwand geliefert, mit dem er den unbequem gewordenen Oberbefehlshaber des Heeres in den Ruhestand schicken konnte, denn Fritsch wurde nach dem Freispruch keineswegs wieder in seine bisherige Funktion eingesetzt. Weil Hitler ihn rehabilitieren mußte, tat er es auf die billigste Art: Er ernannte ihn zum Chef eines Regiments, eine Ehrung, wie sie ehedem zwischen Monarchen in einem Tauschverfahren geübt wurde. Mit diesem Regiment zog Fritsch dann im November 1939 ins Feld, als Freiwilliger und ohne Kommando. Er fiel vor Warschau, und seine Soldaten sagten später, er habe diesen Tod gesucht. Hitler verordnete seiner Leiche ein Staatsbegräbnis.

Über den Rittmeister Frisch hielt fortan das Heer die schützende Hand; ein Strafverfahren gegen ihn wegen des Vergehens gegen den § 175 wurde mit Hilfe des Reichsjustizministers eingestellt. Einige Jahre später brachten ihn seine Krankheiten ins Grab. Den Erpresser Schmidt entließ die Gestapo nie mehr in die Freiheit: Er hätte zuviel verraten können. Irgendwann und irgendwo verschwand er durch den Schornstein eines Lagerkrematoriums. Eine andere Lesart behauptet, Hitler habe ihn unmittelbar nach dem Freispruch Fritschs erschießen lassen.

Die siebentägige Unterbrechung des Verfahrens war allein schon wegen der politischen Krise notwendig. Niemand konnte voraussehen, wie das österreichische Abenteuer, wie der kriegerische Aufmarsch an der Südgrenze des Reiches enden würde. Es wurde jedoch ein Blumenkrieg mit unbeschreiblichem Freudengetöse diesseits und vor allem jenseits der Grenze. Ein Volk jubelte, das dann sieben Jahre später behauptete, es sei durch die Faschisten vergewaltigt worden. Dieser Sinneswandel läßt sich mit den Erfahrungen der Österreicher während jener sieben Jahre unschwer erklären: Sie bekamen nicht, was sie erwartet hatten. Nicht wenig zu dieser Enttäuschung trugen die »Reichsdeutschen« bei, die nun in Massen über das Land herfielen.

Die Wehrmacht des Reiches kam freilich gewissermaßen planlos. Nachdem der österreichische Bundeskanzler Kurt von Schuschnigg am 9. März 1938 versucht hatte, sich der Bedrängnis durch das eigene Volk und durch Hitler zu entwinden, hatte der Führer und Kanzler in Berlin von seinen Generälen nach dem Aufmarschplan gegen die Republik Österreich verlangt und hören müssen, daß dergleichen nie ausgearbeitet worden sei. Improvisiert machten die Einheiten der Wehrkreise München und Nürnberg mobil. Sie mußten am 12. März einmarschbereit sein – und waren es auch. Ihr Grenzübertritt konnte gar nicht schiefgehen, weil die österreichischen Zöllner selbst die Schlagbäume an den Übergängen abbauten.

Besser als die Feldgrauen war deren schwarze Konkurrenz vorbereitet. Sie konnte ihre österreichische Legion ins Feld führen, bestehend aus geflüchteten Nationalsozialisten, die als Bombenleger, Flaggenhisser, Hakenkreuzmaler an Felswänden oder auch nur als Randalierer gefürchtet hatten, vom Schuschnigg-Regime in ein KZ, dort Anhaltelager genannt, eingesperrt zu werden. Der spätere Juden-Endlöser Adolf Eichmann, derzeit Mitarbeiter von SD und Gestapo in Berlin, erzählte über vorbereitende Arbeiten in der Prinz-Albrecht-Straße: Ab Januar 1938 »machten sich langsam die Anzeichen der Österreich-Aktion bemerkbar«. Damals wurde wochenlang im Drei-Schichten-Betrieb gearbeitet – »Karteikarten schreiben für eine gewaltige Radkartei mit einem Durchmesser von einigen Metern«. Informationen dafür holte man aus Jahresberichten, Handbüchern, Zeitungen, Mitgliederverzeichnissen, aus Berichten von V-Männern. »Auf der Karte standen Name, Adresse, welcher Partei zugehörig, ob Jude, Freimaurer, ob engagierter Katholik oder Protestant, ob politisch tätig, ob dieses oder jenes.« Der jetzt im Judenreferat beschäftigte Eichmann hoffte vergebens, er werde mit der ersten Welle nach Österreich geschickt. Schließlich war er aus diesem Staat geflüchtet, und es gab in Wien besonders viele Juden.

Der Wink mit dem Zaunpfahl:
»Die Juden sind unser Unglück!«

Der erste offizielle Reichsbote, Vorreiter einer Heuschreckeninvasion, war der Berater des Führers in Österreich-Angelegenheiten, Wilhelm Keppler. Ihn begleitete Rudolf Heß, der die Aufgabe hatte, die Parteigenossen zu lenken. Erst am folgenden Tag, am 12. März 1938 um fünf Uhr früh, landeten auf dem Wiener Flugplatz zwei Maschinen vom Typ JU 52, Transportmaschinen der Wehrmacht, mit freier Ladefläche und ohne Sitzgelegenheiten, vollgestopft mit Mitgliedern der SS, darunter deren Spitzen Heinrich Himmler, Heydrich, dem Polizeigeneral Daluege und dem Himmler-Adjutanten Karl Wolff, sowie Österreich-Legionären, die sich in der Hauptstadt besonders gut auskannten. Vorsichtshalber waren sie alle mit Maschinenpistolen ausgerüstet, aber es gab keinen Anlaß, sie zu benutzen. Sie wurden freundlich empfangen durch den Sicherheitsminister des gerade absterbenden Regimes, durch Michael Skubl, den dann der für diesen Posten vorgesehene Parteigenosse, der SS-Führer und Anwalt Dr. Ernst Kaltenbrunner, gleich zu verhaften gedachte. Solange er die Formalitäten einer Übernahme der Polizei beredete, verteilte Heydrich schon die ersten Befehle: Die Akten der Polizei und der Spionageabwehr waren unverzüglich zu beschlagnahmen.

Heydrich hatte nur wenige Beamte mitgebracht. Es standen hier massenhaft Helfer zur Verfügung, denn die österreichischen SS-Führer hatten illegal einen Gestapo-Apparat aufgebaut: Dessen Männer schleppten auch bereits Funktionäre der Vaterländischen Front Schuschniggs und der Heimwehren, einer militanten Gruppe, nach vorbereiteten Listen an. Um die Grenzübergänge konnten sie sich vorläufig nur wenig kümmern, so daß viele von den Ereignissen überraschte Emigranten aus dem Reich und auch österreichische Intellektuelle, Politiker, Künstler, darunter auch viele Juden, mit der Eisenbahn fliehen konnten. Die Schweizer Grenze war zwar weitgehend geschlossen, aber das faschistische Italien zeigte sich großzügig und hatte nichts gegen den Zuzug reicher Juden.

Einer der Reichsten, das Familienoberhaupt der Wiener Rothschilds, blieb jedoch im Lande. Er wurde im Hotel »Metropol« untergebracht, in dem die Gestapo und Himmler ihr Hauptquartier aufschlugen. Die besten Räume und die unteren Stockwerke bezogen der Reichsführer SS und die Ranghöheren seines Gefolges. Darüber hausten, auch noch komfortabel, die niederen Schwarzen Ritter, soweit sie statt des Eichenlaubs nur Sterne als Rangabzeichen besaßen. Ganz oben, unterm Dach, in den Mansarden der Kellner und Köche, waren Räume frei gemacht worden für Leute von Rang und Namen der beendeten Ära, darunter auch die Rothschilds. Jeweils am Flurende, wo man auf einen Lift oder eine Treppe stieß, saß ein SS-Wachtposten, und wer an seinem kleinen Tisch vorübergehen wollte, mußte einen Passierschein vorweisen.

Himmler wollte den berühmten Finanzjuden anschauen, und als er, begleitet von Heydrich und Wolff, in die Dachkammer trat, die mit Tisch, Stuhl, Schrank und eiserner Bettstelle ärmlich möbliert war, traf er dort auf einen mittelgroßen, schlanken Herrn mit rotblondem Haar und strahlend blauen Augen, wie sie auch sein Führer aufwies. Schweigend und gleichmütig musterte der Häftling den Besuch. Himmler war offensichtlich überrascht; vor ihm stand nicht etwa ein semitischer Typ aus der Rasse-Hauspostille der SS (Dr. Hans Günthers »Rassenkunde des deutschen Volkes«) und erst recht nicht eine eklige »Stürmer«-Karikatur, sondern ein Mann, der den Titel Baron repräsentierte. Der verlegene SS-Reichsführer fragte: »Wissen Sie, wer ich bin?« Rothschild nannte Namen und Rang. Beeindruckt versprach Himmler, »berechtigte« Wünsche zu erfüllen, doch der Häftling äußerte keinen Wunsch. Gefragt, wie er sich seine Zukunft vorstelle, meinte Louis Freiherr von Rothschild, Chef der Großbank von Wien, verwandtschaftlich verbunden mit den Rothschild-Banken in Paris, London und weiteren Familienniederlassungen, es werde wohl einige Zeit dauern, bevor man sich geeinigt habe, was mit seinem Besitz geschehe.

Himmler inspizierte dann noch nach Feldwebelmanier die Stube, beanstandete fehlende Sauberkeit, ordnete an, das Mobiliar gegen besseres auszutauschen, und vor allem, daß das Toilettenbecken und der Sitz erneuert würden.

Erst im Sommer 1939, also nach über einem Jahr, wurde Rothschild aus der Haft nach Paris entlassen. Wolff, damals schon Gruppenführer der SS und Chef des Persönlichen Stabes des Reichsführers, nahm nach 1945 für sich in Anspruch, an dieser Entlassung erheblich mitgewirkt zu haben. Er war nun seinerseits ein Häftling, und zwar im Nürnberger Kriegsverbrechergefängnis, und er benötigte zu seiner Entnazifizierung eine Anzahl entlastender »Persilscheine«, mit denen nach dem Krieg braune Hemden weißgewaschen werden sollten. Genutzt hat es in seinem Fall nichts.

Der reiche Baron von Rothschild konnte sich damals mit einem Millionenlösegeld freikaufen, aber die armen Trödler im Stadtteil Josephstadt hatten nichts zu bieten. Um sie kümmerten sich die aus Berlin eingeflogenen Gestapo-Beamten zunächst überhaupt nicht; sie zu drangsalieren blieb den einheimischen Parteigenossen überlassen, die sich gemäß der österreichischen Tradition im Antisemitismus von niemandem übertreffen ließen. Juden wurden von ihnen gezwungen, mit Eimer, Bürste und Seife die Wahlparolen der Vaterländischen Front Schuschniggs vom Straßenpflaster und von Mauern abzuwaschen. Sie mußten öffentliche Toiletten reinigen, Müll sortieren und andere Schikanen ertragen. Mitunter schreckten die »jungen Kämpfer für eine bessere Zukunft« auch nicht davor zurück, die langen Vollbärte orthodoxer Juden abzuschneiden oder gar in Brand zu stecken. Selbstverständlich gingen auch Schaufenster jüdischer Kaufleute zu Bruch, und selbstverständlich wurde dabei auch ein wenig geplündert!

Chef des österreichischen Sicherheitswesens wurde schon am ersten Tag des Anschlusses der SS-Oberführer Dr. Ernst Kaltenbrunner, Rechtsanwalt von Beruf, aber wer ihn nach Gestalt, Gesicht und Händen hätte beurteilen müssen, hätte ihn als steierischen Holzfäller eingestuft. Doch zunächst gaben die Reichsdeutschen (wie man die Invasoren nannte) den Ton an. Himmler rühmte sich später, er habe sofort 20 000 motorisierte Polizisten in die Ostmark geschickt. In allen größeren Städten richteten Gestapo und SD ihre Dienststellen ein. Konzentrationslager brauchten sie nicht anzulegen, denn die Schuschnigg-Regierung hatte sie bereits für Nazi-Terroristen und -Propagandisten geschaffen. Bewacher und Bewachte tauschten jetzt die Rollen. Soweit nicht die bisherigen Machthaber schon die Führer des marxistisch ausgerichteten Republikanischen Schutzbundes hinter Stacheldraht gehalten hatten, holten die neuen Herren des Landes dies nach. Auch die wildesten Krieger der Heimwehreinheiten verloren jetzt vorübergehend ihre Freiheit. Es waren auch noch Funktionäre der Kommunistischen

Partei abzuholen sowie eine Anzahl Juden. Die Begründung war auch hier: Schutzhaft. Weil die alten Lager nicht ausreichten, einigten sich die österreichischen Gauleiter, daß ein neues Lager aufgebaut werde: bei Mauthausen im Gau Oberdonau. Dort gab es Steinbrüche, in denen die Quader für des Führers monumentale Neubauten gebrochen werden konnten, und Arbeitskräfte wurden auch gebraucht, wenn sich rund um Linz die Großindustrie niederlassen würde.

Von ganz oben bekam die Gestapo einige Aufträge, die unauffällig zu erfüllen waren. Martin Bormann brachte sie, ein Politischer Leiter im Rang eines Reichsleiters der NSDAP und seit einigen Jahren ein Vertrauter Hitlers, der diskrete Angelegenheiten seines Führers besorgte, wenn er selbst nicht in Erscheinung treten wollte. Man wußte, daß Hitler in seinen jungen Mannesjahren in dieser Stadt gelebt und vergeblich versucht hatte, ein Künstler zu werden – Maler, Zeichner, Architekt oder so etwas in dieser Richtung. Das war ihm mißlungen, und zeitweise hatte er üble Verhältnisse durchstehen müssen. Sie sahen freilich etwas anders aus, als er sie in »Mein Kampf« so mitleiderregend beschrieben hatte.

Nie konnte ein Zeuge bestätigen, daß der junge Hitler je auf einem Bau Steine geschleppt hatte oder daß ihm marxistische Kollegen angedroht hatten, sie würden ihn als politischen Widersacher vom Gerüst werfen. Dagegen versuchte seit Jahren ein heruntergekommener Graphiker namens Reinhold Hanisch Erinnerungen an seinen angeblichen Freund Hitler zu Geld zu machen. Gewiß erzählte er auch Erfundenes. Von Hanisch erfuhr die Welt, daß der jetzt so großspurig auftretende Diktator zeitweise im Wiener Obdachlosenasyl vegetiert habe und daß er schließlich in einem Männerheim davon gelebt habe, Wiener Fotopostkarten in Strichzeichnungen oder Aquarelle umzusetzen, die dann besagter Hanisch hausierend verkauft habe.

Heute weiß man, daß es sich wirklich so ungefähr abgespielt hatte. Der Führer und Kanzler jedoch wollte seine Lehr- und Wanderjahre so dargestellt wissen, daß jedermann in dem schlichten jungen Mann bereits den Volksbeglücker ahnen konnte. Er hatte es in der Weimarer Republik hinnehmen müssen, daß über seine Herkunft und Vergangenheit auch Autoren schrieben, die nicht gerade seine Bewunderer waren. Seit 1933 jedoch galt eine Anzahl Anweisungen des Reichspropagandaministers, wonach Biographisches über Hitler sich ausschließlich auf die offiziös verkündeten Angaben zu stützen habe, und als nun anläßlich des Anschlusses Journalisten in Hitlers engerer Heimat nach Spuren forschten, wurden sie barsch zur Ordnung gerufen. Der selbsternannte Übermensch durfte nicht vermenschlicht werden. Deshalb mußte unter allen Umständen verhindert werden, daß sich der Hausierer Hanisch mit Erzählungen wieder wichtig machte. Es durfte auch nicht bekanntwerden, daß vorübergehend statt Hanisch der Kunsthändler Joseph Neumann, ein ungarischer Jude, die Malereien Hitlers vertrieben hatte. Auf beide wurde die Gestapo angesetzt. Auf Neumann vergebens, doch Hanisch fand sie rasch – und er lebte nicht mehr lange. Bormann erhielt den Bescheid, der Mann habe sich in seiner Zelle erhängt.

Ebenso wäre es unerwünscht gewesen, wenn Parteigenossen erfahren hätten, daß ihr Führer zum Schutzherrn eines jüdischen Arztes wurde. Dr. Eduard Bloch, inzwischen schon betagt, hatte in seiner Linzer Praxis jahrelang die Mutter Hitlers behandelt. Sie litt an Brustkrebs und starb auch daran. Ihr Sohn hat nie bezweifelt, daß dieser Arzt das Menschenmögliche getan hatte, um Klara Hitler zu heilen oder wenigstens ihre Schmerzen zu lindern. Dem Doktor Bloch hatte Hitler danach noch herzliche Neujahrsglückwünsche geschrieben. Als er nun bei seinem kurzen Aufenthalt in Linz hörte, daß der Arzt noch immer praktizierte, daß man ihm aber jetzt sein Arztschild mit dem Aufkleber »Jude« verziert habe, ordnete er an, daß dieses Schild gesäubert würde und daß dem Arzt nichts Ungutes geschehen möge. Auch die Gestapo sei entsprechend zu unterrichten.

Das bedeutete beileibe nicht, daß nun generell mit Juden weniger grausam verfahren wurde. Die Wiener hätten dies auch gar nicht verstanden. Ihre Stadt war seit langem eines der bevorzugten Einfallstore für die aus den Balkanstaaten und aus dem polnischen Galizien nach Westeuropa strebenden Juden. Sie lockte der höhere Lebensstandard. Viele blieben bereits in der Großstadt an der Donau hängen, und in zwei Stadtteilen hatten sie sich mit Vorliebe niedergelassen. Doch damit – freuten sich die Wiener – sollte nun endgültig Schluß sein, und dieser Meinung waren sogar viele alteingesessene jüdische Glaubensgenossen.

Dies mag bis zu einem gewissen Grad erklären, weshalb der SS-Obersturmführer Adolf Eichmann in dieser Stadt ein System entwickeln konnte, das Juden mit jüdischer Hilfe in andere Länder abschob. Ende März traf er, aus Berlin kommend, in Wien ein mit dem Auftrag, möglichst viele Juden aus der Donaumetropole hinauszugraulen. Dabei könnten ihm, so spekulierte er, die führenden Männer der Jüdischen Gemeinde helfen, in erster Linie die Zionisten. Ihn unterstützte dabei die Pogromstimmung während der österreichischen Machtergreifung und vor allem die Furcht, daß nun mit einem Schlag alle antijüdischen Gesetze und Verordnungen des »Altreichs« auch hier gelten mußten. Außerdem verloren gerade in jenen Tagen alle jüdischen Religionsgemeinschaften ihren Status als Körperschaft des öffentlichen Rechts, waren also juristisch jedem Gesangverein gleichgestellt.

Von einem alteingesessenen österreichischen Beamten ließ sich Eichmann die einflußreichsten Männer der Wiener Judenschaft vorführen – aus der Haft, in die man sie gleich gesteckt und bis zu diesem Tag gehalten hatte. Am besten gefiel ihm der Jurist Dr. Löwenherz. Er schien ihm energisch und auch lenkbar genug zu sein, die Auswanderung seiner Glaubensbrüder in Gang zu bringen. Weil der Mann jedoch beim ersten Gespräch über eine mögliche Zusammenarbeit etwas sagte, was Eichmann als unwahr erachtete, schlug er den künftigen Mitarbeiter gleich einmal hinter die Ohren.

Dr. Löwenherz wurde aus der Haft entlassen, bekam eine (natürlich jüdische) Sekretärin und ein Büro, in dem die Juden sich belehren lassen sollten, wie ratsam es sei, den Staub Wiens sogleich von den Schuhen zu schütteln. Sie erfuhren dann auch sofort, was sie dafür unternehmen müßten. Jeder Auswanderungswillige mußte eine Anzahl von Bescheinigungen, Stempeln, Unterschriften und natürlich auch Geld mitbringen. Das war eine zeitaufwendige Prozedur.

Der Andrang der Auswanderungswilligen war zunächst nur schwach. Löwenherz und der Kommerzienrat Storfer als jüdische Funktionäre und der SS-Führer Eichmann berieten deshalb, wie sich die Zahl der Anwärter steigern ließe. Sie beschlossen, den bürokratischen Weg zu verkürzen, und sie wurden so zu Erfindern einer »Zentralstelle für jüdische Auswanderung«. In ihr befanden sich vereint alle Instanzen, die mitzureden hatten: Polizeipräsidium, Finanzamt, Standesamt, Stadtverwaltung, Devisenstelle, Gauleitung, Gestapo und jüdische Kultusgemeinde. Sie verwaltete auch den jüdischen Auswandererfonds, der armen Juden das Handgeld für die Einwanderung in das fremde Land mitgab, denn niemand wollte unbemittelte Wohlfahrtsempfänger aufnehmen. Den Fonds mußten die Juden selbst finanzieren, indem die Reichen entsprechend ihrem Besitzstand bei ihrer Auswanderung geschoren wurden. Später wurden ähnliche Institutionen der Selbstverwaltung auch geschaffen, wenn Transporte in den Osten, in die Lager zusammenzustellen waren.

Die Methode Eichmann bewährte sich in Wien. Nach einem halben Jahr hatte er 40 000 Juden aus Österreich abgeschoben. Das war jedoch keineswegs im Sinn der radikalen Nazis in der Partei. Man stärke doch damit nur das Weltjudentum, argumentierten sie, denn ein Judenstaat werde ewig ein Gegner des nationalsozialistischen Reiches bleiben, und in welchem Staat die Auswanderer auch eine neue Heimat fänden, nähmen sie auch dort stärkeren Einfluß auf die Politik. Der Nürnberger Gauleiter Julius Streicher schimpfte über Gestapo und SA in den Kreisen der Parteiprominenz, und sein Wochenblatt »Der Stürmer« wurde immer agressiver und ordinärer. Vergebens schickte Heydrich den Eichmann-Vorgesetzten Herbert Hagen nach Nürnberg – Streicher war zu keiner Mäßigung bereit. Er fand im Berliner Gauleiter Goebbels einen einflußreichen Verbündeten, der in der Reichshauptstadt schon zweimal den großstädtischen Mob für antisemitische Aktionen auf den Straßen motiviert hatte.

Als im Hochsommer 1938 die Schweizer Regierung beanstandete, daß in ihrem Land immer mehr Juden aus Deutschland und Österreich Zuflucht suchten, meist sogar illegal, ließ Goebbels die Zeitungen frohlocken: Es zeige sich wieder einmal mehr, daß kein Volk der Erde dem von Jahwe »auserwählten Volk« Gastrecht gewähren wolle. Schließlich vereinbarte Dr. Werner Best, Heydrichs Stellvertreter bei der Gestapo, mit der Regierung in Bern, daß die Pässe aller im Reich ansässigen Juden vom 5. Oktober 1938 an nur noch gültig seien, wenn sie durch ein gestempeltes großes »J« gekennzeichnet sind.

Die traditionell antisemitische Regierung in Polen befürchtete, daß nun ihr Land von den vielen Juden als Zuflucht gewählt werden würde, die mit einer polnischen Staatsbürgerschaft in

Deutschland lebten. Ihnen konnte die Rückkehr ins Heimatland an sich nicht verwehrt werden, deshalb sollte die Zahl dezimiert werden: Ein ganz neues Gesetz schrieb vor, daß alle im Ausland lebenden Juden polnischer Staatsangehörigkeit spätestens bis Ende Oktober ihre Pässe in ihren Heimatorten zur Kennzeichnung vorzulegen hätten. Doch die zu einem Besuch in der Heimat aufgeforderten Staatsbürger mußten damit rechnen, daß dann das Reich sie nicht mehr wieder einreisen lassen würde. Viele kamen deshalb dieser Aufforderung nicht nach.

Sie hatten jedoch nicht mit Eichmanns Unerbittlichkeit gerechnet. Er hatte die 15 000 jüdischen Polen in Deutschland längst in seiner Kartei. Wer nicht von allein ging – und das waren fast alle –, wurde von der Polizei abgeholt, in Eisenbahnwagen verfrachtet und an die Grenze gefahren. Mit kleinem Gepäck und geringem Mundvorrat wurden sie bei Nacht und Nebel in das verwilderte Niemandsland zwischen den deutschen und den polnischen Grenzwachen gejagt. Auf Umkehrer werde geschossen, hieß es. Ihre polnischen Landsleute jagten sie mit Prügeln und Fußtritten wieder westwärts.

Am 29. Oktober 1938 irrten in dem weglosen Grenzstreifen auch der Schneider Grynzpan und seine Ehefrau mit vielen Schicksalsgenossen umher. Die Familie war vor Jahren nach Hannover eingewandert und hatte dort ein kärgliches Auskommen gefunden. Der zunehmenden Schikanen wegen hatten sie ihren Sohn Herschel nach Paris zu Verwandten geschickt, damit er dort erkunde, wie auch die Eltern unterkommen könnten. Doch dazu kam es nie, denn am 7. November fragte Herschel in der deutschen Botschaft auf dem linken Seine-Ufer einen jüngeren Bediensteten, ob und wo er den Botschafter sprechen könne. Der sei nicht im Haus, sagte man ihm. Darauf zückte er seine Pistole und schoß fünfmal. Schwerverletzt wurde der Botschaftssekretär Ernst vom Rath in ein Krankenhaus gefahren.

Grynzpans Anschlag hatte unvorhergesehene Folgen. Er begründete seine Tat bei der Polizei zunächst mit den Judenverfolgungen in Deutschland und besonders dem Schicksal seiner Eltern. Später wurde jedoch behauptet, die Schüsse seien ein Racheakt zwischen Homosexuellen gewesen. Offenbar hatte sich der arbeitslose Jugendliche als Strichjunge Geld verschafft. Ob er jedoch ein festes Verhältnis mit dem Botschaftsbeamten gehabt hatte, blieb in mehr als einer Hinsicht dubios. Es wurde niemals der Nachweis erbracht, daß sein Opfer homosexuell war.

Zunächst sah die Gestapo keinen Grund, sich groß mit dem Attentat zu beschäftigen; das war Sache der Pariser Polizei. In Berlin und ebenso in den Außenstellen konzentrierte man die Arbeit weiterhin auf die umfassende Gegnerkartei, die selbstverständlich auch die Juden einschloß, in erster Linie aber auf Menschen zielte, die im Kriegs- und Krisenfall unverzüglich in Schutzhaft genommen werden sollten, weil sie in den Augen der Nazis mit Worten oder gar Taten die Sicherheit des Staates gefährden konnten. Zwischendurch hatte Heydrich die Karteiarbeit bemängelt, weil die Dienststellen in Preußen nur halb so viele stille Regimegegner notiert hatten wie die süddeutschen Filialen. Demnach hatte entweder der Norden das Volk ungenau gesiebt, oder die Beamten der übrigen Länder hatten einen falschen Maßstab verwendet. Auch hatte es sich im Lauf der Arbeit ergeben, daß grundsätzliche Richtlinien verändert werden mußten.

Die Kartei wurde schließlich in drei Gruppen gegliedert. In Gruppe eins kamen die schweren Fälle, die bei der Mobilmachung automatisch in Schutzhaft zu nehmen waren; der Gruppe zwei wurden die etwas milder zu beurteilenden Volksgenossen zugeteilt; in Gruppe drei waren Personen, die in Zeiten politischer Spannung besonders sorgfältig zu überwachen waren. Mit einem Erlaß wurde am 28. September 1938 dann auch geregelt, wohin die Außenstellen ihre Häftlinge zu liefern hatten: Der Süden und Südwesten überstellte sie in das KZ Buchenwald bei Weimar, der Norden und Westen nach Sachsenhausen in der Provinz Brandenburg. Daß dies keine Sandkastenspiele waren, erwies sich Ende September 1938, als Hitler seine Drohungen gegen die tschechische Regierung auf die Spitze trieb und einen Krieg riskierte, um den Sudetendeutschen – wie er sagte – zu ihrem Recht auf Selbstbestimmung zu verhelfen. Er erreichte dann in der Münchner Konferenz am 29. September die friedliche Eingliederung ins Reich der von den Volksdeutschen bewohnten Randgebiete Böhmens nur, weil die Regierungen in London und Paris den Krieg nicht riskieren konnten: Sie waren zugestandenermaßen dafür nicht gerüstet. Mit den am 1. Oktober einmaschierenden deutschen Soldaten kamen auch gleich die Gestapo-Beamten. Bei ihrer Suche nach Emigranten aus dem Reich hatten sie wenig Glück: Die Mehrzahl konnte sich gerade noch rechtzeitig nach Prag absetzen – und mußte dann allerdings ein halbes Jahr später wieder ihr Bündel schnüren.

Zuvor schon zeigte sich, daß Heydrichs Rechnung über die Aufnahmekapazität seiner Konzentrationslager falsch war. Um den 11. November herum wurden dort mehr als 10 000 Juden sozusagen schlagartig eingeliefert. Sie waren die Opfer einer über das gesamte Reichsgebiet ausgeweiteten Rache für den Tod von Ernst vom Rath. Er war am 9. November um 16.30 Uhr in einem Pariser Krankenhaus seinen Verletzungen erlegen. Hitler hatte schon am 8. November im Münchner Bürgerbräukeller bei der üblichen Feier zum Gedenken an seinen Putschversuch im November 1923 ausgiebig geredet, und obwohl er wußte, daß der Botschaftssekretär mit dem Tode rang, ging er mit keinem Wort auf das Attentat ein und verzichtete auch auf die von ihm gewohnte allgemeine Hetze gegen die Juden. Am Abend des 9. November traf sich wie immer die Parteiprominenz der »Alten

Kämpfer« (nach Mitgliedsjahren) im Münchner Rathaussaal. Während sie noch tafelten und die übliche Führer-Rede erwarteten, wurde Hitler ein Telegramm überreicht. Der las es, um dann mit Goebbels kurz unter vier Augen zu sprechen und anschließend mit Trauermiene den Saal zu verlassen. Er hatte die Todesnachricht erhalten.

Eine Rede des Reichspropagandaministers erklärte anschließend die Situation: Hitler sei gegangen, tief erschüttert und unfähig, jetzt eine Rede zu halten, und nun sei es die Aufgabe kämpferischer Nationalsozialisten, dem internationalen Judentum zu zeigen, wie der Mord an einem jungen Deutschen gerächt werde. Teilnehmer an der Versammlung haben später ausgesagt, Goebbels habe zwar Gewalttaten und Brandstiftungen nicht ausdrücklich befohlen, wohl aber erwähnt, daß in einigen Städten empörtes Volk spontan jüdische Geschäfte zerstört und Synagogen in Brand gesteckt hätte. Er habe damit einen Ansturm auf die Telefone im Rathaus ausgelöst. Die »Alten Kämpfer« hatten den Wink mit dem Zaunpfahl verstanden. Sie alamierten ihre heimatlichen Parteibüros, damit das Volk – sprich, die Schläger der Parteiorganisationen – »spontan« mobilisiert würde. Außerdem wurde jede Filiale des Reichsministeriums für Volksaufklärung und Propaganda, seßhaft in jeder Gauhauptstadt, über das Fernschreibnetz des Ministeriums alarmiert. Und weil die Chefs dieser Büros meist zugleich auch die Gaupropagandaleiter waren, rückten auf deren Befehl auch sofort die Demolierer und Brandstifter aus der SA auf die Straßen.

Wenn hier der Ablauf so detailliert geschildert wird, so geschieht dies nur der historischen Wahrheit willen. Die Gestapo wird oft fälschlicherweise für den Pogrom vom 9. November 1938 verantwortlich gemacht. Heydrich und die meisten hohen Beamten der SS saßen an diesem Abend beratend im Münchner Hotel »Vier Jahreszeiten«, denn der SS stand zum Abschluß der Feierlichkeiten noch ein großer Auftritt bevor: Die Vereidigung von Rekruten der SS-Verfügungstruppe mit einer Führerrede vor der Feldherrnhalle. Dort war beim Putsch 1923 eine Anzahl Parteigenossen durch die Landespolizei niedergeschossen worden, und nun sollte an dieser Stelle ein feierlicher Akt wie eine Theaterinszenierung ablaufen. Die Regie führte dabei der Chefadjutant Himmlers, der Gruppenführer Karl Wolff, und er stand schon bereit, Himmler und Hitler in dessen Wohnung am Prinzregentenplatz abzuholen. Lärm auf der Straße und Feuerschein machten Heydrich und die SS-Führer auf das ungewöhnliche Geschehen aufmerksam. Sie erfuhren, daß die nahe gelegene Synagoge brannte. Aus Berlin rief der dort momentan ranghöchste diensthabende Gestapo-Beamte Heinrich Müller an und meldete, daß junge Leute in Räuberzivil, offenbar aus der SA, Geschäfte und Wohnungen von Juden demolierten. Müller fragte an, ob die Polizei einschreiten sollte. Heydrich und Wolff wußten keinen Rat und entschlossen sich, Himmler zu fragen. Sie trafen ihn in Hitlers Wohnung im Gespräch mit Hitler. Wolff schwor später Stein und Bein, daß Himmler von dem Geschehen völlig überrascht worden sei. Hitler reagierte empört: »Unerhört!« Er befahl, die SS möge feststellen, wer die Aktion befohlen habe, möge aber selbst nichts dazutun, aber auch nichts dagegen unternehmen. Plünderer seien festzunehmen, aber die Feuerwehr möge erst dann löschen, wenn der Brand der Synagoge auf benachbarte Gebäude überzugreifen drohe.

Es ist nicht auszuschließen, daß Goebbels die Gewaltaktion im Alleingang inszenierte, um beim Antisemiten Hitler wieder in Gunst zu geraten, nachdem er sie durch skandalöse Frauengeschichten verloren hatte – als »Bock von Babelsberg«. (So nannten ihn die Berliner, weil er Filmschauspielerinnen aus dem

Babelsberger Ufa-Filmgelände mit Rollenversprechungen in sein Bett zu locken pflegte.) Ebenso wahrscheinlich aber könnte das Programm dieser Nacht zwischen Goebbels und Hitler schon für den Fall abgesprochen gewesen sein, daß eine Todesnachricht aus Paris käme. Dabei wäre dann wohl auch festgelegt worden, wer die Volkswut zu mimen hätte.

Die SA verstand sich auf so etwas. Das hatte sie bereits 1933 bewiesen. Sie hatte es nach der Röhm-Affäre auch nötig, ihr Renommee bei Hitler aufzubessern. Den Rowdies in ihren Reihen wurde damit sogar ein Ersatz geboten für die entgangene »Nacht der langen Messer«. Außerdem: Gemeinsam begangene Untaten verbinden fester als gemeinsames Wohltun. Der Einsatz der SS kam auch aus anderen Gründen nicht in Frage. Es gab in ihren Reihen eine Anzahl Intellektueller, die wohl für Schurkereien zu haben waren, sich aber selbst die Hände nicht schmutzig machen wollten. Zudem strebte Himmlers Korps derzeit eine elegantere Lösung der Judenfrage an und förderte die Auswanderung – zum Ärger von Goebbels, Streicher und anderen Parteigenossen. Deren »Hohlköpfigkeit« und »Machtstreben« beklagte der Reichsführer SS in einer Aktennotiz. Er beauftragte deshalb alle Polizeidienststellen, ihre Protokolle über Mißhandlungen, Folterungen und Morde an Juden bei dem Pogrom an die Gestapo-Zentrale in Berlin zu schicken sowie den materiellen Schaden zu melden, den die Randalierer angerichtet hatten. Diese Unterlagen bekam Göring, der als Lenker eines Vierjahresplanes die Wirtschaft zu Höchstleistungen treiben sollte. Er und Himmler brachten es so weit, daß die meisten Minister der Reichsregierung verlangten, Goebbels müsse nach dieser Schandtat aus dem Kabinett ausscheiden. Doch der Kanzler deckte seinen Propagandaminister. Weshalb? – Man darf es nur vermuten, aber man kann es nicht nachweisen, daß der Reichspropagandaleiter nur eine Anweisung seines Führers befolgte.

Gänzlich wollten sich jedoch SS und Gestapo aus der Aktion vom 9. November 1938 nicht heraushalten, und als Hitler und Göring beschlossen, zur Strafe 10 000 Juden wenigstens vorübergehend ihrer Freiheit zu berauben und sie bei dieser Gelegenheit gleich gründlich zu schröpfen, ließ Heydrich die Hollorithmaschinen klappern. Sie sortierten Namen und Adressen von ebenso vielen Juden aus, möglichst begütert, möglichst angesehen, und schon karrten die Außenstellen diese Unglücklichen in die Konzentrationslager – soweit dort Platz für sie war. Solcher Schwemme waren die Lagerbürokraten nicht gewachsen, und weil auch die Unterkünfte voll waren, blieben viele dieser Häftlinge in den Gefängnissen der Polizei. Sie hatten die Chance, dort weniger schikaniert zu werden. Mißhandelt wurden jedoch nur wenige dieser Juden. Himmler hatte dies ausdrücklich verboten, denn sie sollten bald wieder entlassen werden – sobald man ihre Bankkonten erleichtert hatte. Wer dann auch noch unterschrieb, daß er demnächst auswandern wolle, kam zuerst frei.

Am 12. November zog Göring im Reichsluftfahrtministerium vor allen am Pogrom Beteiligten eine Bilanz. Heydrich vertrat dabei die SS und die Gestapo. Milliardenwerte waren vernichtet worden. Verwüstet waren 29 Warenhäuser, 815 Ladengeschäfte und Firmensitze, 117 Wohnhäuser, 76 Synagogen, weitere 119 jüdische Gotteshäuser waren durch Feuerschäden abbruchreif. Soweit eine Gestapo-Aufzählung. Tatsächlich war alles noch viel schlimmer. Den Juden wurde eine Buße von einer Milliarde Mark auferlegt. Die Schäden mußten die Versicherungen bezahlen, aber das Geld ging nicht an die Geschädigten, sondern floß in die Reichsfinanzen. Die Arisierung der Wirtschaft – so verkündete Göring – werde nun mit Nachdruck betrieben. Goebbels forderte, Juden müsse der Besuch von Kinos, Theatern und anderen öffentlichen Veranstaltungen verboten werden, wie ihnen auch die Bäder und der deutsche Wald verschlossen sein sollten. Heydrich bemerkte, daß man damit die Juden noch immer nicht los sei, daß jedoch mit dem Eichmann-System bereits 50 000 Juden aus der Ostmark »ausgewandert worden« seien, indes aus dem Altreich in der gleichen Zeit nicht einmal 20 000 verschwunden seien. Damit setzte sich Heydrich gegen Goebbels durch. Göring befahl am 24. Januar 1939, die Auswanderung der Juden sei mit allen Mitteln zu beschleunigen. Im Innenministerium wurde eine Zentralstelle für jüdische Auswanderung eingerichtet mit Zweigstellen in Berlin, Frankfurt, Hamburg und Breslau nach Eichmanns Muster.

Von einer strafrechtlichen Ahndung der Pogromgreuel war in der Konferenz nicht die Rede – vielleicht, weil ein Hauptschuldiger als Quasi-Richter im Raum saß. Es wurde auch nicht erwogen, etwa jene Rowdies und Terroristen zu bestrafen, die in der »Kristallnacht« (so der Volksmund) nach Lust und Laune getobt hatten. Sie waren ja nur die Werkzeuge gewesen, wie alle Teilnehmer dieser Versammlung wußten. Es gab jedoch auch Menschen in der NSDAP, die sich Gedanken machten über Recht und Unrecht in dieser Affäre – so auch der Vorsitzende des Obersten Parteigerichts Walter Buch in München, dem Rang nach ein Reichsleiter, kein Jurist, sondern ein ehemaliger Offizier aus dem kaiserlichen Heer. Er wollte gegen alle Übeltäter Parteigerichtsverfahren einleiten, doch wurde er von seinem Führer zurückgepfiffen.

Buch hätte das auch gar nicht geschafft, denn sein Apparat hätte so viele Verfahren nie bearbeiten können. Immerhin wurde ihm gestattet, ein Sonderreferat mit zwei Kammern einzurichten. Sie durften innerhalb weniger Wochen die übelsten Ausschreitungen behandeln. Dem Parteigericht waren jedoch 91 »Tötungen« (also Morde) bekanntgeworden und eine noch viel höhere Zahl von schweren Körperverletzungen jeweils mit jüdischen Opfern. Gestapo-Beamte untersuchten die Verbrechen. Lediglich dreißig Parteigenossen wurden schließlich angeklagt. Die meisten Untersuchungen wurden eingestellt, die Täter fanden Fürsprecher in den höheren Rängen der Partei, oder es ließen sich mit Ach und Krach Entschuldigungen finden. Nur wenige Täter wurden gemaßregelt, vier wurden aus der Partei ausgeschlossen, in Haft genommen und dem Strafrichter überstellt. Sie hatten vergewaltigt, noch dazu Jüdinnen, was das Schlimmste war, denn es war Rassenschande.

Insgesamt hatten die radikalen Antisemiten eine Schlappe erlitten, weil das System den Juden weiterhin gestattete – wenngleich nicht aus humanitären, sondern aus finanziellen Gründen –, das Leben zu retten und auszuwandern. Göring und Himmler gedachten die Lage zu nutzen und ihre Gegner noch weiter zu bedrängen. Die Stellung von Goebbels war allerdings kaum zu erschüttern, aber über Streicher waren anläßlich des Pogroms kompromittierende Vorgänge bekanntgeworden, mit denen Göring bei Hitler eine Untersuchung gegen den sonst vom Führer gehätschelten Gauleiter durchsetzen konnte. Den eigentlichen Anstoß dazu gab jedoch eine private Abrechnung Görings: Streicher verbreitete in Parteikreisen die Behauptung, Deutschlands zweitem Mann, dem Reichsminister und Luftwaffenbefehlshaber, hänge am Hals dauernd der Pour-le-mérite-Orden, aber an anderer Stelle hänge bei ihm auch etwas, weil ihn eine Verletzung impotent gemacht habe. Er hätte sie am 9. November 1923 vor der Münchner Feldherrnhalle erlitten. Deshalb könne dieser Mann auch nicht der Vater jenes Mädchens Edda sein, das ihm seine Frau, die Staatsschauspielerin Emmi Sonnemann, im Juni 1938 geschenkt habe.

Die Eingeweihten in der Partei wußten längst, daß der Gauleiter von Franken Flecken auf der Weste hatte. Auch Hitler wußte es, aber er schätzte solche Leute in gehobener Stellung, weil sie gefügig sein mußten. Doch nun ließ er den Dingen ihren Lauf. Der überaus selbstherrliche Gaufürst berief sich allzuoft auf seine Freundschaft mit dem Führer – und das war dann doch kompromittierend. Als Göring ihm das Material aus den Panzerschränken des SD vorlegte, gab er den »Frankenführer« zum Abschuß frei. Allzu großzügig hatte Streicher das Mittel der Arisierung jüdischen Besitzes benutzt, um selbst reich zu werden – oder vielmehr, um seinen Berg von Schulden abzutragen, die er sich mit dem Kauf seiner Villa in Nonnenhorn mit direktem Zugang zum Bodensee-Ufer, mit Bootsanlegersteg und einem parkähnlichen Grundstück aufgeladen hatte, obwohl er zuvor schon einen Gutsbesitz in der Nähe von Nürnberg erworben hatte.

Heydrich stellte aus der Berliner Gestapo-Zentrale den Regierungsrat Josef Meisinger als Chef der Untersuchungskommission. Er war dafür insofern der beste Mann, als er ein Uralt-Parteigenosse war und ein Bayer aus der Münchner Kripo-Mannschaft. Er wußte, was für eine zwielichtige Gestalt dieser Gauleiter war: äußerlich ein fetter Faun mit kahlem Schädel, der bei jeder Gelegenheit großtat mit seiner männlichen Potenz, die er »Lebensgefühl« nannte. Im Sommer hatte er einmal vom Nürnberger Bund deutscher Mädel (BdM, NS-Mädchenorganisation) zwei dralle Jugendliche in Sommerkleidern als Begleiterinnen bei einer Radtour angefordert – und nicht bekommen, weil man seine Neigungen kannte. Er war einmal Volksschullehrer gewesen, aber wie so mancher seiner Kollegen wegen moralischer Verfehlungen suspendiert worden. Nach Art der Potentaten hatte er sich eine Geliebte aus dem Stadttheater Nürnberg geholt und ihrem Vater einen gutbezahlten Posten bei der Parteizeitung des Gaues zugeschanzt.

Vielleicht hätte man in der Partei dieses alles als läßliche Sünden angesehen, weil richtige Männer eben gelegentlich über die Stränge zu schlagen pflegen. Doch jetzt ging es um viel Geld, noch dazu um Judengeld. Indirekt verdiente Streicher insofern Hunderttausende an Juden, als er der Eigentümer des Revolver- und Pornoblatts »Stürmer« war, das sich fast ausschließlich mit Hetzartikeln gegen die jüdische Pest, gegen die Schänder deutscher Frauen und Mädchen, einen Leserkreis gesichert hatte. Außerdem bedrängte der Herausgeber Streicher ständig die NS-Organisationen mit Forderungen, sie müßten Abonnenten werben. Nun aber sollten ihm die Juden auch noch ein Vermögen verschaffen für die Zeit, da der »Stürmer« verboten werden könnte oder gar keinen Stoff mehr finden würde, weil die Juden aus Deutschland verschwunden waren. So wenigstens motivierte er den Auftrag zur Geldbeschaffung gegenüber dem Verlagsleiter seines Blattes.

Der Mann hatte dann auch Erfolg. Er kaufte zu einem lächerlichen Preis eine sechzigprozentige Aktienmehrheit an den jüdischen Marswerken in Nürnberg. Er und ein SA-Oberführer erstanden im Auftrag Streichers Grundstücke aus jüdischem Besitz zu einem Zehntel des Einheitswertes, der immer nur eine rechnerische Grundlage und weit niedriger ist als der sogenannte Verkehrswert. Die Verkäufer befanden sich dabei insofern in einer schlechten Situation, als sie durch den Pogrom in Polizeihaft geraten waren und nun glaubten, ihre Unterschrift unter einen Kaufvertrag verschaffe ihnen die Freiheit. Die Aufkäufer behielten jedoch die Grundstücke nicht. Sie verkauften sie zu gepfefferten Marktpreisen weiter. Die so erzielten Gewinne kassierte weitgehend der Gauleiter. Als die Untersuchungskommission dahinterkam, erschoß sich der SA-Führer – weil es der Gauleiter von ihm verlangte –, und der Geschäftsführer fürchtete, von Pistoleros des Gauleiters erschossen zu werden, sofern er aus der Schule plaudere. Er redete trotzdem, aber nur, als ihm Verschwiegenheit zugesichert worden war und weil ihm Göring plus Gestapo als die mächtigeren Schutzherren erschienen.

Dem Julius Streicher brachten diese Ermittlungen das Ende seiner Gauleiterherrlichkeit. Hitler schickte ihn in den Ruhestand auf sein Gut Pleikershof bei Fürth – versorgt mit immerhin 200 000 Mark jährlichem Gewinn durch den »Stürmer«. Streicher sinnierte über seinen Sturz: »Ich versteh' das alles gar nicht. In unserer augenblicklichen großen Zeit ist man so kleinlich!« Gegen Kriegsende, als die US-Truppen auf Nürnberg vorstießen, wollte er seinem Führer beweisen, daß man ihn besser im Amt gelassen hätte: Weil sein Nachfolger bereit schien, den Trümmerhaufen Nürnberg kampflos dem Feind zu übergeben, kehrte Streicher in die Gauhauptstadt zurück und fand auch noch Narren und Spießgesellen, die ihm gehorchten. Er fiel allerdings nicht auf dem Feld der Ehre, sondern dem Feind völlig unversehrt in die Hände und entwickelte seinen Heldenmut erst, als er vor dem Internationalen Militärtribunal in seiner einstigen Gauhauptstadt auf der Anklagebank als Kriegsverbrecher der ersten Garnitur saß und schließlich im Herbst 1946 zum Tode verurteilt wurde: Er bot an, allen Antisemiten in der Welt beizubringen, wie ungerecht ihre Beschuldigungen gegen die Juden seien, sofern man ihm das Leben schenke. Gehängt wurde er trotzdem.

Für Himmler und Heydrich war diese Auseinandersetzung mit Streicher so etwas wie eine Privatfehde gegen einen Mitkonkurrenten, der sich ihnen bei der Ausweitung ihres Einflusses in den Weg stellen wollte. Sie siegten in der Gewißheit, daß ihnen in dem großen Krieg, den ihr Führer plante (und auch für unvermeidlich ansah), noch viel bedeutendere Aufträge zugedacht waren als der Terror gegen Menschen, die sich zumeist als Glaubensgemeinschaft verstanden hatten und nun als ein fremdes, feindliches Volk behandelt werden sollten. Schließlich waren jetzt nur noch 700 000 Juden im Reich ansässig, dazu noch 1,5 Millionen sogenannte Mischlinge. Was die SS und ihre Gestapo außer den Judenverfolgungen noch künftig leisten konnte, erlebten Offiziere der Abwehr als Gesellenstück. Sie fuhren im Herbst 1938 durch das gerade frisch besetzte Sudetenland und stellten dabei fest, »daß überall, wo SS und Gestapo auftreten, alles Porzellan zerschlagen wird, was überhaupt zerschlagen werden kann«. So hatte – wie es in dem Bericht an den Abwehrchef Admiral Wilhelm Canaris hieß – »die SS-Standarte ›Germania‹ beim friedlichen Einmarsch in viehischer Weise gehaust und gemordet«. Der Divisionskommandeur des Heeres, dem die Standarte beim Einmarsch unterstellt war, habe sie daraufhin weggeschickt.

Am 10. Oktober 1938 schrieb der »Völkische Beobachter« über den Einmarsch ins Sudetenland: »Gleichzeitig haben innerhalb der Sicherheitspolizei die Männer der Geheimen Staatspolizei in engster Zusammenarbeit mit den vorrückenden Wehrmachtsteilen sofort mit der Säuberung der befreiten Gebiete von marxistischen Volksverrätern und anderen Staatsfeinden begonnen.« Für die Schmutzarbeiten bei dieser Säuberung wurden den Gestapo-Beamten – gemäß einem Plan des SD-Hauptamtes – jeweils Angehörige der SS-Verfügungstruppe oder der Totenkopfverbände »zur besonderen Verwendung« zugeordnet. SS und Gestapo sammelten Erfahrungen, die sie verwerten würden, sobald der Lebensraum künftig weiter ausgeweitet würde – mit Hilfe der Einsatzgruppen.

Neue Eroberungen wurden auf des Führers Geheiß schon vorbereitet. In einer Geheimrede vor ausgewählten Chefredakteuren der deutschen Presse verkündete Hitler am 10. November 1938 im Münchner Parteihaus, er habe nun lange genug den friedlichen Staatsmann gespielt. Jetzt aber sei die Zeit gekommen, das Schafsfell abzuwerfen und als Wolf auf Beute auszugehen. Das deutsche Volk – so sagte er den Journalisten – müsse durch sie darauf vorbereitet werden, daß die kriegerische Phase des Dritten Reiches beginne.

Manchem Pressemann dürfte er damit nichts Neues gesagt haben. Wer »Mein Kampf« gelesen hatte, konnte nicht daran zweifeln, daß das Programm des Gigantomanen seit eh und je auf Expansion beruhte. Drei Wochen nach dem Einmarsch in das Sudetenland hatte er der Wehrmacht befohlen, die völlige Zerschlagung der Tschechoslowakei vorzubereiten. Sollte es deshalb zum Krieg kommen, nahm er ihn nicht nur in Kauf, sondern Krieg war erwünscht. Denn wenn der Diktator seine eigene, jetzt mit modernsten Waffen aufgerüstete Wehrmacht verglich mit den Streitkräften seiner mutmaßlichen Gegner, zog er den Schluß, daß er bereits eine maximale Chance für einen siegreichen Ausgang erreicht hatte. Es war ihm aber auch bekannt, daß die meisten Deutschen den Krieg keineswegs wünschten, ihn vielmehr haßten und fürchteten. Trotzdem wollte er sie zu ihrem Glück zwingen, in einer Weltmacht zu leben. Er rechnete sich aus, daß die Widerstrebenden ihm folgen müßten, wenn er erst einmal den Krieg ausgelöst hätte und wenn das Volk vor die Wahl gestellt sein würde, zwischen Sieg oder Niederlage, zwischen Weltherrschaft oder Untergang. Die Partei – so lautete sein Auftrag – habe das Volk in die richtige Stimmung zu bringen.

Ein Widerstand der Massen war insofern kaum zu befürchten, als die Volksgenossen mehrheitlich der Meinung waren, der Frontsoldat Hitler werde immer den Krieg vermeiden, wenn irgend möglich, denn er kenne doch aus eigener Erfahrung alle Schrecken, die Not und den Tod. Geschlossene oppositionelle Bewegungen gab es nicht im Reich, von den Kirchen abgesehen, und die waren kaum zu fürchten, denn sie lehrten die Gewaltlosigkeit. Die Gestapo griff nur dann und wann die vorlautesten

Kirchenmänner heraus und steckte sie hinter den Stacheldraht von Dachau. Politisch aktiv waren eigentlich von allen Gegnern nur die Kommunisten, aber sie waren dezimiert, und ihre Organisation war zerstört. Entgegen ihrer früheren Taktik propagierten sie jetzt die Einheitsfront aller NS-Gegner, aber damit kamen sie zu spät – auch insofern, als ihnen die anderen Gegner der Nationalsozialisten nicht über den Weg trauten.

Ein im Frühjahr 1939 zusammengestellter Bericht der Gestapo über die innenpolitische Lage meldete einen erheblichen Rückgang an politischen Pamphleten, seit Österreich und die Sudeten als Lieferanten weggefallen waren. Kommunistische Sender würden dafür in die Bresche springen, aber nur mit zweifelhaftem Erfolg. »Mit ihren deutschsprachigen Sendungen« betrieben sie »die übelste kommunistische Hetze gegen Deutschland« und würden dabei »in nicht zu überbietender Weise die politischen und wirtschaftlichen Erfolge des nationalsozialistischen Staates herabwürdigen«. Doch auch diese Propaganda sei müde, denn nachdem weder der Einmarsch in Österreich noch derjenige ins Sudetenland einen »politischen Umschwung oder gar einen Krieg« ausgelöst hätten, zeige sich bei den Kommunisten Enttäuschung und Niedergeschlagenheit. In einem Gestapo-Lagebericht für das erste Vierteljahr 1939 registrierte die Gestapo jedoch »eine Intensivierung der Arbeit der KPD im Inland« und besonders »Versuche einer zersetzenden Tätigkeit im Heer, Polizei, SA, SS und Arbeitsdienst«. »Hitler bedeutet Krieg!« lautete dabei die warnende Parole.

Davon war auch eine Anzahl Offiziere und Generäle der deutschen Wehrmacht überzeugt, ebenso einflußreiche Persönlichkeiten der Beamtenschaft und der Wirtschaft. Bei der Wehrmacht waren die Oppositionellen sogar bereit, unter der Führung des Generalobersts Ludwig Beck, des Chefs des Generalstabs des Heeres bis Ende August 1939, Hitler mit Waffengewalt abzusetzen und den Nationalsozialisten jede Regierungsgewalt zu entreißen, sofern ihr Führer es des Sudetenlandes wegen zu einem Krieg mit Großbritannien und Frankreich kommen ließe. Schon gab es Pläne für den Staatsstreich: Truppenteile waren vorgesehen für eine Aktion gegen Hitler und die Parteispitze, und es war gleichfalls schon bestimmt, welche Regimenter die Waffen-SS am Eingreifen hätten hindern sollen. Da jedoch im Münchner Abkommen am 29. September 1938 der Konflikt noch einmal friedlich geregelt wurde – zum Ärger Hitlers –, unterblieb der Aufstand gegen die Gewaltherrschaft.

Heydrich und seiner Mannschaft konnte es nicht entgangen sein, daß sich in der Wehrmacht eine zwar zahlenmäßig kleine, aber keineswegs einflußlose Fronde gegen die NS-Herrschaft gehalten hatte. Sie fand eine aufnahmebereite Schicht unter den Berufssoldaten, bis hinab zu den Unteroffizieren, vor. Das Ideal der Reichswehr war der unpolitische Soldat gewesen, der nur Ideale pflegen sollte, die ihm seine Vorgesetzten verordneten und vorlebten. Nun aber sahen viele diese strengen Regeln der Subordination bedroht durch eine Partei, die außer den althergebrachten soldatischen Tugenden auch ideologische Bekenntnisse verlangte, die den Militärs traditionell gegen den Strich gingen. Dafür nur ein Beispiel: Viele Offiziere gewöhnten sich nur mühsam daran, daß der Kirchgang am Sonntagmorgen nicht mehr als Dienst angesetzt wurde und die verweigernden Dissidenten zu einer Strafarbeit eingeteilt werden konnten. Ebenso unterließen Rekruten – und zu ihnen gehörten damals auch gestandene Männer der weißen Jahrgänge, die in der Zeit ohne Wehrpflicht erwachsen geworden waren – besser den Hinweis, daß sie im zivilen Leben einen, wenn auch noch so geringen Rang in der NSDAP oder einer ihrer Gliederungen besaßen. Jede NS-Mitgliedschaft ruhte, sobald ein Mann Soldat wurde.

Spannungen dieser Art waren der Gestapo und dem SD gewiß

bekannt, aber Gefahren sahen sie darin nicht. Die Fronde in den Offizierskreisen wurde zwar registriert, aber solange sich daraus nichts Gravierenderes entwickelte als Casino-Gespräche von Meckerern und Miesmachern (wie ein Goebbels-Slogan diese Widersacher nannte), mußte die Geheime Staatspolizei durch die Finger sehen. Wer Wehrmachtsuniform trug, war für sie nur faßbar, wenn er auf frischer Tat als Staatsfeind gefaßt wurde, und er unterstand dann immer noch dem Militärstrafgesetz. Selbst wenn die Gestapo die Umsturzpläne des Generals Beck gekannt haben sollte, hätte sie nicht ohne Hitlers Zustimmung eingreifen können. Mit Becks Ausscheiden aus dem Heer, am 27. August 1938, als Protest gegen Hitlers Kriegspläne, also noch vor Abschluß der Münchner Konferenz, war er ohnehin für absehbare Zeit ungefährlich geworden.

Durch Becks Ausscheiden hatte Himmler inzwischen vorübergehend Muße, sich des ungelösten Problems der Zigeuner anzunehmen. In der Vergangenheit hatten sich die Ethnologen in der Partei noch überlegt, ob dieses aus Indien stammende Völkchen nicht gar arischen Ursprungs sei, aber gegen diese Großzügigkeit hatte sich dann doch das sogenannte gesunde Volksempfinden durchgesetzt. Seitdem galten die braunhäutigen Halbnomaden als minderrassig, und sie durften schon insofern nicht ungeschoren bleiben, weil die Männer mit den schwarzen Locken und den kühnen Schnurrbärten bei der deutschen Frau manchmal als besonders feurige Liebhaber Anklang fanden. Deswegen wurde eine Reichszentrale zur Bekämpfung des Zigeunerwesens geschaffen, angegliedert an das Innenministerium, und alle Zigeuner, ob seßhaft oder wandernd, mußten sich dort registrieren lassen. Mann, Frau und Kind mußten sich einer rassenbiologischen Untersuchung unterziehen, was schließlich zur Folge hatte, daß die Mehrzahl als arbeitsscheue, unproduktive und der Kleinkriminalität verdächtige Mitesser an dem bereits weniger reichlich gedeckten deutschen Tisch eingestuft wurde und in die KZs geriet. Dort teilten sie nunmehr das Los aller Minderheiten als Abweichler von der Norm: das Los der Homosexuellen, der Streuner, der Eremiten, Wanderprediger, Kesselflicker und Hühnerdiebe, der renitenten Christen, der unbelehrbaren Intellektuellen und der unverzagten Marxisten. Das war nur scheinbar eine zahlreiche Gegnerschaft, und wer zu ihr gehörte, mußte sich tarnen, wenn er es nicht mit der Gestapo zu tun bekommen wollte.

Europa unter
der Knute des Terrors

Der 15. März 1939 wurde für die SS, die Gestapo und den SD zu einem Tag des großen Einsatzes und der Bewährung. In den ersten Stunden nach Mitternacht erpreßten Hitler und Göring in der Reichskanzlei den Staatspräsidenten Dr. Emil Hacha, das Oberhaupt der restlichen Tschechoslowakei. Sie verlangten und erhielten die bedingungslose Kapitulation. Im Morgengrauen rollte bereits die deutsche Wehrmacht durch die Vororte der Hauptstadt Prag. Ein Bericht der Sopade (die emigrierte Sozialdemokratische Partei Deutschlands) schilderte die Vorgänge: »Um neun Uhr früh rückten mit den ersten Truppen große Autobusse an, die jeweils mit 30 bis 40 Zivilbeamten der Gestapo besetzt waren. Tschechischsprechende Sudetendeutsche müssen schon vorher zum Spitzeldienst ausersehen worden sein . . .« Über Verhaftungen erfahre man wenig, weil sie nachts vorgenommen würden, wenn Zivilisten ihre Häuser nicht verlassen durften. »Viele angebliche Tschechen haben sich als deutsche Spitzel herausgestellt . . . Andere haben in Gemeinschaft mit tschechischen Grenzern flüchtenden Emigranten und Juden beim Grenzübertritt keine Schwierigkeiten gemacht . . . Auch dort, wo die Gestapo durchgegriffen hat, haben Offiziere Verhaftungen rückgängig gemacht.«

Heydrich übernachtete ebenso wie Hitler und Himmler in der Prager Burg, dem historischen Machtzentrum und nationalen Heiligtum Böhmens. In einem Stimmungsbericht der Sopade heißt es: »Wie muß es die Tschechen kränken, daß Hitler auf dem Hradschin sein Quartier aufschlug.«

Wo immer die motorisierten Kolonnen der Wehrmacht durch die Straßen rollten, in allen Städten wurden sie mit Schmährufen, dem Gesang der Nationalhymne, mit finsteren Mienen oder auch mit demonstrativ hochgereckten Fäusten empfangen – anders als zuvor in Österreich oder im Sudetenland. Nur Angehörige der deutschen Minderheit, teils verstreut im Land, teils auch in Sprachinseln geballt, schwenkten Fähnchen, jubelten, musizierten. Wo in Prag die trauernden oder empörten Tschechen am Straßenrand dicht gedrängt, in mehreren Reihen die Fahrbahn säumten, hielten tschechische Polizisten den Weg frei, befehlsgemäß. Noch am Abend zuvor waren sie verpflichtet gewesen, gegen bewaffnete Soldaten einer fremden Macht in den Straßen der Hauptstadt einzugreifen. Nun, einige Stunden später, waren sie angewiesen, die eigenen Landsleute zurückzuhalten, falls deren Proteste über akustische Mittel hinausgingen. Doch dazu kam es nirgendwo. Alle wußten: Widerstand war zwecklos.

Die tschechischen Polizisten blieben weiterhin im Dienst, soweit sie bisher ihre Abneigung gegen die Deutschen nicht allzu deutlich zeigten, aber sie mußten es dulden, daß sie fortan durch Himmler und Heydrich befehligt wurden. Deren Bevollmächtigter wurde Dr. Walther Stahlecker, ein SS-Führer aus Württemberg, der 1938 in Wien als Inspekteur der Sicherheitspolizei und des SD eingesetzt worden war und der nun nach Prag auf den Posten eines Befehlshabers der Sicherheitspolizei und des SD versetzt wurde. Mit ihm installierte sich die Gestapo am Tag des Einmarsches als »Einsatzgruppe«, eine Bezeichnung, die im

Lauf der folgenden Jahre in vielen Ländern für Terror und Mord stehen würde. In der Tschechoslowakei, von der jetzt auch noch die Slowakei amputiert wurde, begann die Gestapo mit Ermittlungen und Festnahmen, fußend auf Material, das volksdeutsche Agenten im unterworfenen Land vorbereitend für diesen Einmarsch zusammengetragen hatten. Wie später in anderen besetzten Ländern überließen die Gestapo-Beamten Verhaftungen weitgehend der einheimischen Polizei, wobei diese dann von einem betont unauffälligen Zivilisten begleitet und zugleich kontrolliert wurde. Ebenso unauffällig bezogen Gestapo-Beamte Posten in der Prager Postdirektion, wo die Telefonleitungen zusammenliefen und die Briefe sortiert wurden.

Die tschechischen Juden wurden von den Veränderungen am härtesten betroffen. Auf deutschen Druck hin waren schon vor dem Einmarsch viele aus dem Staatsdienst entlassen worden, aber nun wurden sie insgesamt allen Beschränkungen unterworfen, die im Reichsgebiet bereits üblich geworden waren. Ihre in manchen Städten bisher schon zahlenmäßig starken Gemeinden hatten während der letzten Monate noch Zuzug aus dem Sudetengebiet bekommen, darunter manche Familie, die schon aus dem Reich dorthin geflohen war. Nun hatte das Hakenkreuz sie endgültig eingeholt. Hatten sie ihr Vermögen einer Bank anvertraut, so waren sie nun, zumindest vorübergehend, mittellos, denn die Banken waren angewiesen, alle Konten von Juden zu sperren. Alle in Böhmen erscheinenden Publikationen waren ab sofort verboten. Jüdischen Ärzten durfte die Krankenkasse keine Honorare mehr bezahlen. In den Städten brannten jetzt auch die Synagogen, und wo die Feuerwehr zum Löschen erschien, wurde sie von einer volksdeutschen SA zur Umkehr gezwungen.

Besaßen Juden Firmen, so wurden sie zur Arisierung gezwungen. Als sich daran auch Tschechen beteiligten, schlug die Partei

Lärm, denn wenn Juden geschröpft würden, hätten die Deutschen Anspruch auf deren Geld, weil sie bisher von der Prager Regierung benachteiligt worden seien. Alle aus dem Sudetenland geflüchteten Betriebsinhaber sind – so berichtete die Sopade – von der Gestapo besonders sorgfältig unter die Lupe genommen und dabei gefragt worden, wo sie ihre Waren, ihre Rohstoffe und ihr Geld versteckt hätten. Die tschechischen Sozialdemokraten seien dagegen nahezu unbehelligt geblieben, wohl in der Absicht, die Arbeiterschaft zu gewinnen – eine Taktik übrigens, die später der zum Reichsprotektor aufgestiegene Heydrich verstärkt praktizierte.

Dem nun zum SS-Oberführer beförderten Stahlecker war in Prag auch die Aufgabe gestellt, das Protektorat judenfrei zu machen. Da er in Wien Eichmanns Erfolge miterlebt hatte, setzte er durch, daß auch Prag eine Zentralstelle für jüdische Auswanderung bekam und daß Eichmann beauftragt wurde, sie einzurichten. Wie an der Donau konnte Eichmann auch an der Moldau angesehene Mitglieder der Jüdischen Gemeinde zur Mitarbeit bewegen, an deren Spitze den Rabbiner Dr. Murmelstein. Und wie einige Wiener Juden, so verfielen auch manche Prager Glaubensbrüder dem Irrtum, sie könnten durch Mitarbeit bei der Gestapo ihr Schicksal verbessern, ähnlich einem Seefahrer, der im Zentrum eines Taifuns vorübergehend Schutz findet.

Sie halfen auch noch mit, als die SS den Plan entwickelte, in der ehemaligen Habsburger Festung Theresienstadt, vierzig Kilometer nördlich von Prag, nahe der alten Reichsgrenze, die Juden des Protektorats zu konzentrieren. Eichmann stellte freilich schon bei einer ersten Ortsbesichtigung fest, daß die kleine Stadt mit ihren alten Festungswerken für 12 000 Soldaten nie und nimmer alle tschechischen Juden aufnehmen könnte. Aus dem zunächst anvisierten Getto wurde deshalb ein Konzentrationslager, ausschließlich für Juden, das vorübergehend sogar als ein Vorzeigeobjekt diente, wenn Ausländern vorgetäuscht werden sollte, daß im Dritten Reich keineswegs Unmenschen herrschten.

Die bewegten Zeitläufe brachten es mit sich, daß Eichmann seinen Prager Posten, ebenso wie zuvor den in Wien, schon nach einem halben Jahr an einen seiner Untergebenen weiterreichen mußte. Kurz nach dem Ausbruch des Zweiten Weltkrieges rief ihn Heydrich in die Zentrale der Gestapo, damit er in Berlin eine Reichsstelle für jüdische Auswanderung einrichte, die dann auch noch durch Filialen in Hamburg, Breslau, Frankfurt, also in den Städten mit überdurchschnittlichem jüdischem Anteil der Einwohnerschaft, ergänzt werden sollte. Unterstützt wurden diese Dienststellen durch eine »Reichsvereinigung der Juden in Deutschland«, die im Juli 1939 durch eine von Heydrich initiierte »10. Verordnung zum Reichsbürgergesetz des Reichsinnenministers« gegründet worden war. Erklärter Zweck dieser Neugründung in der Form eines rechtsfähigen Vereins war gleichfalls, die Auswanderung von Juden zu fördern.

Wohin auswandern? Diese Frage wurde unterschiedlich, im Grunde jedoch überhaupt nie beantwortet. Fast alle Staaten der Erde wehrten sich gegen Massen jüdischer Neubürger, die zumeist ohne Geld und Gut einwandern und der Wohlfahrt zur Last fallen würden, weil die Deutschen sie bei ihrer Ausreise auszuplündern pflegten.

In den Monaten nach dem Einmarsch in Prag war allerdings die »Judenfrage« für Hitler, und damit auch für die Gestapo, erst einmal weniger bedeutend geworden. Mit der Expansion nach Osten war eine Ausgangslage geschaffen, die es Hitler verlockend erscheinen ließ, den ersehnten Kampf um erweiterten Lebensraum für die Deutschen voranzutreiben, wobei noch der nationalistische Schwung seiner bisherigen Erfolge und die

Verblüffung der Weltöffentlichkeit ausgenutzt werden konnten. Schon stürzte sich die Propaganda des Joseph Goebbels auf die Republik Polen, schon empörten sich die Redner der Partei und die Zeitungen über Gewalttaten gegen Volksdeutsche in Dörfern und Städten: Pogrome gegen Deutsche gaben dazu hinreichend Anlaß. Wie der »Bromberger Blutsonntag«, an dem noch vor Beginn des Krieges zahlreiche in Bromberg ansässige Volksdeutsche von einer tobenden Menge umgebracht wurden. Schon aber hörte man das bekannte Argument, daß ein Volk seine Ehre verlöre, sähe es tatenlos zu, wenn im Nachbarland die Brüder totgeschlagen und die Schwestern vergewaltigt würden. Beide Seiten schickten böse Worte über die Grenze. In Warschau hatte man viele Gründe, dem Diktator in Berlin zu mißtrauen, nach allem, was er während der letzten Jahre in Europa bewirkt hatte. Umgekehrt hörten die Deutschen empört die Drohung, die unwiderstehliche polnische Kavallerie werde demnächst ihre Pferde in Berlin an der Spree tränken.

Für die Historiker steht längst fest, daß Hitler diesmal die Rolle jenes Fabel-Wolfs spielte, der das Lamm grundlos beschuldigte, es trübe am Bach sein Trinkwasser, und der dann so lange unsinnige Anklagen nachschickte, bis er sich berechtigt fühlte, das wehrlose Lamm aufzufressen. Seit Hitler auf der politischen Bühne auftrat (und sei es vor 1933 auch nur in Nebenrollen), hat es nie an Warnungen gefehlt, er bringe Krieg. Doch selbst wenn zeitweise Menschen davon überzeugt waren, so schienen die Jahre des Aufbaus seine Friedfertigkeit zu beweisen. Selbst in den heißen Sommertagen 1939, als sich der Konflikt mit dem polnischen Nachbarn Tag für Tag steigerte, glaubten viele Deutsche, daß es dem politischen Genie ihres Führers einmal mehr gelingen werde, den Streit friedlich und mit Gewinn für das Deutsche Reich zu beenden. Sie ahnten nicht, daß Hitler diesen Frieden gar nicht wünschte und daß er im

Gegenteil befürchtete, ein ausländischer Staatsmann werde ihm mit einer vernünftigen Initiative in den schlagbereiten Arm fallen.

Ein von ihm stur praktizierter Grundsatz besagte, über seine Absichten, Pläne und Ziele dürfe kein Mensch mehr wissen, als nötig sei, um die ihm übertragenen Aufgaben erfüllen zu können. Weder Himmler noch Heydrich haben sich je geäußert, wann ihnen ihr Führer seine Kriegspläne anvertraut hat. Wer jedoch so nah am Zentrum der Macht amtierte wie sie, mußte längst gewußt haben, daß der zur Herrschaft gelangte Hasardeur stets auf eine Gelegenheit lauerte, das deutsche Volk beim Roulette aufs Spiel zu setzen – wobei zwar vieles zu gewinnen, aber auch alles zu verlieren war. Schon vor dem Prager Coup und schon als Hitler das Münchner Abkommen schmähte, konnten seine obersten Handlanger von der schwarzen Gewalt, der SS, nicht mehr bezweifeln, daß für das Reich die »Stunde der Bewährung« sehr bald kommen werde. Darauf waren sie vorbereitet. Auch war ihnen bewußt, daß sie aus diesem Spiel nicht mehr aussteigen konnten; die Untaten bei der Machtergreifung, die Morde während der Röhm-Affäre, die Verbrechen in Kerkern und Konzentrationslagern hatten sie bereits untrennbar mit Hitler und seinem System verbunden. Scheiterte er, dann schlug auch ihnen die letzte Stunde.

Deswegen standen in den Sommerwochen auch schon Einsatzgruppen abrufbereit, gerüstet für den Tag X. Ihr Prinzip hatte sich im Sudetenland und in der Tschechoslowakei bereits bewährt, wenn auch noch unter einschränkenden Bedingungen. Diesmal waren ihre Aufgaben sehr viel großzügiger formuliert. Sie sollten die führenden Schichten in Polen dezimieren. Auf mehr oder weniger Tote konnte es nun nicht mehr ankommen. Wenn schon Bomben und Granaten das Land verwüsten, dann verschwinden tote Zivilisten leicht unter Trümmern und in

Granattrichtern. Ein Kriegsziel war ja wohl, dem deutschen Volk einen möglichst menschenleeren Raum zu verschaffen – und niemand eignete sich besser für diesen Auftrag als Himmler und sein SS-Apparat. Auch den Anlaß zu diesem Krieg bestellte sich Hitler bei der SS. Heydrich, so sagen Zeugen, habe den Plan entwickelt und ausführen lassen: Polen sollte an der Grenze mit dem Schießen beginnen. Heydrich lieferte den Anlaß zum Krieg prompt. Insgesamt stellte er zwölf Kommandotrupps mit unterschiedlichen Aufträgen an die Grenze. Nicht alle waren erfolgreich. Über den erfolgreichsten Coup ließ sich nach dem Krieg das Internationale Militärgericht gegen die Hauptkriegsverbrecher in Nürnberg berichten.

Zum Schauplatz seines Schauerdramas wählte Heydrich in diesem Fall den Rundfunksender Gleiwitz in Oberschlesien, nur wenige Kilometer von der polnischen Grenze entfernt. Als Hitler das Zeichen zum Beginn seines großen Welttheaters gab, waren Heydrichs Akteure und die Requisiten bereit. Regie führte in Gleiwitz, vor Ort, der SS-Sturmbannführer Alfred Naujocks, der sich schon bei der mißglückten Entführung des Funk-Agitators Rolf Formis als ein Mann der Tat erwiesen hatte. Er und fünf Gehilfen aus dem SD, alle in Räuberzivil, überfielen am 31. Oktober, gegen 20 Uhr, mit gezückten Pistolen das technische Personal des Senders, fesselten es und sperrten es in den Keller. Vor Mikrofonen veranstalteten sie einen akustischen Tumult, mit Geschrei, polnischen Wortfetzen und Pistolenschüssen in die Decke, bis dann jemand eine kurze Aufforderung zum Kampf in polnischer Sprache verlas. Als Naujocks das Gebäude mit seiner Mannschaft verließ, lag vor dem Tor ein Toter in polnischer Soldatenuniform. Er war ein Häftling aus einem Konzentrationslager und durch eine Spritze getötet worden. Damit alles nach einem Kampf aussah, wurde die Leiche noch mit ein paar Pistolenschüssen dekoriert. In

Heydrichs Anweisungen wurde sie als »Konserve« bezeichnet, ebenso wie die anderen präparierten Toten, die anderen Kommandos geliefert wurden, »zur besonderen Verwendung«. Auf sie bezog sich dann am nächsten Vormittag der Staats- und Parteichef, als er in Berlin, in der Krolloper, die Abgeordneten des Reichstags belog, reguläre polnische Soldaten hätten »zum ersten Mal auf unserem eigenen Territorium« geschossen. Er brüllte: »Seit 5.45 Uhr wird jetzt zurückgeschossen!« Sogar in diesem kurzen Satz steckten zwei Lügen: Es konnte von »Zurück«schießen keine Rede sein, und die deutsche Wehrmacht hatte schon eine Stunde früher zu schießen begonnen.

Die Polen waren selbstverständlich auf einen Angriff vorbereitet. Im vorhergehenden Nervenkrieg war ihnen die »Vergeltung« seit Wochen angedroht worden, und die Massierung deutscher Truppen entlang der Grenze war unübersehbar gewesen. Sie wußten jedoch nicht, ob Hitler sich mit seinen üblichen Drohgebärden begnügen würde, um sie zu erpressen, oder ob er tatsächlich angreifen würde. Und sie ahnten auch nicht, wie gründlich gerade die Grenzregionen schon unterminiert waren. Seit April wühlten die SD-Abschnitte Nord, Ost und Nordost (Zentren: Stettin, Berlin, Königsberg) unter dem Kennwort »Deutsch-Polnische Volkstumsauseinandersetzung« unter den zahlreichen Volksdeutschen mit der bewährten Parole »Heim ins Reich«. Damit schürte der SD zugleich die Befürchtung polnischer Bürger. Die Polen reagierten darauf mit schlimmen und großflächigen Gewaltakten. Diese Aktionen lieferten Hitler einen weiteren Anlaß für ein bewaffnetes Eingreifen zum Schutz der deutschen Minderheit. Diese wiederum war nunmehr um so bereitwilliger, an der SD-Kartei mitzuarbeiten, die dann beim Einmarsch als Leitfaden für die Einsatzgruppen diente.

Einmal mehr fällt auf, daß dem personell schwächeren SD Aufgaben gestellt wurden, die in anderen Staaten dem militärischen Geheimdienst oder auch einer Geheimpolizei übertragen werden, also immer staatlichen Stellen. Wohlüberlegt benutzte Hitler dafür eine Parteiorganisation. Wurde ihr eine verbrecherische Aktion nachgewiesen, brauchte sich nicht das Staatsoberhaupt zu entschuldigen. Er konnte sich mit der Behauptung aus der Affäre ziehen, ein übereifriger oder gar krankhaft ehrgeiziger Parteigenosse habe befehlswidrig über die Stränge geschlagen und sei deshalb auch gemaßregelt oder gar in ein KZ eingewiesen worden. Daß er sich dort nur kurz aufhalten und nicht gerade im Steinbruch arbeiten mußte, läßt sich mit einigen Fällen belegen. Wenn der SD Aufgaben jenseits der Reichsgrenzen übernahm, so steuerte die Aktion meist ein SS-Führer, der in der Gestapo die gleiche Materie in seinem Referat bearbeitete.

Neuerdings bekam die Gestapo freilich im Innern des Reiches zunehmend zu tun. Mit dem Ausbruch des Krieges und zuvor schon angesichts der steigenden Kriegsgefahr sahen vor allem kommunistische und sozialdemokratische Gegner der Nationalsozialisten die Zeit für gekommen, das Volk daran zu erinnern, daß sie dieses Unheil vorausgesehen hatten. Am 3. September 1939, also zwei Tage nachdem »zurückgeschossen« wurde, verkündete Heydrich seiner Mannschaft »Grundsätze der inneren Staatssicherung während des Krieges«. Darin wies er seine Beamten an, jede Person festzunehmen, »die in ihren Äußerungen am Sieg zweifelt oder das Recht des Krieges in Frage stellt«. Drei Wochen später erweiterte er diese Richtlinie: »Jede aktive kommunistische oder marxistische Betätigung« sei mit dem Tode zu bestrafen. Sozusagen im Standgerichtsverfahren wurde ein kommunistisch gesinnter Vorarbeiter eines Flugzeugwerkes in Dessau erschossen, weil er sich weigerte, an Arbeiten teilzunehmen, die der Luftabwehr dienten. Als die Wochenzeitung der SS, das »Schwarze Korps«, darüber berichtete, stellte sie die zynische Frage: »Weshalb also sollte der Feind im eigenen Land geschont werden, wenn der Feind auf der Gegenseite nicht geschont werden kann?«

Vorbeugend nahm die Gestapo bei Kriegsbeginn mehr als 2000 mutmaßliche NS-Gegner in Schutzhaft. Weil die Konzentrationslager danach wieder einmal überfüllt waren, dämpfte Heydrich gleichzeitig in seinen Richtlinien den Übereifer mancher Polizisten und Parteigenossen: Wer nur beim gelegentlichen Meckern erwischt werde, müsse nicht unbedingt als gefährlicher Staatsfeind eingesperrt werden, denn manchmal genüge es, wenn man solche Leute verhöre und belehre, möglichst durch den Stellen- oder Hauptstellenleiter. Er spekulierte damit richtig. Das Gefühl, noch einmal davongekommen zu sein, nahm dem normalen Räsonierer die Lust an weiterer Kritik.

Weil mit dem Kriegsbeginn die Landsertracht modern geworden war, trugen nun Beamte der Gestapo und die SD-Männer Feldgrau. Selbst Himmler und sein Stab und damit auch Heydrich. Das »Ehrenkleid« des Frontkämpfers stand ihnen ebenso zu wie ihrem Führer, auch wenn sie dem Feind nie näher kamen als bis in die Stellungen der schweren Artillerie oder in Zahlmeisterbüros. Heydrich machte eine Ausnahme: Sein Ehrgeiz trieb ihn in den Pilotensitz eines Jagdflugzeugs, in dem er sich etliche Orden erflog und später – im Ostfeldzug gegen die Rote Armee – sogar einmal abgeschossen wurde, so daß er hinter den feindlichen Linien landete und sich zu den deutschen Truppen durchschlagen mußte. Heinrich Himmler freilich kämpfte mit seinem Sonderzug immer in der Nähe seines Führers, wo es wegen dessen Impulsivität zwar manchmal auch etwas stürmisch, doch für ihn gefahrlos zuging.

Viel Blut wurde jetzt hinter der Front vergossen, überall dort, wo die Einsatzkommandos wirkten. Ihnen oblag – so des Führers Befehl – »die politische Säuberung« Polens. Im Heer war man zumeist froh, daß dieser Auftrag an die »schwarze Elite« gegangen war, obgleich in der regulären Truppe kaum einer ahnte, wie gründlich »gesäubert« werden sollte. Dabei floß das Blut nicht im Kampf wie bei den Regimentern, die in unwahrscheinlichem Tempo das Land eroberten, die polnischen Streitkräfte zerschlugen oder nach Kesselschlachten gefangennahmen, so daß zur Verblüffung ihrer Verbündeten, der Engländer und der Franzosen, der Feldzug nach drei Wochen schon entschieden war.

Die Einsatzkommandos marschierten meist unmittelbar hinter der Spitze der kämpfenden Truppe, aber sie kämpften selbst kaum. Sie töteten, ohne zu kämpfen, sie mordeten. Ihre Opfer: was immer ihnen über den Weg lief, Polen, Juden, Uniformierte, Zivilisten, Männer, Frauen, Kinder. Mit Vorzug Lehrer, Akademiker, Geistliche, Adelige, damit die Überlebenden vergeblich Ausschau halten würden nach führenden Köpfen. Entsetzte Generäle verlangten den Abzug der Kommandos. Generaloberst Wilhelm Keitel, Chef des Oberkommandos der Wehrmacht, machte sich in dieser Sache zum Sprecher bei Hitler. Der war angeblich ahnungslos und versprach Abhilfe. Doch als nichts geschah und Keitel dringlicher wurde, bekam er die barsche Antwort, das Heer müsse im Grunde doch froh sein, wenn ihm Verbände aus SS und Polizei den Rücken frei hielten von blutrünstigen Freischärlern und versprengten Marodeuren. Wenn sich das Heer zu gut sei für eine solche Arbeit, dann müßten eben andere sie übernehmen. Im vertrauten Kreis argumentierte Hitler: »Was wir jetzt an Führerschicht in Polen feststellen, ist zu liquidieren. Was nachwächst, ist von uns sicherzustellen und in einem entsprechenden Zeitraum wieder wegzuschaffen.«

Angewidert wandten sich die Generäle ab. Die Sache ging sie damit nichts mehr an. Sie protestierten mit einer Geste: Demonstrativ gaben im Führerhauptquartier Wehrmachtsoffiziere zeitweise keinem SS-Führer die Hand. Doch der Generaloberst Johannes Blaskowitz fühlte sich weiterhin verpflichtet, gegen den legalisierten Massenmord mit einer Denkschrift zu protestieren. Eine Sammlung von Greueltaten, begangen von fünf Einsatzgruppen (jeweils bestehend aus vier Einsatzkommandos mit einer Gesamtstärke von etwa 2000 Mann), schickte er an den Oberbefehlshaber des Heeres und verlangte Abberufung und Bestrafung der Schuldigen. Bei ihnen hatte Blaskowitz bereits interveniert, aber sie hatten sich auf Befehle Himmlers berufen. Der wiederum versicherte, er tue nichts, was der Führer nicht wüßte. Als diesem schließlich die Sache vorgetragen wurde, verbat er sich schon nach wenigen Worten die »kindlichen Ansichten«. Nichts änderte sich, nur der Generaloberst Blaskowitz wurde an die Westfront versetzt. Es war nur eine Geste, daß Himmler den Chef der Ordnungspolizei und das SS-Hauptamt beauftragte, den Anklagen nachzugehen. Nicht ganz ein Jahr später prahlte er mit den Verbrechen. Im September 1940 erzählte er den in Metz versammelten SS-Männern, die aus dem eroberten Land Juden und Franzosen zusammentreiben und ins unbesetzte Frankreich abschieben mußten, der Dienst ihrer Kameraden in Polen sei noch ungleich belastender gewesen, denn dort hätte man Hunderttausende wegtranportieren müssen und »wo wir die Härte haben mußten (hört Euch das an, aber vergeßt es sofort wieder), Tausende von führenden Polen zu erschießen«.

Also schien nach Nazi-Begriffen alles in bester Ordnung. Zwar hatte das Heer nicht drei Wochen, wie Hitler behauptete, gebraucht, um Polen zu erobern, sondern mehr als vier Wochen. Doch diese Prahlerei war unerheblich. Ebenso erwies sich ein Gerücht, das am 10. Oktober die Berliner freudig stimmte, als falsch; sie erzählten einander, in London seien der König und die

Regierung zurückgetreten, und es sei bereits ein Waffenstillstand geschlossen. Truppentransporte aus dem Osten in Richtung Westen wurden auf den Berliner Bahnhöfen von zivilen Reisenden mit der Nachricht begrüßt, sie könnten gleich nach Hause fahren, der Krieg sei aus. Doch hier war nur der Wunsch der Vater der Nachricht.

Kopfzerbrechen bereiteten jetzt dem SD und der Gestapo die übervollen und äußerst primitiven Lager mit den Massen kriegsgefangener Polen. Daß dort die Menschen am Hunger, an Seuchen, an fehlenden Unterkünften zugrunde gingen, war einerseits kurzfristig schwer zu ändern, andererseits aber auch erwünscht. Himmler erregte sich, weil sich unter den Opfern viele Volksdeutsche befinden mußten. Sie galt es auszusondern. Ebenso mußte nun in dem besetzten Land ermittelt werden, wer als Volksdeutscher zu gelten hatte. In Posen schätzten Angehörige der deutschen Volksgruppe, daß etwa 4500 Einwohner ihnen zugerechnet werden könnten, aber nach einer öffentlichen Aufforderung hatten sich bereits 30 000 als deutschstämmig gemeldet. Gestapo und SD fiel es zu, gemeinsam mit Himmlers neuesten Vollmachten als »Reichskommissar für die Festigung des deutschen Volkstums«, hier die »echten« Deutschen zu ermitteln.

Als Belohnung für die Dienste und zugleich als Apparat für künftige Leistungen durfte er seine Truppe der Gewalt organisatorisch verbessern. Am 27. September 1939 wurden Sicherheitspolizei und SD noch enger miteinander verknüpft in einem neugeschaffenen Reichssicherheitshauptamt (RSHA). Himmler konnte jetzt als »Reichsminister des Innern« firmieren, und der Amtsinhaber Dr. Wilhelm Frick hatte darin praktisch nichts mehr zu sagen. Denn in dem Amt waren eine staatliche Institution und eine Parteigliederung sowohl in der Zentrale als auch in den Außenstellen so miteinander verzahnt, daß Himmler und

Heydrich im Fall eines Kompetenzkonflikts von einem Auftraggeber auf den anderen umschalten konnten. Die letzte und entscheidende Autorität war dann in jedem Fall Hitler, der Partei und Staat in seiner Person zusammenfaßte. Außerdem stand Himmler jetzt im Range eines Reichsministers. Sobald es sich um Polizeifragen handelte, war er sogar unabhängig von Frick, und wenn auch Kabinettssitzungen längst nicht mehr stattfanden, so wurden dennoch Vorschläge für Entscheidungen unter den Ministern im Umlaufverfahren erledigt.

Andererseits war jedoch durch die Ehe zwischen SD und Sicherheitspolizei eine Neugliederung der Sachgebiete notwendig geworden. Sie geriet durch Himmlers Vorliebe fürs Organisieren zu einer Maschinerie des perfekten Bürokratismus, die zwar Berge von Akten produzierte, aber fast nur den Terrorinstrumenten des SS-Imperiums zugute kam. Wohl faßten Gestapo-Beamte nach wie vor Hörer von Feindsendern, unerschrockene Propagandisten der Kommunisten und der Sozialdemokraten, auch Christen beider Konfessionen, die verbal das NS-System angegriffen hatten, aber in der Zukunft zeigte es sich, daß die Staatsschützer den Verschwörern und Attentätern erst auf die Spur kamen, wenn es fast schon zu spät war.

Im Reichssicherheitshauptamt bildete nun die Gestapo das Amt IV unter dessen Chef Heinrich Müller. Es gliederte sich in eine Anzahl Referate, und eines davon, das Referat IV B 4, hatte Judenangelegenheiten zu bearbeiten. Zum Leiter des Referats holte sich Müller den noch in Prag und Wien amtierenden Adolf Eichmann. Entweder hatte sich Hitler zu diesem Zeitpunkt, nämlich im Spätherbst 1939, noch nicht entschlossen, die Juden auszurotten, oder er hatte diese Absicht noch nicht weitergegeben. In der Gestapo war man offenbar noch des Glaubens, das Ziel sei nach wie vor die Auswanderung der Juden, denn Eichmann entwickelte zusammen mit Dr. Stahlecker den Plan, in Polen eine Reservation – eigentlich ein weitläufiges Getto – anzulegen. Sie fuhren gemeinsam nach Nisko im Gouvernement Radom im südlichen Polen, nahe der Demarkationslinie der Roten Armee, die im Herbst 1939 das östliche Polen besetzt hatte. Eichmann hatte von den Wiener Juden von diesem Gebiet gehört, und nun fand er – vom Krieg kaum berührt – »Fluß, Dörfer, Märkte, Städtchen, und wir sagten uns, das ist das Gegebene«. Die dort ansässigen Polen wollte er umsiedeln, »wo ja sowieso soviel umgesiedelt wird«, käme es darauf auch nicht mehr an. Als auch Heydrich diesem Projekt zustimmte, stellten die Wiener Juden befehlsgemäß einen Transport von 4000 Handwerkern zusammen, die dann, ausgerüstet mit Material, Maschinen und Verpflegung, in Richtung Nisko gefahren wurden.

Dabei blieb es nicht. Die Sicherheitspolizei trieb auch noch in der ehemaligen Tschechoslowakei Tausende Juden in die Güterwaggons, und Heydrich befahl den noch immer in Polen tätigen Einsatzgruppen, auf eine Konzentration der Juden in das Gebiet um Nisko hinzuwirken. Doch damit geriet die Gestapo dem gerade erst etablierten Herrscher im Generalgouvernement Hans Frank ins Gehege. Als Uralt-Parteigenosse und aktiver Antisemit wehrte er sich dagegen, daß ihm nun alle Juden aus dem deutschen Machtbereich zugeschoben werden sollten. Er sann im Gegenteil darüber nach, wie er die in seinem »Königreich« massenhaft ansässigen Juden loswerden könnte, wobei er die Idee, sie umbringen zu lassen, durchaus erwägenswert fand.

Mit der SS hatte Hans Frank ohnehin erhebliche Differenzen. Während er seine Verwaltung aufbaute, stießen seine Beamten allerorten auf die Stützpunkte der Gestapo, die von den Einsatzgruppen installiert waren und bereits begonnen hatten, die Herrschaft in ihrem Gebiet zu übernehmen. Sie wurden von Polizeieinheiten bereitwillig unterstützt, die andererseits den

Verwaltungsbeamten nur zögernd Hilfe gegen eine aufsässige Bevölkerung gewährten. Ihr Befehlshaber war der jeweils für den Distrikt zuständige Kommandeur der Sicherheitspolizei und des SD, also ein höherer SS-Führer, dem bürokratisch wirkende Beamte nur im Wege waren. Daraus entwickelten sich eine Reihe Streitigkeiten, die dann zwischen Himmler und Frank entschieden werden mußten, wenn sie nicht gar dem Führer vorzutragen waren. Es war eine Konstellation, wie sie Hitler liebte, weil er auf diese Weise die Partei beherrschte: Er war als Schiedsrichter unentbehrlich und wurde als Autorität bestätigt.

Im Endergebnis siegte bei diesem Zweikampf Himmler, aber im Fall Nisko hatte Franks Einspruch Erfolg. In der ersten April-Hälfte 1940 mußten die Juden ihre gerade gebaute Barakkenstadt räumen. War es nur Zufall, daß zwei Monate zuvor der SS-Oberführer Richard Glücks, Inspekteur der Konzentrationslager, seinem Chef Himmler berichtete, daß sich die ehemalige polnische Artilleriekaserne Auschwitz mit ihren »Stein- und Holzgebäuden . . . nach Abstellung einiger sanitärer und baulicher Mängel als Quarantänelager« eigne? Am 4. April 1940 wurde der SS-Führer Rudolf Höss beauftragt, das Lager aufzubauen und einzurichten, in dem die Juden in den kommenden Jahren entweder durch überharte Arbeit bei ungenügender Ernährung oder in den Gaskammern am Fließband ermordet werden sollten.

Zu Eichmann war jedoch bis dahin noch kein Vernichtungsbefehl durchgedrungen. Es gab ja auch noch keinen. Er entwickelte erst einmal im April 1940 noch einen Plan, alle Juden auf die Tropeninsel Madagaskar zu deportieren – eine Idee, die er bei Theodor Herzl, dem Gründer der zionistischen Bewegung, entlehnte. Als dann im Sommer 1940 die Wehrmacht in Frankreich siegte und damit die nach Vichy geflüchtete französische

Regierung zu einem Waffenstillstand zwang, glaubte mancher SS-Führer, nun lasse sich dieser Plan verwirklichen, denn die Insel war französisches Herrschaftsgebiet. Die Überlegung krankte nur daran, daß die Insel vor der Ostküste Afrikas nur auf dem Seeweg erreichbar war – und den beherrschte noch uneingeschränkt die Flotte Großbritanniens. Wie die Deutschen waren also auch die Juden in Europa eingeschlossen. Die einzige Massenauswanderung, die Eichmann gleich und unter Ausnutzung des Sieges über Frankreich in die Wege leiten konnte, gelang ihm im September 1940, als die Gestapo den Auftrag erhielt, die besetzten Departements Elsaß und Lothringen judenfrei zu machen. Die dort wirkenden Gauleiter benutzten diesen Befehl, um die dort beheimateten »Französlinge«, jene Einheimischen, die mit Frankreich sympathisierten, mit abzuschieben.

Sie und die Juden wurden in den frühen Morgenstunden benachrichtigt, daß jeweils die ganze Familie in den nächsten Stunden mit Handgepäck zum Bahnhof transportiert würde. Dort standen wartende Personenzüge der Reichsbahn. Eichmann war bereits ein Spezialist geworden für solche Transporte. Er amüsierte sich noch jahrelang, daß es ihm damals gelungen war, die Züge als Wehrmachtstransporte zu deklarieren, so daß er für sie freie Fahrt bekam, als er sie über die Demarkationslinie in das unbesetzte Frankreich abschob. Hatten die jüdischen Vertriebenen damit das Glück, der später einsetzenden Judenvernichtung zu entkommen? Wenn es ihnen nicht gelang, aus der »zone libre«, dem freien Frankreich, weiterzuwandern und Europa zu verlassen, holte die Gestapo sie später wieder ein, als im November 1942 auch das restliche Frankreich von der Wehrmacht besetzt wurde.

Mit dem Auswuchern des Dritten Reiches auf Holland, Belgien und Frankreich wurde die Gestapo auch für die Bewohner dieser Länder zu einem Objekt der permanenten Angst und des Hasses. Die Tschechen hatten um diese Zeit bereits Gelegenheit gehabt, dieses schreckliche Instrument der Diktatur kennenzulernen. Als am 28. Oktober 1939 ein Teil Polens zum Generalgouvernement erklärt wurde, sammelten sich in der Prager Innenstadt protestierende Menschenmengen. Auf dem Wenzelsplatz vor dem Sitz der Gestapo riefen Sprechchöre »Wir wollen unsere Freiheit«, »Deutsche Schweine«, »Bluthunde«. Mit Drohungen erreichte der höhere SS- und Polizeiführer für Prag bei Staatspräsident Hacha, daß die tschechische Polizei die Demonstranten auseinandertrieb. Auch deutsche Polizei griff an einigen Stellen ein, und sie begnügte sich nicht mit Drohungen oder Schlagstöcken. Sie schoß scharf. Eine Anzahl Tschechen wurde verletzt in Krankenhäuser eingeliefert.

Die Deutschen erfuhren von diesem Aufruhr wenig, und auch das Interesse des Auslandes wandte sich bald anderen Schauplätzen zu. Am Abend des 8. November 1939 hielt Hitler im Münchner Bürgerbräukeller seine traditionelle Rede an die »Alten Kämpfer«, in der er diesmal nur ausgiebig England beschimpfte. Sie war kürzer als üblich. Nachdem Hitler den Saal eilig verlassen hatte, stieg er mit Gefolge auf dem Münchner Hauptbahnhof in seinen Sonderzug. Dieser fuhr in Richtung Berlin, aber in Nürnberg wurde er angehalten, und Hitler erfuhr, das bald nach seinem Weggang im Bürgerbräu infolge einer Explosion die Decke eingestürzt war.

Da ihn die Creme der Partei zum Bahnhof begleitet hatte, waren unter den acht von den Trümmern Erschlagenen und unter den einigen Dutzend Verletzten keine Spitzenfunktionäre. Die Betroffenen waren Opfer eines Bombenattentats, das gewiß nicht ihnen gegolten hatte. Hitler war dem Anschlag entkommen, durch eine anscheinend wunderbare Schicksalsfügung – so wunderbar, daß immer wieder die Vermutung auftaucht, er habe das Attentat selbst bestellt. Doch dafür gibt es keinen Anhaltspunkt. Himmler setzte sofort eine Sonderkommission zur Aufklärung ein; sie wurde geleitet von Artur Nebe, dem Chef des Reichskriminalamtes im Reichssicherheitshauptamt, Beamte der Kripo und der Gestapo wirkten darin mit. Sie verhafteten zuerst einmal den Pächter und die Angestellten des Bürgerbräukellers, suchten in den Trümmern nach Resten der Bombe und sperrten alle Grenzen, weil sie argwöhnten, ein feindlicher Agent könnte die Tat verübt haben. Sie entdeckten jedoch zunächst keinerlei Hinweise auf den Täter. Für sachdienliche Hinweise wurde eine Belohnung von 600 000 Mark ausgesetzt und dazu noch eine Prämie von 300 000 Mark in Devisen. Im Lauf der Nacht wurden weit über hundert Verdächtige verhaftet.

Himmler und die Gestapo wußten gleich, in welcher Richtung sie suchen mußten: Mit der Bombe hatte der Intelligence Service, der englische Geheimdienst, zugeschlagen. Zu ihm hatte das Amt VI des Reichssicherheitshauptamtes seit kurzer Zeit sogar einen direkten Draht. Der SD-Führer Walter Schellenberg hatte im Auftrag Heydrichs ein Geheimdienstspiel eingefädelt, indem er über einen holländischen SD-Agenten dem Captain S. Payne Best vom Intelligence Service mitteilen ließ, ein deutscher General arbeite am Sturz Hitlers und sei bereit, einen seiner Mitverschworenen in die Niederlande zu schicken, der eine Zusammenarbeit mit Best vereinbaren könne. Schellenberg selber mimte dann bei einem Treffen in Arnheim diesen Abgesandten als Hauptmann Schemmel aus dem Generalstab des Heeres. Partner auf der Gegenseite waren außer Best noch der britische Major Stevens und der niederländische Generalstabsoffizier Klop. Sie trafen sich am 21. Oktober 1939.

Heydrich und Schellenberg argwöhnten (zu Recht, wie sich später herausstellte), daß oppositionelle Deutsche in gehobenen Positionen des Staatsapparates Verbindungen nach London unterhielten, um sich des britischen Wohlwollens zu versichern, wenn sie Hitler stürzten. Von den beiden britischen Geheimdienstmännern erhoffte sich die Prinz-Albrecht-Straße Hinweise auf solche Vorgänge. Man rechnete sogar damit, Namen zu erfahren, wenn es erst gelungen sein würde, die beiden englischen Geheimdienstoffiziere in Berlin zu verhören. Das aber war nur möglich, wenn Best und Stevens gewaltsam über die Grenze geschafft werden konnten.

Schellenberg bereitete diese Aktion vor. Das nächste Treffen war auf den 9. November um 15 Uhr festgelegt. Es sollte in einem Café unweit der deutschen Grenze im holländischen Städtchen Venlo stattfinden. Auf deutscher Seite würde dann ein Greiferkommando der SS lauern, geführt von dem in Gangsterstücken erprobten Alfred Naujocks. Als zur verabredeten Zeit die beiden Briten und der niederländische Offizier auf das Café zugingen, durchbrach ein schwerer Wagen mit den SS-Männern den holländischen Schlagbaum. Aus dem Wagen wurde mit Maschinenpistolen geschossen, eigentlich eher als akustische Dekoration. Klop wurde dabei verwundet, Stevens und Best wurden überwältigt und auf deutsches Gebiet gebracht. Für dieses Husarenstück wurde Schellenberg von Hitler mit dem Eisernen Kreuz Erster Klasse dekoriert. Das Propagandaministerium verkündete: Die Bombenleger sind gefaßt.

Doch die Mehrzahl war falsch – es gab nur einen Bombenleger, und daß er gefaßt war, wußte die Gestapo noch gar nicht. Ein einzelner Mann hatte in die Säule des Bräukellers eine Höllenmaschine eingebaut, hatte sie allein erdacht und handwerklich perfekt gebastelt. Nur ein lächerlicher Zufall hatte verhindert, daß dieser Mann in die Schweiz entkam, wo er vor jeder Verfolgung sicher gewesen wäre.

Der Attentäter Georg Elser, ein 36jähriger Tischler, wurde am 8. November nachts, zwei Stunden nach der Bombenexplosion, in einem Konstanzer Wirtshausgarten nahe der Schweizer

Grenze gefaßt. Das Terrain kannte er, weil er in dieser Stadt zeitweilig als Geselle gearbeitet hatte. Die Grenze wurde seit Kriegsbeginn zusätzlich durch Mitglieder nationalsozialistischer Organisationen überwacht, weil aus der Schweiz immer wieder staatsfeindliche Flugblätter ins Reich geschmuggelt wurden. An diesem Abend hatte ein Sturm des NSKK (Nationalsozialistischen Kraftfahrkorps) Dienst in diesem Konstanzer Abschnitt, darunter ein Scharführer aus Offenburg, von Beruf Autohändler. Er sollte mit einem Kameraden zusammen an einer Stelle Streife gehen, die seinen Absichten zuwiderlief, denn er hatte mit einer Kellnerin jenes Wirtshauses ein Stelldichein abgesprochen und wartete nun ungeduldig im Dunkel des Wirtshausgartens, daß in der Gaststätte die Lichter ausgingen. Den vorbeischleichenden Elser hielt er zunächst für einen Rivalen. Er hielt ihn an, uniformiert und mit einer Pistole bewaffnet, und wollte wissen, was er in der Nacht hier zu suchen habe. Weil der Kerl auch noch patzig wurde, brachte er ihn zur nächsten Zollwache, schlechten Gewissens, weil der Wirtshausgarten nicht zu seinem Wachabschnitt gehörte. Elser kam bei der Polizei in eine Arrestzelle. Aus seinen Taschen zog die Polizei etliche kleinere Metallteile unbekannten Zwecks, einige technische Zeichnungen und eine Ansichtskarte mit der Innenansicht des Münchner Bräuhauskellers.

Routinemäßig wurde diese Festnahme über die Gestapo-Stelle in Karlsruhe an die im Münchner Wittelsbachpalais amtierende »Täterkommission« gemeldet, und routinemäßig wurde der Häftling nach München überstellt. Dort war anfänglich das Interesse an ihm gering. Man hielt ihn für einen NS-Gegner, denn er trug hinter dem Jackenrevers ein altes Abzeichen des kommunistischen Roten Frontkämpferbundes, und man mutmaßte, er habe sich nur der Einziehung zur Wehrmacht entziehen wollen. Weil die Polizisten aus den Zeichnungen nicht klug wurden, überlegte man auch, ob man nicht einen Agenten gefaßt habe. Doch dann fiel den vernehmenden Kripobeamten ein, daß Tatortzeugen mehrfach einen kleingewachsenen Mann erwähnt hatten, der ein derbes Schwäbisch sprach. Das traf auf Elser zu. Da die Höhle zur Aufnahme der Höllenmaschine in der Säule so tief lag, daß der Attentäter sie kniend herausgearbeitet haben mußte, ließen sich die Kriminalisten die Knie Elsers zeigen; sie waren wund. Schließlich gestand Elser am 14. November, daß er der Attentäter sei. Niemand habe ihm geholfen, und niemand habe ihn beauftragt. Dies glaubte ihm die Münchner Täterkommission, nicht jedoch Hitler, Himmler, Heydrich und der SS-Oberführer Heinrich Müller, Chef der Berliner Gestapo-Zentrale. Ihnen schien der simple Tischlergeselle aus einem Dorf der Schwäbischen Alb unfähig, einen so komplizierten Mechanismus wie diese Höllenmaschine zu konstruieren und zu bauen. Darin waren Uhrwerke so miteinander verbunden, daß die Zündung über Tage hinweg sehr genau einzustellen war (und tatsächlich wäre die Berechnung Elsers richtig gewesen, wenn Hitler so lange wie gewöhnlich geredet hätte). Auch schien es den Zweiflern unmöglich, daß ein einzelner in eine tragende Säule des Bierkellers unbemerkt eine Höhle hatte stemmen können und daß er sein Werk so tarnen konnte, daß es niemandem auffiel.

Wer also waren die Helfer, wer die Auftraggeber? Elser wurde nach Berlin überstellt. In der Prinz-Albrecht-Straße versuchte man weitere Geständnisse aus ihm herauszuprügeln. Doch er hatte nichts mehr zu gestehen. Er habe – so sagte er – mit seiner Tat den Krieg beenden wollen durch den Tod jener Männer, die ihn begonnen hatten. Er sei kein Kommunist, trotz des Abzeichens. Er sei allerdings ein Gegner des NS-Systems, weil es die Arbeiter entrechtet habe und weil es ihnen zunehmend schlechter gegangen sei.

Damit gaben sich Hitler und Himmler nicht zufrieden. Trotz dieses Geständnisses wurde bekanntgegeben, der englische Geheimdienst und der Renegat Otto Strasser seien nachweisbar die Hintermänner des Attentats. Doch danach wurde es um den Fall merkwürdig still; auf einen Prozeß gegen den einsitzenden Georg Elser warteten die Deutschen vergebens. Er verschwand zunächst im Konzentrationslager Sachsenhausen, bewohnte dort im Zellenbau ein geräumiges Zimmer und durfte mit Hobelbank und Tischlerwerkzeug basteln, wonach ihm der Sinn stand. Er durfte auch »Erinnerungsstücke« für seine Bewacher fertigen. Sie mußten Tag und Nacht um ihn sein, weil man einen Selbstmord verhindern wollte. Wahrscheinlich bestand die Absicht, ihn nach dem Endsieg in einem Schauprozeß vorzuführen, vorausgesetzt, daß er dann bereit gewesen wäre, Auftraggeber zu nennen. Doch zum Endsieg kam es bekanntlich nicht. Als sich die Rote Armee Sachsenhausen näherte, wurde Elser nach Dachau verlegt. Auch dort war er ein Sonderhäftling mit Vergünstigungen, übrigens ebenso wie Major Stevens und Captain Best vom englischen Geheimdienst. Sie wurden im April 1945 zusammen mit anderen prominenten Häftlingen in Autobussen über den Brenner nach Süden verschleppt und zusammen mit der schon erwähnten Gruppe den in Südtirol noch Norden vorrückenden alliierten Streitkräften übergeben. Elser dagegen durfte nicht überleben: Am 5. April 1945 erhielt der Kommandant von Dachau aus Berlin vom Gestapo-Zentrum den Befehl, Elser sei auf Anweisung Hitlers bei einem der nächsten Luftangriffe unauffällig zu liquidieren. Dies geschah dann auch.

Historiker schlagen bei der Beschreibung des Widerstands um die Person des Johann Georg Elser und seiner Motive einen etwas seltsamen Bogen. Etliche hängen seinem Namen eine Fußnote an mit der Mitteilung, daß er im Konzentrationslager Dachau seinem Mithäftling Martin Niemöller gestanden habe, sein Attentat sei eine Auftragsarbeit im Dienst der Gestapo gewesen. An sich hatten Elsers Bewacher die Weisung, es dürfe kein Häftling mit ihm in Berührung kommen. Auch fehlen stets die Hinweise, wo, wie und wem Niemöller dieses Geständnis weitergegeben hat. Unter Geschichtsschreibern ist es nicht erst seit dem alten Tacitus Brauch, daß sie bei der Verwendung von Informationen sich so oft untereinander dienlich sind, bis aus einer Vermutung eine unumstößliche Wahrheit geworden ist. Tatsächlich gibt es einige Fakten, die für einen solchen Verdacht sprechen könnten: so die ungewöhnlich kurze Rede Hitlers am 8. November, so die Postkarte mit dem Bild des Bürgerbräus in Elsers Tasche, so der Verzicht auf einen Prozeß, so der Mord kurz vor Kriegsende.

Doch aus jedem Indiz läßt sich ebensogut ein Beweis für das Gegenteil entwickeln. Lieferte Elser beispielsweise eine Explosion auf Bestellung, dann hätte er sie ebensogut auf eine spätere Stunde einstellen und Hitler hätte wie üblich zwei Stunden lang reden können. Und wenn schon, dann hätte sich die Gestapo für die komplizierte Rolle eines »agent provocateur« nicht gerade diesen intellektuell schlichten Schreinergesellen ausgesucht, der nach eigenem Geständnis noch nie ein Buch zu Ende gelesen hatte, Tageszeitungen nur flüchtig musterte und allein das Tischler-Fachblatt gründlich studierte. Nachdem er die Tat gestanden hatte, sagte er bei weiteren Verhören offenbar die Wahrheit, die sich mit den Indizien und Ermittlungen deckte. Dies war der Eindruck aller Vernehmer, und unter ihnen waren auch Beamte, die auf keinen Fall auch nur durch einen falschen Zungenschlag Elsers hätten erfahren dürfen, daß ihr Häftling von ihren Vorgesetzten präpariert worden war.

Das Zwielicht um Elser hat bewirkt, daß sich um ihn die Zeitgeschichte bisher nur wenig gekümmert hat. Auch hatte er, anders als der Wehrmachtsoffizier Claus von Stauffenberg, keine Helfer, keinen Anhang, keine Organisation oder einen Verband, die sich nach dem Ende der Diktatur mit seiner Tat schmücken konnten. Im Grunde entsprach er sogar weitgehend Hitlers Vorstellung von einem Attentäter.

Als Albert Speer die Reichskanzlei für Hitler entwarf, monologisierte der Auftraggeber, schützen müsse man ihn vor einem Einzelgänger, der sich in der Nachbarschaft eines seiner ständigen Wohnsitze einmiete, von dort aus seine Gewohnheiten beobachte und dann eine weittragende Schußwaffe starr montiert auf eine Stelle richte, wo er häufig zu sehen sei. Der Schütze könne dann in Ruhe abwarten, bis ihm sein Feind vor die Flinte laufe.

Während Elser seine Bombe bastelte, hatte er gewichtige Konkurrenten. Sie trugen Feldgrau, häufig sogar mit roten Kragenspiegeln und goldglänzenden Rangabzeichen. Sie hatten von der Pike auf gelernt, mit tödlichen Waffen umzugehen: Generäle und Offiziere, die Hitlers Krieg beenden und ihn ebenso entmachten wollten wie seine Partei. Die Verschwörer gruppierten sich zunächst um den Chef des Generalstabs, den Generaloberst Ludwig Beck, dann um dessen Nachfolger, den Generaloberst Franz Halder, um den General Erich Hoepner und andere gleicher Profession und ähnlichen Ranges. Sie hatten schon anläßlich der Münchner Konferenz im September 1938 einen Plan entwickelt, wie sie Hitler gefangennehmen und die Waffen-SS hindern würden, ihm zu Hilfe zu kommen, hatten aber ihr Unternehmen abgeblasen, als der Konflikt um das Sudetenland friedlich gelöst wurde. Sie hatten dann bei Beginn des Krieges mit Polen mit ihrer Aktion gezögert, weil sie sich nicht klargeworden waren, ob die westlichen Gegner Hitlers, England und Frankreich, am Ende einem Verhandlungsfrieden zuneigten. Nun konspirierten sie Ende Oktober und Anfang November erneut, weil Hitler den Angriff im Westen für die gerade begonnene schlechte Jahreszeit plante – ein Unternehmen, das nach ihrer Meinung unvermeidlich scheitern und damit eine Niederlage des Reiches nach sich ziehen würde.

Die »allwissende« Gestapo hatte von dieser Verschwörung keine Ahnung. Halder hatte alte Aufstandspläne wiederaufgegriffen; Hoepners Panzer sollten die Machtübernahme der Generäle in Berlin ermöglichen, und eine in Thüringen liegende Panzerdivision sollte den süddeutschen Verbänden der bewaffneten SS den Weg nach Norddeutschland verlegen. Doch auch diesmal plagten Zweifel die Generäle, ob eine siegreich heimkehrende Truppe bereit sein würde, gegen den Mann zu putschen, der in ihren Augen der Vater des Sieges war. Als dann gar noch das fehlgeschlagene Attentat in München sichtbar machte, wie sehr die Deutschen an ihrem Führer hingen – auch wenn mancher die NSDAP und ihre Lehren ablehnte –, vertagten die Generäle ihren Aufstand abermals. Elsers Bombe und die wundersame Rettung Hitlers – so argumentierten sie – hätten ihnen die Waffen aus der Hand geschlagen.

Schafft Platz für
»das Volk ohne Raum«!

Die Gegner in Feldgrau waren in mehr als einer Hinsicht im Vorteil gegenüber anderen Gegnern der Nationalsozialisten. Ihre Uniform war so etwas wie ein Harnisch gegen den Vorwurf der Staatsfeindlichkeit, denn wer eben noch sein Leben gegen einen äußeren Feind aufs Spiel gesetzt hatte, durfte schwerlich der inneren Feindschaft verdächtigt werden. Außerdem unterstand jeder Soldat der Kriegsgerichtsbarkeit, konnte deshalb auch nur von ihr verfolgt und abgeurteilt werden. Da außerdem die Fronde der Militärs keine Massenbasis für ihre Aktion gewinnen wollte, weil sie ihre Pläne auf Befehl und Gehorsam aufbaute, blieb der Kreis der Mitwisser klein. Andere Gegner des NS-Staates, die christlichen, die marxistischen der verschiedenen Richtungen, die Verteidiger humanitärer und liberaler Ideen, die Pazifisten und die ihrer Rasse wegen Verfolgten, lebten ungleich gefährlicher.

Die Funktionäre der illegalen KPD hatten es seit dem 23. August 1939 schwer, den Arbeitern zu erklären, weshalb der Genosse Stalin, der »Vater aller Werktätigen«, mit dem obersten aller Arbeitermörder paktierte. Auch die Sozialdemokraten und die fast als Eremiten existierenden bürgerlichen Gegner Hitlers hatten bis zum Beginn der Polenkrise kaum mehr Gehör gefunden. Das Volk akzeptierte Mißstände und übte Kritik nur mit dem Argument, die kleinen Hitlers im Land würden ihren Führer schlecht unterrichten oder gar belügen und betrügen. Lebensmittelmarken, Bezugsscheine für Textilien und die Beschlagnahme des Autos für die Wehrmacht waren gewiß für viele ein Ärgernis, aber man nahm diese Einschränkungen hin als einen persönlichen Beitrag der Heimat zum Sieg. Den Keller baute man zum Luftschutzraum um, und man erstand auch die Volksgasmaske, war aber dann erleichtert, als Luftangriffe zunächst kaum stattfanden.

Begünstigt durch diese Faktoren, fielen die Berichte der Gestapo zunächst noch sehr zahm aus. Zwar meldete das Amt IV des Reichssicherheitshauptamtes, also die Geheime Staatspolizei, am 18. Januar 1940 »eine erhöhte Zunahme der Aktivität von Kommunisten und Marxisten« seit Ausbruch des Krieges, doch vom September bis zum November 1939 konnte die Gestapo dennoch nur wenig mehr als 3000 Personen festnehmen, und von diesen wiederum wurden 630 Verhaftete einem Richter vorgeführt. Die überwiegende Mehrheit war durch unvorsichtiges Gerede aufgefallen, war von Übereifrigen denunziert und (zumeist) angezeigt worden, weil sie einen ausländischen Rundfunksender gehört hatten. Ebenso mager fiel die Beschlagnahme von Propagandamaterial der Gegner aus. In den drei Monaten faßte die Gestapo 2800 Exemplare von »Hetzschriften«. Der Kriminalrat Pieper (IV A 1) ermahnte deshalb am 28. Oktober 1939 die Außenstelle: »Nach den Statistiken der Mehrzahl der Stapostellen des Altreichs muß aber der Eindruck entstehen, daß in der kommunistischen und marxistischen Bewegung nichts los ist und daher von dieser Seite eine Gefährdung nicht zu befürchten ist. Dies dürfte ein Trugschluß sein, der eines Tages zu unangenehmen Überraschungen führen kann.«

Andererseits aber weitete sich das Arbeitsfeld der Staatspolizisten infolge der kriegerischen Ereignisse auf neue Tatbestände aus. So etwa benahmen sich die Deutschen gegenüber den im Reich eingesetzten polnischen Kriegsgefangenen keineswegs immer so, wie die NSDAP sich das Herrenvolk wünschte. Ein Fall, der für viele stehen kann: Im ostpreußischen Dorf Labian holten sich im November 1939 drei deutsche Frauen junge Polen ins Bett. Den Frauen wurden auf Anweisung der Partei die Haare kurzgeschnitten, ehe sie mit einer Katzenmusik durchs Dorf geführt wurden. Ihre Partner landeten in Konzentrationslagern. In einem badischen Dorf bei Mühlheim wurden Mädchen zwischen 17 und 18 Jahren fünf Tage im Arrest gehalten, weil sie im Wirtshaus mit Polen getanzt hatten. Katholische Geistliche nahmen sich in vielen Orten ihrer polnischen Glaubensbrüder an, mit weit mehr Eifer, als es der Gestapo lieb war. Diese warnte deshalb allenthalben vor zu großer Vertrauensseligkeit und wies darauf hin, daß polnische Landarbeiter in einem fränkischen Dorf Steine in Getreidegarben versteckt und damit die Dreschmaschinen unbrauchbar gemacht hätten. In österreichischen Städten erlebten Parteigenossen gespenstische Abendstunden in den verdunkelten Straßen: NS-Gegner mimten Gespenster, indem sie auf schwarze Kleidungsstücke mit weißer Farbe ein Gerippe malten und im Sprechchor warnten: »Trittst du aus der Kirche aus, bring' ich dir den Tod ins Haus.«

Wer sich mit dem NS-Staat nicht abfinden wollte, hatte unzählige Möglichkeiten, hinter Gitter oder Stacheldraht zu kommen. Das funktionierte auch ohne Straftatbestand, ohne Richter, ohne Urteil. Am 1. Juni 1938 befahl Heydrich eine »einheitliche Aktion«, mit der »unter schärfster Anwendung« einer vorhergegangenen Anweisung asoziale und arbeitsfähige Männer – pro Kriminalpolizeileitstelle mindestens 200 – ins

Konzentrationslager Buchenwald zu liefern waren. Als asozial galten Landstreicher ohne Arbeit und ohne festen Wohnsitz, alle Bettler, Zigeuner und nach Zigeunerart Umherziehende, Zuhälter und der Zuhälterei Verdächtige, Männer mit mehreren Vorstrafen wegen Gewaltvergehen und alle schon einmal mit Gefängnis bestrafte Juden. Der Grund für diese »polizeiliche Vorbeugehaft« war die »straffe Durchführung des Vierjahresplans«, also eine von Göring angeordnete Produktionssteigerung der Rüstungsindustrie. Sie »erfordert den Einsatz aller arbeitsfähigen Kräfte und läßt nicht zu, daß asoziale Menschen sich der Arbeit entziehen und somit den Vierjahresplan sabotieren«.

Hieß es 1933 noch, die Konzentrationslager dienten der Umschulung verhetzter Volksgenossen, so wurde wenig später die Schutzhaft damit begründet, das Volk müsse vor schädlichen Elementen geschützt werden. Jetzt aber wurde der Terror gegen Andersdenkende auch noch zur Methode der Ausbeutung von Arbeitskraft. Der Staat benötigte sie für seine weitgespannten Pläne, und sie hatte den Vorteil, billig zu sein. Die Lager Sachsenhausen und Buchenwald betrieben riesige Ziegeleien, die Lager Flossenbürg und Mauthausen ausgedehnte Granitsteinbrüche. Himmler wollte die Materialien liefern, die sein Führer benötigte, wenn er Berlin, München, Nürnberg und Hamburg mit monumentalen Bauten schmückte. Auch die später angelegten Lager Groß-Rosen in Niederschlesien und Natzweiler im Elsaß dienten diesem Zweck.

Solchen Aufgaben war der ursprünglich in Dachau von Theodor Eike entwickelte Lagertyp nicht gewachsen. Die wirtschaftlichen Projekte und erst recht die produzierenden Betriebe erforderten kaufmännisches Kalkül; die Gründung SS-eigener Firmen machten die Trennung der ökonomischen und der politischen Zweckbestimmung der Lager notwendig. Heydrich hätte gern beide Zweige des immer weiterwuchernden Gebildes regiert, aber Himmler hütete sich, den stärksten Mann seiner Gefolgschaft mächtiger als nötig werden zu lassen. Zu seinem Chefadjutanten, dem SS-Gruppenführer Karl Wolff, sagte er einmal, dieser oder auch Heydrich käme als Nachfolger in Frage, falls ihm »etwas zustoße«, aber so ernst war diese Eventualität nicht gemeint, und außerdem war er klugerweise bemüht, Rivalitäten zu züchten, damit sich die Energien seiner Untergebenen gegeneinander und nicht gegen ihn richteten.

Waren anfänglich die Lager noch vom jeweiligen Kommandanten allein verwaltet worden, so wurden nun Ende 1939 in der SS-Führung das zentrale Amt KZ als vorgesetzte Instanz für alle Lager und das Wirtschafts- und Verwaltungshauptamt eingerichtet, das bezeichnenderweise dem ehemaligen Marinezahlmeister, Gruppenführer Oswald Pohl aus Kiel, übertragen wurde – einem Mann also, der es verstand zu befehlen und zu rechnen. Verwaltungsmäßig unterstanden ihm auch die Wachmannschaften, aber für Einstellung, Ausbildung, für den Einsatz und für die Dienstvorschriften war allein der Inspekteur der Konzentrationslager zuständig. Das war bis Kriegsbeginn der SS-Brigadeführer Theodor Eicke. Sein Nachfolger in der Terrorfront wurde dann SS-Brigadeführer Richard Glücks.

Als nach dem Krieg gesühnt werden sollte, was in den Lagern geschehen war, angefangen von menschenentwürdigenden Schikanen bis zu den Massenmorden und den grauenhaften medizinischen Versuchen an Menschen, schien die Suche nach den Schuldigen nicht schwierig. Der Verbrechen verdächtig war zunächst einmal jeder, der zum Schwarzen Korps Heinrich Himmlers gehört hatte, doch damit war der Kreis zu weit gezogen. Wichtig war, in welchem Amt und in welcher Funktion sich jemand betätigt hatte. Die Männer aus dem Amt Pohls machten zu ihrer Entlastung geltend, daß sie in den KZs nur

Verwalter und nie Vollstrecker gewesen seien. Wer dem Inspekteur der Konzentrationslager in den Wachmannschaften gedient hatte, hatte sich angeblich stets außerhalb des elektrisch geladenen Stacheldrahts aufgehalten und war somit nie mit den Häftlingen in Berührung gekommen. Er hatte ebenso angeblich nur befehlsmäßig geschossen, wenn ein Häftling entweichen wollte.

Die Gestapo, im Lager vertreten durch die politische Abteilung, machte geltend, daß sie lediglich für die Einweisung und die Entlassung eines Häftlings zuständig war, daß sie nicht einmal berechtigt gewesen sei, selber einen Gefangenen zum Verhör aus seiner Baracke zu holen, so daß sie immer genötigt gewesen sei, ihn bei der Kommandantur anzufordern. Alle beriefen sich zudem auf Vorschriften und Befehle ihrer Vorgesetzten und auf Weisungen ihres Führers. Selbst bei ganz ordinären Mordtaten konnte mit dieser Methode die Schuld immer verteilt werden – auf die Zulieferer des Opfers, auf Befehlende, auf Vollstrecker. Von allen wurde dann noch eingewendet, daß die Häftlinge sich vielmehr weitgehend selbst diszipliniert und geschunden hätten, weil doch Stubenälteste und Blockälteste für die Ordnung in den Unterkünften, Kapos und Vorarbeiter für die Produktion und die Antreiberei und der Lagerälteste schlechthin für alles zuständig gewesen seien.

Bezeichnend war, daß es nach dem anfänglichen Durcheinander der wilden KZs drei Kategorien von Lagern gab. Die Stufe I war gedacht als Arbeitslager unter dem Motto »Arbeit macht frei«. Beispiel war Dachau. In den Gefangenen sahen die Nazis wertvolle Arbeitskräfte, die erhalten werden mußten. Entsprechend behandelten sie sie, und ihre Essenrationen waren geringfügig besser als in den anderen Lagertypen.

In den Lagern der Stufe II gab es geringere Essenrationen, gesteigerte Arbeitsnormen, mehr Prügel, aber immerhin noch eine geringe Chance, durch eine wohlwollende Beurteilung seitens der Politischen Abteilung und des Lagerführers aus diesem Vorhof zur Hölle in einen Vorhof zum Überleben aufrücken zu können. Wer sich jedoch auch in der Stufe II widerspenstig zeigte, verfiel der Stufe III. Es war dies zwar noch immer nicht die Kategorie eines Vernichtungslagers, das man – so ein zynischer Hinweis der SS – nur durch den Schornstein des Krematoriums verlassen konnte, aber wer etwa nach Mauthausen eingewiesen wurde, der war dem nahezu sicheren Tod ausgeliefert. Dorthin wurden manche Häftlinge eingewiesen, deren Papiere mit dem Signet »Rückkehr unerwünscht« gezeichnet waren.

Die Konzentrationslager des Dritten Reiches füllten sich so richtig erst mit dem Beginn des Zweiten Weltkriegs. Damals trafen die prophylaktisch von der Gestapo festgenommenen Juden, Deutschen, Österreicher und Tschechen ein. Dann kamen massenhaft Polen, die entweder als Soldaten in Kriegsgefangenschaft geraten, als einflußreiche Privatleute festgenommen oder im Volkstumskampf als Aktivisten aufgefallen waren. Da und dort sah sich eine Lagerführung des Andrangs wegen genötigt, Filialen in der weiteren Umgebung einzurichten. So entstand dann ein organisatorisches Durcheinander: überhastete Vorbereitungen, hypernervöse Vorgesetzte und überreizte Wachmannschaften. Kriegsbedingte Einschränkungen der Material- und Lebensmittellieferungen erzeugten zusätzlichen Wirrwarr. In den meisten Lagern brach damit eine Hungersnot aus.

Nicht weniger verheerend wirkte die Überfüllung der Lager. Sie waren aus Gründen der Zweckmäßigkeit und auch des Rohstoffmangels wegen von vornherein so unterdimensioniert, daß dem einzelnen Häftling gerade noch ein Minimum an Raum zum Schlafen, Essen und Wohnen (soweit dieses Wort überhaupt anwendbar war) zur Verfügung stand. Wurde auf der zwei- oder gar dreistöckigen Schlafpritsche eine für zwei Menschen schon knappe Fläche zusätzlich noch mit einem dritten belegt, dann störte jede Bewegung eines Schlafenden auch die Nachtruhe seiner Nachbarn. Ferner waren die sanitären Anlagen – wenn man die Abortgruben und die als Waschgelegenheit dienenden Wasserrinnen so nennen will – solchem Andrang keineswegs gewachsen. Bei diesen Zuständen brachen unvermeidlich ansteckende Krankheiten aus, unter Menschen, deren Organismus durch physische und psychische Strapazen bereits schwer geschädigt worden war.

War bereits eine solche Umgebung für den Häftling lebensgefährlich, so verschlimmerte sich die Situation weiter, wenn er in die Gewalt von rüden, prügelnden, wenn nicht gar sadistischen SS-Männern oder auch Mitgefangenen geriet. Der Lagerbetrieb entwickelte offenbar ein Klima, in dem dieser Typ gedeiht. Er tritt zuhauf überall und ungehemmt auf, wo er die Möglichkeit hat, unbeschränkte Macht über andere auszuüben. Ein solcher Typ in Reinkultur war wohl der Brigadeführer Theodor Eicke, der Gründer des Dachauer Lagers, der in seiner von ihm entworfenen Lagerordnung Häftlingen und auch ihren Bewachern willkürlich mit der Todesstrafe drohte, die er dann als Richter über einen Delinquenten verhängen konnte, damit er sie als Oberster Gerichtsherr bestätigen und auch gleich vollstrecken lassen konnte. Seine Selbstherrlichkeit war sogar in der SS ein Ärgernis. Nachdem Eicke oft genug und starrsinnig in Querelen mit Kameraden aus dem Schwarzen Korps verwickelt worden war, zog er es vor, als Kommandeur mit seinen durch rücksichtslosen Drill zu gefühllosen Kampfrobotern geformten Totenköpflern in den Krieg zu ziehen. Dabei wurde ihm dann noch zuteil, was er immer als die Vollendung deutscher Soldatentugend hochgepriesen hatte: der Heldentod.

Weil die SS-Bewacher allein gar nicht in der Lage gewesen wären, die Massen der Bewachten zu reglementieren, mußten sie Helfershelfer aus deren Reihen gewinnen, indem sie dafür Privilegien gewährten. Labile und korrupte Charaktere ließen sich für solche Rollen am leichtesten gewinnen – und sie gab es in allen von der Gestapo entwickelten Häftlingskategorien.

Dreieckige Aufnäher aus Stoff in unterschiedlichen Farben, zu tragen auf der linken Brustseite und am rechten Hosenbein, kennzeichneten die Kategorien. Dazu noch ein Stoffstreifen mit einer Zahl; es war die Nummer, unter der der Häftling bei der Lagerbürokratie verzeichnet war. Sie machte seinen Familiennamen entbehrlich und verhinderte zugleich, daß einem Häftling die Verdienste aus der Freiheit von seinen Schicksalsgenossen noch im Lager honoriert werden konnten. Die Farben der Winkel besagten: Rot = politischer Häftling, also auch liberaler oder auch deutschnationaler Gesinnung; Rosa = Homosexueller; Schwarz = Asozialer; Grün = Krimineller, mit einem zusätzlichen S = in Sicherheitsverwahrung; Violett = Bibelforscher; Gelb = Jude, dazu gab es noch ein besonderes Kennzeichen für »Rassenschänder«; Braun = Zigeuner. Außerdem gab es noch Arbeitserziehungshäftlinge, die auf einem schwarzen Winkel ein weißes A trugen; ihr Aufenthalt war meist befristet und kurz, denn er sollte Volks- und Parteigenossen beibringen, daß die Partei auch juristisch nicht faßbare Verstöße gegen die NS-Obrigkeit nicht straflos ließ.

Diese Klassifizierung war unter anderem Sache der Politischen Abteilung, also der Dependance der Gestapo. Zwischen ihr und der Lagerführung gab es häufig Streit um die Abgrenzung der Befugnisse – die üblichen Grenzfehden zwischen Ämtern und den dort wirkenden Menschen, die ihre Unentbehrlichkeit immer wieder neu beweisen müssen. Die Häftlinge fürchteten die Politische Abteilung mehr als die Lagerverwaltung. Wessen Häftlingsnummer aus dem Lautsprecher tönte mit der Aufforderung, sich bei der Politischen Abteilung zu melden, der rechnete zumindest mit einem weiteren Verhör und vielleicht gar mit einem neu präsentierten Tatbestand. Ob er dabei Genossen aus dem illegalen Apparat preiszugeben oder nichts mehr zu gestehen hatte – gefoltert konnte er in jedem Fall werden. Obschon es bei der Gestapo eine Vorschrift gab, wonach Mißhandlungen beim Verhör nur zulässig waren, wenn sie ein weit oben in der Rangordnung stehender Vorgesetzter genehmigt hatte, nahmen es die Gestapo-Beamten damit nicht so genau. Sie waren ehrgeizig und wollten Erfolge vorweisen, nämlich protokollierte und von Häftlingen unterschriebene Geständnisse. Wo Gesundheit oder Leben eines Häftlings nichts galt – Ausnahmen bildeten nur Gefangene, die der Staat noch der Öffentlichkeit präsentieren wollte –, brauchte der Vernehmende keine ernstlichen Weiterungen zu befürchten, wenn ihm Verstöße gegen diese Vorschrift nachgewiesen wurden oder ein Häftling das Verhör nicht überlebte. Die sadistischen Martern, wie sie von manchen Überlebenden berichtet wurden und wie sie vielleicht am grausamsten vom »Henker von Buchenwald«, dem SS-Hauptscharführer Martin Sommer, Blockführer und zuständig für den Lagerarrest, verübt wurden, gehörten nicht zum Gestapo-Programm, wie Sommer ja auch nicht Mitglied der Polizei war. Was immer diese Bestie sich an Quälereien einfallen ließ, verübte er gewissermaßen auf eigene Rechnung und unbefohlen. Andererseits kann es jedoch selbst der Gestapo nicht verborgen geblieben sein, daß mit diesem Martin Sommer ein sadistischer Mörder auf wehrlose Menschen losgelassen worden war. Doch das war für sie ohnehin nicht von Belang. Sie interessierte sich erst von dem Moment an für Sommer und seine Gang, als offensichtlich wurde, daß er und seine Mittäter sich hemmungslos bereicherten.

Daß Himmler und Heydrich lange Zeit nicht eingriffen, läßt sich auch damit erklären, daß sie diesen Buchenwalder Sumpf aus Bandenmoral, Korruption und Perversion vor ihren Rivalen in der NSDAP verheimlichen wollten. Erst 1943 ließ Himmler unter dem Druck einer richterlichen Untersuchung und einwandfreien Beweisen ein Verfahren gegen die Buchenwald-Gang zu. Sie führte zur Verhaftung des Lagerkommandanten Karl Koch, seiner Frau Ilse Koch und einigen Funktionären des Lagers, darunter auch Sommer. Von einem SS-Gericht wurde Koch zweimal zum Tode verurteilt, aber er hatte noch die Aussicht, begnadigt und zur Bewährung an die Front geschickt zu werden. Doch bevor die Amerikaner das Lager erreichten, ließ man Koch schließlich liquidieren. Sommer entging der Gefangenschaft durch die Sieger, er konnte fliehen. Erst 1958 wurde er von einem westdeutschen Gericht zu lebenslanger Haft verurteilt; 1971 erhielt er jedoch Haftverschonung.

Als im Mai und Juni 1940 Hitlers Armeen in Holland und in Belgien einfielen und auch Frankreich eroberten, erhofften sich im Generalgouvernement viele Polen eine deutsche Niederlage. Für den Generalgouverneur Dr. Hans Frank war dies der Anlaß, diese verborgene Widersetzlichkeit auszumerzen, indem er ihre mutmaßlichen Träger dezimierte. Dies brauchte nicht einmal besonders heimlich zu geschehen, denn das Augenmerk der Welt war in jenen Monaten auf das umkämpfte Westeuropa gerichtet. Mit dem Reichssicherheitshauptamt ließ Frank die »Außerordentliche Befriedungsaktion« im Generalgouvernement durchführen.

Diese sogenannte AB-Aktion zielte in erster Linie auf Intellektuelle, Priester der katholischen Kirche und das gehobene Bürgertum. Verdächtig war jedermann, der im Volk Autorität genoß. Die Gestapo, verstärkt durch einen Schub von Beamten, mit dem aus Berlin entsandten Brigadeführer Bruno Streckenbach an der Spitze, verhaftete Tausende. Als sich bei Gerichtsverhandlungen herausstellte, daß die Anklagen auf schwachem Fundament standen und etliche Juristen aus Franks Kurs zu laufen drohten, wies er sie barsch zurecht: »Jeder Versuch von Gerichtsbehörden, sich in die mit Hilfe der Polizei ergriffenen AB-Aktionen einzumischen, muß als ein Verrat an deutschen Interessen betrachtet werden.« Daraufhin wurden die Verfahren zur Farce. Wer nicht sofort zum Tode verurteilt und hingerichtet wurde, der kam in ein KZ und wurde dort zu Tode geschunden.

Wenn es auch nicht offen ausgesprochen wurde, so handelten die NS-Spitzen nun nach dem Leitsatz, es käme auf einige Leichen mehr oder weniger nicht mehr an, da ja ohnehin Tausende und aber Tausende auf dem sogenannten Feld der Ehre fallen müßten. Und wenn schon die Arbeitskraft der NS-Gegner bis zum letzten Muskelzucken in den Lagern dem Dritten Reich zu dienen habe, dann verlören Lebewesen jede Daseinsberechtigung, die gar nicht mehr von Nutzen waren und gewissermaßen als Parasiten auf Kosten aller Gesunden in Heilanstalten ein lebensunwertes Leben führten. Sie äßen den Soldaten, den Arbeitern der Stirn und der Faust das Brot weg. Schlimmer noch: Sie mußten von Gesunden gepflegt werden, während es auch für diese Deutschen jetzt Besseres zu tun gäbe. Nach den Regeln der NS-Eugenik hatten diese Kranken ihr Leben längst verwirkt.

Mit solchen Fragen hatte sich Hitler bereits beschäftigt, als er 1924 in der bayerischen Festung Landsberg »Mein Kampf« diktierte. Nun schien ihm der richtige Zeitpunkt gekommen, daraus die praktischen Folgerungen zu ziehen. Nach dem Ende des Polenfeldzugs beauftragte er den NSDAP-Reichsleiter Philipp Bouhler, Chef der Kanzlei des Führers in der Partei, und den Führer-Begleitarzt, Dr. Karl Brandt, »nun eine bestimmte

Lösung der Frage Euthanasie« durchzuführen. Seinen Erlaß datierte er im Mai 1940, kurz vor Beginn des Frankreichfeldzuges, zurück auf den 1. September 1939, also den Tag des Kriegsausbruchs. Die Durchführung des Programms wurde mit einem Erlaß Hitlers auf drei neu zu gründende Organisationen verteilt – eine schon mehrfach bewährte Methode, um die Verantwortung zu verschleiern.

Wie der Führer-Erlaß wurde auch dessen praktische Durchführung mit dem Geheimstempel abgeschottet. Ärztegruppen prüften in Heilanstalten die Akten der Kranken, die für den »Gnadentod« ausgewählt worden waren, selektierten und fällten dann ihr Urteil. Eine Krankenschwester aus der Heilanstalt Grafeneck auf der Schwäbischen Alb sagte in einem Prozeß aus, dort seien fast jeden Tag etwa 70 Kranke in Bussen angefahren worden. »In den meisten Fällen wurden die Patienten innerhalb von 24 Stunden nach Ankunft getötet.« Es geschah mit dem Giftgas Cyanwasserstoff, bekannter als Blausäure. In Hadamar (Hessen) wurden die Behinderten durch Spritzen ermordet.

An sich hatte die Gestapo mit dieser Aktion zunächst wenig zu tun, wenn man davon absieht, daß sie etliche ihrer hartgesottensten Mitarbeiter für Bouhlers Truppe abstellte. Einer davon war der württembergische Kriminalbeamte Christian Wirth, der dem Leser schon als ordinärer und gewalttätiger Nazi bekannt ist, was sich in einem »Personal-Bericht« des SS-Oberabschnitts Stuttgart als »temperamentvoll, hart und klar« charakterisierend niederschlägt und in der Sparte »besondere Mängel und Schwächen« mit der Auskunft »keine« verschweigt, daß dieser Wirth am liebsten sein eigener Wirt bei alkoholischen Getränken war. Bei seiner Arbeit in der Euthanasie-Mannschaft erwarb er sich die Kenntnisse, die er dann bei der Vergasung von Juden in großem Maßstab anwenden konnte.

Das Schwurgericht Düsseldorf hat die Zahl der Euthanasie-Opfer auf 100 000 geschätzt. Die Reaktion im Volk, das von den Vorgängen nur gerüchteweise erfahren konnte, war unterschiedlich. Da die Aktion als Staatsgeheimnis galt und noch dazu unter der zwielichtigen Verantwortung von Partei und staatlich genehmigten Körperschaften ablief, erfuhren die Deutschen allenfalls, was ihnen gute Bekannte hinter vorgehaltener Hand zuflüsterten. Doch das änderte sich, als kirchliche Würdenträger in Predigten und Hirtenbriefen an das biblische Verbot des Tötens erinnerten. So der Erzbischof von München-Freising, Kardinal Faulhaber, der Bischof von Münster, August Graf von Galen, und der württembergische protestantische Landesbischof, D. Theophil Wurm. Sie wurden deswegen nicht behelligt. Offenbar war Heydrich klug genug, diesen Protesten nicht durch Repressalien eine noch größere Resonanz zu verschaffen. Die Gestapo bekam genug zu tun, als sie mit Drohungen, Verhören und Verhaftungen versuchte, die Diskussionen über die Morde und die kirchlichen Proteste zu verhindern. Der Propagandaminister hätte freilich gern mit Gewalt geantwortet. Goebbels schrieb an den NS-Reichsleiter Martin Bormann, »die einzige Maßnahme, die propagandistisch und strafrechtlich ergriffen werden kann«, sei, »daß nämlich der Bischof von Münster erhängt wird«.

Nichts dergleichen geschah. Bormann vertröstete empörte Nazis auf den Endsieg. In nächtlichen Tischgesprächen kündigte der Führer an, daß er dann auch mit der hohen Geistlichkeit abrechnen werde. Wer auf einer etwas tieferliegenden Stufe der kirchlichen Hierarchie wieder den NS-Stachel löckte, bekam die Quittung sofort. So der Berliner Dompropst, Prälat Bernhard Lichtenberg. Er nahm am 28. August 1941 eine Predigt Galens zum Anlaß, den obersten Medizinalfunktionär des Dritten Reiches, den Reichsärzteführer Dr. Leonardi Conti, SS-Gruppenführer und Staatssekretär im Reichsinnenministerium, aufzufordern, Strafanzeige wegen Mordes gegen die Euthanasie-Ärzte zu erstatten. Am folgenden Tag hörten dann zwei halbwüchsige Mädchen, daß der Prälat beim Abendgottesdienst in der Berliner St.-Hedwigs-Kathedrale die Zuhörer aufforderte zu beten für die »armen Gefangenen in den Konzentrationslagern, für die verfolgten nichtarischen Christen und für die Juden«. Sie meldeten dies in ihrer NS-Organisation und wurden von dort an die Gestapo verwiesen. Nun hatte Lichtenberg sein Konto bei den Staatsschützern überzogen. Am 23. Oktober 1941 wurde er festgenommen und nach einer Haussuchung, bei der man dann auch noch ein Exemplar des Buches »Mein Kampf« mit vielen handschriftlichen Randbemerkungen fand, dreizehn Stunden lang verhört. Im Schlußbericht der Gestapo vom 2. November 1941 heißt es, aus den Vernehmungen »hat es sich ergeben, daß er ein aktiver Gegner des Staates ist, der gewillt ist, seine Einstellung auch in Predigten von der Kanzel herab nicht zu verbergen«.

Gegen Lichtenberg wurde ein Strafverfahren eingeleitet. Er blieb in Gestapo-Haft – zu Recht, wie der Vorsitzende des Sondergerichts II in Berlin am 8. November entschied. Als Anwalt wählte der Prälat einen ehemaligen Staatsanwalt, der sich vor 1933 mit seinen Anklagen gegen gewalttätige SA-Männer an Berliner Gerichten den Haß der Parteigenossen zugezogen hatte und kurz nach der Machtergreifung entlassen worden war. Der 66jährige Priester erkrankte bald in der Haft. Zur Verhandlung am 22. Mai 1942 wurde er aus dem Lazarett der Strafanstalt vorgeführt. Das Sondergericht verhängte gegen ihn eine zweijährige Gefängnisstrafe. Die Verhandlung fand unter Ausschluß der Öffentlichkeit statt. Offenbar war die Obrigkeit der Meinung, daß die darin zu behandelnden Tatbestände staatsgefährdend seien. Im Strafgefängnis Berlin-Tegel wurden Lichtenbergs

Personalakten mit dem Vermerk versehen: »Rückführung Staatspolizeistelle Berlin, Aktenzeichen IV BI – L 3387/41«; damit wurde gleich festgelegt, daß die Gestapo zu benachrichtigen sei, wenn der Häftling zur Entlassung anstehen würde.

Im Tegeler Strafgefängnis erreichte Lichtenberg, daß er Bücher für seine religionswissenschaftliche Arbeit in der Zelle besitzen durfte. Er mußte andererseits aber auch das von der Verwaltung vorgeschriebene Arbeitspensum leisten. Wiederholt mußte er ins Lazarett verlegt werden; er war zunehmend von physischem Verfall gezeichnet. Als er am 23. Oktober 1943 aus dem Gefängnis entlassen werden sollte, wurde er weisungsgemäß der Gestapo übergeben. Sie wollte ihn nach Dachau schaffen, aber als der Sammeltransport in Hof übernachtete, starb der Häftling dort im Gefängnis. Er ist vermutlich der ranghöchste katholische Geistliche unter den deutschen Märtyrern des Dritten Reiches. Sein Stand und auch sein Alter haben ihn wohl vor körperlichen Mißhandlungen bewahrt, wie sie die Gestapo gegen unbelehrbare Gegener gemeinhin bei Verhören anzuwenden pflegte.

Die Euthanasie wurde im August 1941 ebenso unbürokratisch abgebrochen, wie sie begonnen hatte: Hitler befahl Dr. Karl Brandt nur mündlich, er möge bei allen beteiligten Stellen die Aktion stoppen. Bouhlers Firma, T 4 genannt, wurde daraufhin aufgelöst, aber ihre Mitarbeiter und ihre Arbeitsweise wurden gleich von der »Aktion 14/F/13« übernommen, die von Himmler befohlen und zuerst im KZ Buchenwald durchgeführt wurde. Lagerkommandant Erich Koch wies seine Unterführer an, alle schwachsinnigen oder körperbehinderten Häftlinge und außerdem alle inhaftierten Juden zur Euthanasiestation Bernburg zu schicken. Von dort, so gestand später der Arzt des Lagers, Dr. Waldemar Hoven, seien dann Sterbeurkunden geliefert worden mit willkürlich gewählten Angaben der Todesursache.

1942, mitten im Krieg, fällt der Chef der Gestapo, Reinhard Heydrich, einem Attentat in Prag zum Opfer (oben). Die Gestapo revanchiert sich auf blutige Art. Eines ihrer Kommandos liquidiert die gesamte männliche Bevölkerung des tschechoslowakischen Ortes Lidice, in dem sich die Attentäter verborgen gehalten hatten, und macht den Ort dem Erdboden gleich (unten)

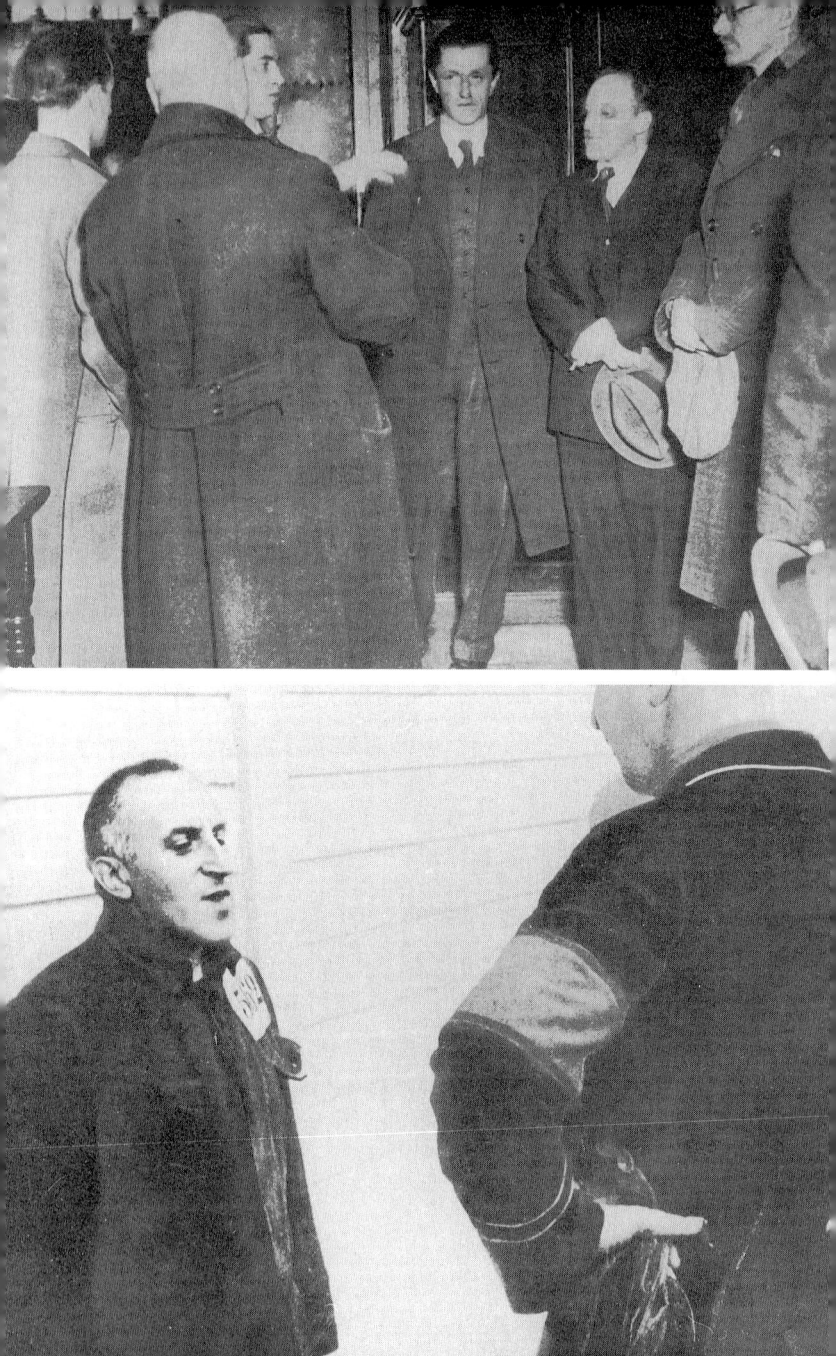

Die absolute Rechtlosigkeit des Individuums ist für die zwölfjährige nationalsozialistische Herrschaft besiegelt. Unter den ersten Gefangenen ist »Weltbühne«-Publizist Carl von Ossietzky (links oben), flankiert vom Kommunistenführer Ernst Torgler (links) und dem Schriftsteller Ludwig Renn (rechts), wird er als Beweis für ordentliche Behandlung der Gefangenen der Presse vorgeführt. Das Foto des Häftlings aus dem Jahr 1935 zeigt einen gebrochenen Mann (links unten). Man plant für ein riesiges Sklavenheer und baut bis 1939 die Lager gewaltig aus

Das Attentat am 20. Juli 1944 mißlingt. Hitler überlebt. Die vom Attentat überraschte Gestapo jagt die Mitverschworenen. Sie jagt viele Militärs, so den Generalfeldmarschall Erwin von Witzleben, aus Politik und Wirtschaft Carl Goerdeler, aus den Kreisen der Kirchen Alfred Delp, den Rechtsanwalt Helmuth James Graf von Moltke. Die Verschwörer während ihrer Prozesse vor dem Volksgerichtshof (von oben links nach unten rechts)

Der Oberst Claus Graf von Stauffenberg weiß, daß nur der Tod Hitlers die Wende bringen kann (oben, mit seinen Kindern). Am 18. Februar 1943, als Goebbels die Deutschen zum »totalen Krieg« aufruft, werden in München die Geschwister Scholl verhaftet, als sie Flugblätter der »Weißen Rose« verteilen. Sie fordern die Deutschen auf, sich von Hitler zu lösen (unten: die Geschwister Scholl mit dem Mitverschworenen Christoph Probst)

Das System des SS-Staates begründet den neuen Ruf des deutschen Volkes in der Welt. Das
Volk der Dichter und Denker ist zum Volk der Richter und Henker geworden. Einsatzgrup-
pen der SS liquidieren die Elite der Bevölkerung in den besetzten Gebieten (oben). In den
Konzentrationslagern müssen deutsche und ausländische Häftlinge durch ihre Arbeit den
Erhalt des verhaßten Staates sichern. Beim Morgenappell in einem Arbeitslager (unten).
Arbeitsfähige jüdische Frauen im Lager Auschwitz (rechts oben). Die Ausgesonderten,
Nichtarbeitsfähigen vor der »Entlausungsstation«, sprich Gaskammer (rechts unten)

Als im Mai 1945 der Krieg zu Ende geht, werden die Häftlinge von den alliierten Truppen befreit. Doch zu Freudenkundgebungen fehlt den Ausgemergelten die Kraft (oben). Nach der SS morden Hunger und Seuchen die Letzten unter den Gefangenen (unten)

Auf Himmlers Befehl reisten nun die bei der Euthanasie bewährten Ärzte von einem KZ ins nächste. Ihnen wurden zwar die Häftlinge vorgeführt, aber die Mühe, sie zu untersuchen, machte man sich nicht mehr. Es waren auch nicht nur Schwer- und Geistigbehinderte. Unter ihnen waren auch die Schwachen, die chronisch Kranken, die Arbeitsunfähigen und die Juden. Die Auswahl trafen die Lagerführung und ihr Stab, aber das bedeutete nicht, daß die Politische Abteilung des Lagers uninteressiert oder gar unbeteiligt gewesen wäre. Sie war durchaus in der Lage, ihre eigenen Kandidaten dieser Sendung in den Tod mitzugeben. Ob Wirtschaftsverwaltung, Lagerführung oder Gestapo – man schlug sich, und man vertrug sich, und oft genug wurden Kameraden von einer Abteilung oder gar von einem SS-Hauptamt in ein anderes versetzt. Man kannte sich, und man verstand sich. So arbeitete beispielsweise Viktor Brack, hoher SS-Rang in Himmlers Stab, im Parteirang Oberdienstleiter bei der Reichsleitung und die rechte Hand Bouhlers, bei der Euthanasie eng mit dem Judenreferenten der Gestapo Adolf Eichmann zusammen, als in den östlichen Vernichtungslagern die Gaskammern und die Verbrennungsöfen gebaut wurden.

Auf welche Weise die Politische Abteilung mit den entschlossenen NS-Gegnern abrechnete, macht das Schicksal des Arbeiters Nikolaus Franz aus Essen deutlich. Er war bei der Machtergreifung 21 Jahre alt und hatte zuvor jahrelang und eifrig in der kommunistischen Jugend mitgewirkt. Nach dem Verbot traf er sich weiter mit seinen Genossen, arbeitete in den illegalen Organisationen der Kommunistischen Partei, indem er Flugblätter verteilte, Zeitungen und Broschüren vertrieb, die aus Belgien oder den Niederlanden geliefert worden waren, und er führte den Erlös wie auch Mitgliedsbeiträge an die Bezirksleitung der illegalen Partei ab. Im Februar 1935 flog er mit einer größeren KPD-Gruppe im Ruhrgebiet auf. Er wurde am

2. Februar festgenommen und Ende Oktober vom Oberlandesgericht Hamm zu zwei Jahren Zuchthaus verurteilt, wegen Hochverrats, weil er auf den Sturz der Regierung hingearbeitet hatte. Die Untersuchungshaft wurde ihm voll auf die Strafverbüßung angerechnet, aber davon hatte er keinen Gewinn, als er am 2. Februar 1937 aus dem Zuchthaus entlassen wurde.

Zwar hatte ihm der Direktor der Strafanstalt Herford bescheinigt, daß er sich »hausordnungsgemäß geführt« habe, hatte aber auch in einem Schreiben an die Staatspolizeistelle Essen vor der Gefahr gewarnt, »daß sich Franz auch erneut nach seiner Entlassung in staatsfeindlichem Sinne betätigt«, weil »von einer inneren Umstellung bei ihm nichts zu spüren ist ... Schutzhaft für kurze Zeit halte ich für erforderlich.« Deshalb lag bei seinem Entlassungsschein des Herforder Zuchthauses auch schon der rote Vordruck, die Einweisung in das Schutzhaftlager Buchenwald. Für kurze Zeit?

Im November 1937 stellte die Gestapo Essen fest, daß Franz weiterhin ein Häftling bleiben müsse. Im April des folgenden Jahres meldete die Kommandantur des KZ Buchenwald nach Essen, die Gesinnung des Nikolaus Franz »ist heute noch völlig kommunistisch«. Eine Entlassung sei »verfrüht«. Auch am 20. April 1938, einem Kalendertag nazistischer Gnadenerweise, meldete die Gestapo-Außendienststelle Essen der vorgesetzten Gestapo-Leitstelle Düsseldorf, Franz »bedeutet nach wie vor eine ständige Gefahr für die öffentliche Ordnung und Sicherheit«. Also verlängerte man die Schutzhaft.

Nach weiteren zwei Jahren und zwei Monaten erledigte sich der Fall von allein. Wirklich von allein? Mittels Fernschreiben wurde die Außendienststelle Essen am 18. Juni 1940 vom KZ Buchenwald benachrichtigt, der 28jährige Franz sei am Vortag um 0.35 Uhr an Herzschwäche nach einer Blinddarmoperation gestorben ... Die Angehörigen seien »bestimmungsgemäß von

Vorstehendem zu benachrichtigen«. Den Toten konnten sie nicht mehr sehen, denn er war im Krematorium von Buchenwald bereits eingeäschert worden, als sie die Nachricht von seinem Tod bekamen. Diese Asche konnten sie freilich erhalten, auf Antrag und gegen Erstattung der Kosten. In den Akten des Falles Franz findet sich kein Hinweis, daß dieser offensichtlich unbelehrbare und unbeugsame Kommunist der Aktion 14/F/13 zum Opfer gefallen ist, aber Mörder pflegen ja allgemein selten schriftliche Geständnisse zu liefern. Wohl aber fällt dieser Tod in jene Zeitspanne, da in Buchenwald die Zahl der NS-Gegner auf diese Weise vermindert wurde. Auch ist die Todesursache bei einem Mann dieses Alters dubios.

In einer Denkschrift über die Aufgaben der Gestapo, verfaßt am 18. Januar 1940, wurde das Amt IV (Gegnerbekämpfung) daran erinnert, es sei »eine der vordringlichen Aufgaben ... nach wie vor«, die kommunistische und marxistische Bewegung zu beobachten und zu bekämpfen. (Marxistisch, das bedeutete im Hausjargon, sozialdemokratischen beziehungsweise anderen linken Gruppierungen nahezustehen.) Ein im August 1941 verfaßter Bericht stellte jedoch rückblickend fest, daß es zumindest auf diesen Sektoren bis zum Beginn des Krieges gegen die Sowjetunion nicht viel zu tun gab: »Soweit noch illegale Gruppen hervortraten, waren es Einzelerscheinungen ... eines versprengten und im wesentlichen auf sich selbst gestellten und zumeist allein arbeitenden Staatsfeindes.« Nur das Abhören feindlicher Rundfunksender und das Meckern über Mißstände nähmen zu – behauptet der Bericht –, wobei es sich bei den Meckernden oft um »im Grunde anständige Volksgenossen« handle, »die erst, nachdem sie ihrer Verärgerung Luft verschafft hätten, sich ihrer zersetzenden Äußerungen bewußt wurden«.

Auch der Überfall auf die Sowjetunion am 22. Juni 1941 änderte zunächst wenig an dieser relativen Ruhe an der »inneren

Front« – wie die NS-Propaganda das Alltagsleben in der Heimat zu benennen pflegte, weil damit auch Zivilisten zu Kämpfern für Hitler hochstilisiert wurden. Prophylaktisch nahm die Gestapo zu Beginn des Ostfeldzugs im Reichsgebiet 270 Personen fest, eine verschwindende Minderheit von den 80 Millionen Staatsbürgern. In den besetzten Gebieten, also in einem Teil Frankreichs, in Belgien und in den Niederlanden waren die Verhaftungen zahlreicher. Dort hatte man kommunistische Parteien bisher geduldet, weil man es nicht schon vorzeitig mit Stalin verderben wollte und weil damit der Anschein gewahrt blieb, als respektierten die Besatzer die jeweiligen Landesgesetze. Jetzt wurden auch hier die Kommunisten verfolgt. Die im Reich nur noch illegal und rudimentär bestehenden Organisationen der KPD bekamen infolgedessen von nun an aus dem Ausland weder Ratschläge noch Informationen oder Propagandamaterial. Selbst ihre sicherste Quelle versiegte, nämlich die diplomatischen Vertretungen der Sowjetunion im Reich und in den besetzten Ländern. Nun waren die deutschen Kommunisten ganz auf den Moskauer Sender angewiesen – und ihn hörten sie eifrig. Von ihm wurden sie aufgefordert, in den Betrieben gegen den Krieg Stimmung zu machen, so langsam wie möglich zu arbeiten, Ausschuß zu produzieren, durch Krankmeldungen und häufigen Arbeitsplatzwechsel die Produktion zu behindern.

Aus einer Gestapo-Statistik über Festnahmen im Dezember 1941 geht hervor, daß drei Viertel aller Verhaftungen im Reich und in Österreich wegen Arbeitsverweigerung geschahen, nämlich mehr als 6400. Mehr als 900 Verhaftungen liefen unter dem Stichwort »Opposition« (aus welchen Gründen auch immer), und nur 266 Volksgenossen hatten sich kommunistisch oder marxistisch betätigt. Weit mehr Menschen wurden wegen eines verbotenen Umgangs mit Polen oder anderen Kriegsgefangenen in Haft genommen (363). Auffallend häufig legten Polen die

Arbeit nieder. Die meisten Festnahmen wurden, wie zu erwarten, aus Großstädten gemeldet, also aus Berlin und Hamburg, in Wien fand die Gestapo verhältnismäßig wenige Schuldige, unverhältnismäßig viele dagegen in Breslau.

Der Gestapo-Apparat war zu dieser Zeit auf fünfzig Filialen (Leitstellen und Stellen) angewachsen, neben der Berliner Zentrale und neben den Politischen Abteilungen in den Konzentrationslagern. Auch in Straßburg, Metz und Luxemburg hatten sich die schwarzen Hüter des Hitler-Staates schon eingenistet – ein Anzeichen dafür, daß diese Gebiete bereits dem Reich eingegliedert waren. In Paris, Brüssel und in den Niederlanden waren ranghohe SS-Führer mit wachsenden Stäben in Zimmerfluchten beschlagnahmter Hotels dabei, Netze von Nebenstellen, deutschen Vertrauensmännern und kollaborierenden Spitzeln über Städte und Dörfer zu ziehen. In Anbetracht eines solchen Aufwandes blieb jedoch der Erfolg zahlenmäßig gering, was vermuten läßt, daß entweder die Verfolger nichts taugten oder der Widerstand gegen die Besatzer zunächst noch gering war. Beide Erklärungen waren wohl zutreffend und dazu noch eine dritte: Die Gestapo war zu dieser Zeit von anderen Aktionen erheblich in Anspruch genommen.

Diese Aufgaben wurden ihr gestellt, als Hitler sich nahezu gleichzeitig entschloß, die Sowjetunion mit Krieg zu überziehen und die Juden in seinem Machtbereich auszurotten. Beide Vorhaben ließen sich sogar weitgehend miteinander verknüpfen. Gelang es, die westlichen Gebiete der Sowjetunion zu erobern, dann fielen damit zugleich jene Territorien in deutsche Hand, in denen viele Millionen Juden in den Dörfern und Städten ein Reservoir bildeten, aus dem seit Jahrhunderten dem westlichen Judentum immer wieder neue Kräfte zugeströmt waren. Wurde künftig in diesen Gebieten gekämpft – was ja wohl unvermeidlich sein würde –, konnte es dem Sieger nicht schwerfallen, die dort ansässigen Juden vom Erdboden verschwinden zu lassen. Wurde das Land dabei entvölkert, gewannen die Deutschen, das »Volk ohne Raum«, endlich die Siedlungsgebiete, nach denen sie seit langem schrien.

Das Land zu erobern fiel der Wehrmacht zu mit dem Unternehmen »Barbarossa«. Es zu entvölkern wurde Himmler und seiner SS aufgetragen. Einen wesentlichen Teil dieses Auftrags gab er weiter an Reinhard Heydrich. Er schuf als Instrument für diesen Zweck zunächst einmal die Einsatzgruppen, verstärkt und auch mit größeren Kompetenzen versehen, als man sie bereits im Polenfeldzug angewendet hatte. Die Einsatzgruppen wurden auf eine 2000 Kilometer lange Front zwischen der Ostsee und dem Schwarzen Meer verteilt. Sie sollten unmittelbar hinter den angreifenden Wehrmachtsverbänden in eroberte Gebiete einrücken. Mittels Terrors sollten sie die dann noch vorhandene Bevölkerung sieben: die Guten ins Töpfchen für einen Sklavenbrei, die schlechten ins Kröpfchen des Massengrabs! Ärger mit protestierenden Generälen würde es diesmal nicht geben. Die Zuständigkeiten waren schriftlich abgegrenzt. Traten in eroberten Gebieten Partisanen auf, dann war es Aufgabe der Einsatzgruppen, sie gnadenlos zu vernichten, und wer Partisan war, bestimmten sie selbst. Auch alle Bolschewiki sollten sterben, die Parteimitglieder, die Funktionäre des Regimes, ebenso die Beamten der Verwaltung. Auch aus den Gefangenenlagern – und sie gab es anfangs mit Hunderttausenden von Rotarmisten – sollten diese Kategorien ausgesucht und vernichtet werden, denn wer für Stalin und den kommunistischen Staat gefochten hatte, durfte für die deutschen Soldaten auch als Gefangener kein Kamerad sein. Die allerschlimmsten Feinde aber waren die Juden. Sie mußten auf alle Fälle sterben. Wenn das Heer die dazu notwendigen Arbeiten nicht übernehmen will – so hatte Hitler entschieden –, dann muß es hinnehmen, was die SS unternimmt.

Zwischen dem Generalquartiermeister des Heeres, dem General Eduard Wagner, und Heydrich wurde schriftlich vereinbart, daß die Sonderkommandos das Recht haben würden, »im Rahmen ihres Auftrags in eigener Verantwortung gegenüber der Zivilbevölkerung Exekutivmaßnahmen zu treffen«.

Aus dem Personal des Reichssicherheitshauptamtes, aus Gestapo, SD, Polizei und bewaffneten SS-Verbänden holte Heydrich die Männer, die er für diese Mörderbanden brauchte. Hart müßten sie sein, sagte er, und einen starken Charakter besitzen, denn manche Aufgabe würde Überwindung verlangen. Er forderte seine Amtschefs auf, sie möchten doch freiwillig und vielleicht auch nur zeitlich begrenzt die Führerpositionen übernehmen und von den Schreibtischen in die Gefechtsstände wechseln. Viel Erfolg hatte er mit diesem Appell nicht. Der Kripo-Chef, Brigadeführer Arthur Nebe, war der einzige, der sich für den Dienst im Osten meldete. SS-Führer füllten die Lücken. So der SD-Inlandchef Otto Ohlendorf, so der Brigadeführer Walter Stahlecker, so der Brigadeführer Otto Rasch. Manche hielten sich für unabkömmlich in der Prinz-Albrecht-Straße, unter ihnen auch der eigentliche Gestapo-Chef Heinrich Müller. Er hatte wohl keine Lust, in der Weite des Ostens die Rolle eines Mini-Dschingis-Khan zu übernehmen, und zog es vor, an seinem gewohnten Schreibtisch weiterhin unsichtbare Gegner mit Formularen zu erledigen.

Es war keine große Streitmacht, die Heydrich für den Krieg im Osten bereitstellte. Zwischen 3000 und 4000 Mann dürfte sie gezählt haben. Ihre Wirkungsbereiche waren schon vor Kriegsbeginn zugeteilt. Die Einsatzgruppe A wurde der Heeresgruppe Nord attachiert; sie mordete in den baltischen Staaten und im Leningrader Bereich. Die Gruppe B gehörte zur Heeresgruppe Mitte, die Moskau erobern sollte und es nicht schaffte. Daran schloß sich der Bereich der Einsatzgruppe C an mit einer Basis in der Ukraine. Weiter südlich bis zur Krimhalbinsel operierte die Gruppe D. Vorbereitet hatte man die Männer auf ihr mörderisches Tun in der Heerespolizeischule Pretzsch an der Elbe. Die Ostjuden – so sagte man ihnen – seien der eigentliche Herd des Bolschewismus, und wenn man ihn vernichten wolle, dann dürften die Juden den Krieg nicht überleben. So jedenfalls habe der Führer entschieden.

Jede Einsatzgruppe war etwas stärker als ein Bataillon und verfügte über etwas weniger als tausend Mann. Sie wurde jedoch kaum irgendwo geschlossen eingesetzt. Aufgeteilt in Einsatzkommandos von wechselnder Stärke, wirkten sie immer an wechselnden Orten. Ihre Gegner waren Partisanen, vor allem im Mittelabschnitt der Front, und Juden. Der Kampf gegen Partisanen konnte verlustreich sein; Gefangene wurden auf keiner Seite gemacht. Die Juden leisteten kaum Gegenwehr, aber Gnade wurde auch ihnen nicht gewährt. Wo immer ein Einsatzkommando auftauchte, floh die Bevölkerung. Die Leute sagten: »Vogel hier, gut!« und deuteten auf die Brust, wo das Heer den Hoheitsadler mit dem Hakenkreuz eingestickt trug. Dann ergänzten sie: »Vogel hier, schlecht!« und zeigten auf den linken Oberarm, wo die SS den Adler hatte.

Wie skrupellos diese Kommandos waren, erhellt eine Vollzugsmeldung aus der Ukraine, datiert vom 11. Dezember 1941: »In Borispol wurden auf Anforderung des Kommandanten der dortigen Kriegsgefangenenlager durch einen Zug des Sonderkommandos 4 am 14. 10. 41 752 und am 16. 10. 41 357 jüdische Kriegsgefangene, darunter einige Kommissare und 78 vom Lagerarzt übergebene jüdische Verwundete erschossen. Gleichzeitig exekutierte derselbe Zug 24 Partisanen und Kommunisten, die vom Ortskommandanten von Borispol festgenommen worden waren . . . Ein anderer Zug des Sonderkommandos 4a wurde in Lubny tätig und exekutierte störungslos 1965 Kommunisten und Partisanen, darunter 53 Kriegsgefangene und einige jüdische Flintenweiber.« Meldungen einer Einsatzgruppe enthielten fast immer den Tatbestand des Massenmordes. So meldete die Gruppe A am 15. Oktober 1941, also nach vier Monaten Krieg, sie habe bereits 125 000 Juden und 5000 weitere Menschen getötet. Die Einsatzgruppe B brachte es bis zum 14. November 1941 auf 45 000 Leichen. Die Gruppe C präsentierte 75 000 tote Juden und 5000 Kommunisten. Gruppe D lieferte bis zum 12. Dezember 1941 55 000 Tote. Alle diese »Erfolgsberichte« gingen an die Gestapo.

Es ist unmöglich, in diesem Buch darzustellen, was Juden besonders im Osten durch die Einsatzgruppen zugefügt wurde, wer sich auf eine Beschreibung von Details einließe, müßte tausend Bände füllen. Das wohl gräßlichste Ereignis dieser Art spielte sich am 29. und 30. September 1941 bei Kiew ab, der zeitweiligen Hauptstadt der Ukraine mit mehr als einer halben Million Einwohnern. Aus Kiew und der näheren Umgebung wurden 33 771 Juden, Frauen, Männer, Kinder, in eine nahe gelegene Schlucht bei Babi Yar getrieben, von deren Rändern herab die SS-Männer des Einsatzkommandos und einer ukrainischen Freiwilligenmiliz mit Maschinenwaffen ungezielt in die Menschen schossen, die durch die Talsohle getrieben wurden – zwei Tage lang, bis sich nichts mehr rührte. Die Ukrainer brauchten zu diesem Mord nicht gezwungen zu werden. Bei ihnen hatte sich wie in manchen Völkerschaften der Sowjetunion der Antisemitismus des Zarenreiches unvermindert erhalten. Die Männer der Einsatzgruppe dagegen waren entweder überzeugt von der Richtigkeit jener NS-Parole, wonach die Juden schlechthin für alles Unglück des deutschen Volkes verantwortlich seien, oder aber sie gehorchten empfindungslos den Befehlen, wie es das Reglement in diesen Verbänden der SS vorschrieb. Zwar kamen nur etwa zehn Prozent der Männer in den Einsatzgruppen aus den Reihen der Gestapo, aber sie besetzten weitgehend die Führerstellungen. Der SD und die Kriminalpolizei schickten noch weniger Vertreter in die Einsatzgruppen. Das Gros stellten die SS-Totenkopfverbände, in denen jungen Männern gelehrt wurde, daß ein Menschenleben (und sei es das eigene) nicht viel bedeute. Weitere Kräfte waren aus der Ordnungspolizei zu der Truppe gestoßen, weil man ihnen versprochen hatte, dieser Dienst sei ihrer Karriere förderlich.

Historiker fahnden seit Jahrzehnten, wann, wem und wie Hitler den Befehl gegeben hatte, die Juden auszurotten. Häufig wurde der offizielle Beginn des Mordens auf den 20. Januar 1942 terminiert. An diesem Tag versammelte Heydrich alle im Reich mit der Judenfrage befaßten Behörden- und Parteidienststellen in einer Villa am Berliner Wannsee zu einer selbstverständlich streng geheimen Konferenz. Das Protokoll führte das Mitglied des Reichssicherheitshauptamtes Adolf Eichmann, SS-Obersturmbannführer und Leiter des Judenreferats bei der Gestapo. Teilnehmer waren unter anderen fünf Staatssekretäre von Ministerien und ein Ministerialdirektor aus der Reichskanzlei. Im Protokoll liest man: »Chef der Sicherheitspolizei und des SD, Obergruppenführer Heydrich, teilte eingangs seine Bestellung zum Beauftragten für die Vorbereitung der Endlösung der europäischen Judenfrage durch den Reichsmarschall mit.« Ferner liest man: »Anstelle der Auswanderung ist nunmehr als weitere Lösungsmöglichkeit nach entsprechender vorheriger Genehmigung durch den Führer die Evakuierung der Juden nach dem Osten getreten.«

Pure Spiegelfechterei: Die Endlösung hatte längst begonnen, der Massenmord nämlich. Schon seit Monaten töteten die Einsatzgruppen, und schon seit Monaten wurden Juden in den Konzentrationslagern in der unterschiedlichsten Weise umgebracht. Schon hatte der Reichsführer SS dem Lagerkommandanten von Auschwitz Rudolf Höss mitgeteilt, was Hitler mit den Juden vorhatte, und schon wurde dort ein Fließband der Menschenvernichtung gebaut. Höss gestand später: »Die Massenhinrichtungen durch Vergasung begannen im Laufe des Sommers 1941 und dauerten bis zum Herbst 1944.« Seit Herbst 1941 wurden Juden in Massentransporten mit der Eisenbahn aus dem Reichsgebiet, aus Österreich und aus dem Protektorat Böhmen und Mähren von der Gestapo unter der Regie Adolf Eichmanns in den Osten deportiert. Dort wurden sie von den Einsatzgruppen vorwiegend in den baltischen Staaten und im Gebiet um Minsk gezwungen, Massengräber auszuheben, in denen sie dann erschossen und mit Erde zugedeckt wurden. Eichmanns Rechtfertigung war ebenso wie diejenige der schießenden Vollstrekker, die Juden und die roten Kommissare seien Bazillen, die die Seuche des Bolschewismus verbreiteten. Mit diesem Argument ließ sich Hitlers Kommissarbefehl – alle Kommissare der Roten Armee sind zu erschießen – unschwer auch zur Judenvernichtung benutzen.

In dem ehemaligen Wiener Gauleiter Odilo Globocnic fand Eichmann einen willfährigen Gehilfen. Der wegen unklarer Geldgeschichten aus seinem Parteiamt Entlassene glaubte, er könne sich als Judenvernichter rehabilitieren. Er baute gemeinsam mit dem Gestapo-Kommissar Christian Wirth in Belcec (zwischen Lublin und Lemberg) ein Vernichtungslager auf mit einer Gaskammer, in die zunächst die Abgase eines größeren und stationären Dieselmotors geleitet wurden – eine Methode, bei der einzelne Opfer eine halbe Stunde mit dem Tod kämpften. Später wurde in Belcec ebenso wie in den anderen Vernichtungslagern das Blausäurepräparat Zyklon B verwendet. Damit ging das Sterben schneller, und die Produktion des Lagers an Leichen stieg!

So war denn der Judenmord, wenn auch nicht im ganz großen

Stil, schon voll im Gange, ehe er durch die Wannsee-Konferenz offiziell eröffnet wurde – als »Geheime Reichssache«. Schon funktionierte Auschwitz, dessen Lagerführer Rudolf Höss bei seiner Vernehmung durch das Nürnberger Militärgericht schätzte, daß in diesem Lager allein 2,5 Millionen Menschen vergast wurden und daß dort eine weitere halbe Million an Hunger und Seuchen starben. In der Wannsee-Konferenz wurde ermittelt, daß im europäischen Bereich etwa elf Millionen Juden als Opfer in Frage kämen. Daß sie nicht alle ermordet werden konnten, ist gewiß nicht das Verdienst der Gestapo. Sie mühte sich fast bis zur letzten Stunde des Regimes, den Auftrag zu erfüllen, den ihr Führer zunächst seinem Paladin Hermann Göring gegeben hatte. Der reichte ihn dann weiter an Heinrich Himmler, der seinerseits seinen Untergebenen Reinhard Heydrich beauftragte, damit dieser dann als nächstfolgende Instanz dem SS-Gruppenführer und eigentlichen Gestapo-Chef Heinrich Müller den Befehl geben konnte, ein dienstbeflissener SS-Obersturmbannführer, der Adolf Eichmann, müsse mit der Entwicklung und der Steuerung einer Massenmord-Maschinerie die Juden ausrotten. Eichmann hat jedoch – so versicherte er beim Verhör durch die israelische Polizei glaubhaft – keinen einzigen Menschen eigenhändig getötet. Er hat nur einige Male zugesehen, wie andere befehlsgemäß Leichenberge produzierten. Eichmann war jedoch in dieser Kette der Täter der einzige, der seine Verbrechen am Galgen büßte, nachdem Göring in Nürnberg und Himmler bei seiner Gefangennahme 1945 durch Gift Selbstmord begangen hatten und Heydrich durch ein Attentat tödlich verletzt worden war. Heinrich Müller verschwand spurlos in der Götterdämmerung der Reichshauptstadt, als Rotarmisten sie eroberten. Ein Gerücht behauptet, er sei seit Jahren ein Agent Stalins gewesen und als solcher zur Roten Armee übergelaufen. Wenn das stimmt, hätte von da an sein Wert nur noch darin bestanden, daß er mit seinen Aussagen die Würdenträger des Nationalsozialismus zusätzlich hätte belasten können, aber davon hörte man nie etwas. Selbst nicht im Nürnberger Prozeß gegen die Hauptkriegsverbrecher, in dem die sowjetische Anklage sogar bei der Schilderung von Nazigreueln auf Zeugenaussagen zurückgriff, die den Stempel der Unwahrhaftigkeit trugen.

Die Gegner formieren sich

Die Völker im Osten waren nicht allein der Willkür der Gestapo ausgeliefert. Seit dem Sommer 1940 wirkte sie auch im Westen Europas. Ihre Aufgabe war dort dieselbe wie bei ihrer Gründung: Sie mußte durch Terror und den damit ausgelösten Schrecken die Herrschaft Hitlers sichern und so die Entwicklung eines großgermanischen Reiches vorbereiten. Die Juden mußten also auch aus Frankreich, Belgien und den Niederlanden verschwinden. Das waren gemäß einer in der Wannsee-Villa zusammengestellten Liste mehr als eine Million Menschen. Allein schon die Zahl macht deutlich, wie schwierig es sein würde, diese Aufgabe zu lösen. Weitere erschwerende Umstände kamen noch hinzu.

Als das Heer die Grenzen im Westen überrollte, gab es nicht wie ein Jahr später im Osten eine Vereinbarung mit der Wehrmacht über eine Arbeitsteilung zwischen Heer einerseits und der Polizei plus SS andererseits. Die Wehrmacht besaß ihre eigene Feldpolizei. Ihr konnte Himmler nichts befehlen. Sie war jedoch zahlenmäßig schwach und allein schon deshalb außerstande, etwa noch Aufgaben der Gestapo zu übernehmen. Ihre Männer hätten sich dazu auch keineswegs geeignet, obwohl auch sie einigermaßen hartgesottene Gesellen sein mußten, wenn sie in den Urlauberzügen mit alkoholisierten randalierenden Landsern fertig werden wollten. Sie waren deshalb nicht beliebt, und weil sie ein vernickeltes Brustschild an einer Kette um den Hals trugen, hießen sie bei den Soldaten Kettenhunde. Als Judenfänger hätten sie sich nicht geeignet, und die Generäle hätten eine solche Verwendung auch nicht geduldet. Also mußten sich Gestapo und SD im Windschatten der siegenden Soldaten in die Westgebiete einschleichen. Heydrich schickte mit der ersten Welle nach Frankreich nur zwanzig Männer, in Feldgrau getarnt, und der Wehrmacht gegenüber waren sie ausschließlich beauftragt, deutsche Emigranten aufzustöbern, festzunehmen oder wenigstens deren hinterlassene Dokumente zu beschlagnahmen. Chef dieses Stoßtrupps war Dr. Helmut Knochen, ein gebildeter und verhandlungsfähiger SS-Standartenführer. Ihm gelang es rasch, ein halbwegs normales Verhältnis zum Militärbefehlshaber für das besetzte Frankreich und zu dessen Dienststellen zu entwickeln.

Wie es im Waffenstillstand vereinbart worden war, verfügte die deutsche Besatzung praktisch kaum über eine Exekutive. Die französischen Polizeidienststellen waren verpflichtet, auf Befehl der Besatzer tätig zu werden. Als solche aber galten nur die Militärs. Also blieb Knochen zunächst einmal auf deren Wohlwollen angewiesen. Immerhin bewilligten sie ihm, daß er seine Dienststelle durch Nachschub aus dem Reich ausweiten durfte. Er fand dazu noch freiwillige Helfer: Franzosen. Nicht wenige davon kamen seltsamerweise aus nationalen Kreisen, sei es, weil ihnen die stramme Ordnung imponierte, sei es, weil sie ein Gegengewicht suchten gegen die in ihrem Land zahlenmäßig starken Kommunisten, sei es aber auch, weil sie hofften, auf diese Weise ein Anrecht auf eine Teilhaberschaft an Hitlers neuem Europa zu erwerben. Es fanden sich als Kollaborateure sogar ehemalige Kommunisten ein, die sich durch den Pakt zwischen dem deutschen und dem sowjetischen Diktator legitimiert glaubten, ein solches Bündnis auch persönlich eingehen zu dürfen. Es wußten zu dieser Zeit die französischen Kommunisten nicht so recht, ob sie die Faschisten von jenseits des Rheins bekämpfen, nur ablehnen oder gar unterstützen sollten, weil doch auch deren Gegner die kapitalistischen Plutokraten waren. So gab es für Franzosen mancherlei Beweggründe, als Informanten, sprich Spitzel, als Propagandisten oder gar in eine marschierende Miliz für eine deutsch-französische Freundschaft einzutreten.

Die von französischen Historikern mit Lorbeer reich geschmückte Bewegung der Resistance, des Widerstands gegen Hitler, lief nach der Niederlage nur langsam an. Sie malte zwar manchmal nächtlings ihre Kampfparolen auf Gehwege und an Hausfronten oder verteilte Flugblätter aufrührerischen Inhalts, aber Gewalttaten gegen Besatzungssoldaten blieben zunächst eine Seltenheit. Schließlich begann der Widerstand damit, gelegentlich einen deutschen Landser in einem Pariser Untergrundbahnhof vor den einlaufenden Metrozug zu stoßen – ein Attentat, das fast immer tödlich endete und dem Attentäter das Entkommen in der Menge seiner Landsleute leichtmachte. Die Ahndung solcher Taten war Sache der Wehrmacht. Sie fing selten einen Kämpfer der Resistance und fand gegen den meist unsichtbaren Feind nur eine unwirksame Vergeltung zunächst einmal mit Geiselnahme und Drohungen. Schließlich wurden von ihr dann doch Männer erschossen, die wegen kommunistischer oder anarchistischer Betätigung in Haft geraten waren. Trotzdem nahmen die Attentate zu. Die Geheime Feldpolizei des Militärs bewältigte die Arbeit nicht mehr; die Militärregierung sah sich gezwungen, den SS-Führer Knochen und seine Mannschaft um Beistand anzugehen. Der hatte diese Entwicklung kommen sehen und vorgesorgt, indem er Filialen seiner

Pariser Zentrale in größeren Provinzstädten einrichtete, so in Nancy, Dijon, Bordeaux, Rouen. Als Hitler schließlich im April 1942 dafür gewonnen werden konnte, daß er der Militärregierung den Sektor Polizei entzog und ihn auch in Frankreich Himmler übertrug, bekamen die Gestapo und der SD in Paris eine neue und ranghöhere Spitze, den SS-Gruppenführer Carl-Albrecht Oberg. Heydrich selber führte ihn in Paris in das neue Amt ein und stellte ihn auch den Vertretern der Regierung von Restfrankreich vor, die in Vichy residierte.

Heydrichs Ziel war, die französischen Polizisten völlig den Befehlen der Deutschen zu unterstellen, doch dabei traf er auf unvorhergesehenen Widerstand. Mit Gewalt konnte er ihn ohne Führerbefehl nicht brechen, und Hitler hoffte zu dieser Zeit noch, die Franzosen gegen die bei ihnen unbeliebten Engländer als Bundesgenossen gewinnen zu können. Also schienen die Methoden des offenen Terrors, wie er im Osten angewendet wurde, im Westen nicht opportun. Die Exekutive blieb weiterhin bei den Franzosen. Das hatte zwar zur Folge, daß mancher Befehl der Gestapo in der Praxis nachlässig oder gar zum Schein durchgeführt wurde, verlagerte aber andererseits auch wenigstens einen Teil der Verantwortung und des Grolls der Bevölkerung auf die eigenen Landsleute. Das kostete manchen Polizisten später bei der Abrechnung nach der Befreiung durch alliierte Truppen das Leben, oder er wurde – wenn er Glück hatte – von seinen Landsleuten geachtet und verlor nur seine Stellung.

In Paris richtete der Höhere SS- und Polizeiführer Oberg seine Dienststelle weitgehend nach dem Schema der Berliner Zentrale ein. Auch bei ihm gab es eine Abteilung IV zur Bekämpfung der Gegner, also eine Gestapo, und ihr angegliedert eine Dienststelle IV B 4, ein Judenreferat. »Les juifs«, die Juden, hatten in Frankreich schon immer einflußreiche Gegner gehabt und waren von vielen Kleinbürgern und Bauern stets mit

Mißtrauen bedacht worden. Erinnert sei nur an die Hetzkampagne gegen den zu Unrecht als Spion verurteilten Hauptmann Alfred Dreyfus in der Zeit um die Jahrhundertwende. Die politischen Emigranten aus Deutschland, Österreich und der Tschechoslowakei hatten in Frankreich ohnehin nicht die gastliche Aufnahme gefunden, die sie etwa aufgrund ihrer Ideenverwandtschaft erhofft hatten. Wenn es sich dabei gar um Juden gehandelt hatte, waren sie bei Behörden und im Volk gleichermaßen auf Ablehnung gestoßen. Demgemäß fiel es Eichmanns Vertreter in Paris, dem aus München stammenden SS-Obersturmführer Theodor Dannecker, leicht, Kollaborateure für antisemitische Aktionen zu finden. Neugegründete Vereinigungen oder gar Parteien verkündeten antijüdische Parolen, und das eine oder andere Blatt aus der Pariser Presselandschaft stimmte ähnliche Töne an. Darauf konnte Danneckers Nachfolger, der SS-Hauptsturmführer Alois Brunner, bauen, als die Gestapo daranging, zunächst einmal den besetzten Teil Frankreichs judenfrei zu machen.

Ihre erste Aufgabe war es gewesen, aus den in Südfrankreich bereits bei Kriegsanfang angelegten Internierungslagern die dort zwangsversammelten deutschen Emigranten abzuholen und zu verhören. Gemäß bürokratischem Brauch hatten die französischen Behörden sie dort als Angehörige einer feindlichen Macht hinter Stacheldraht gefangengehalten, obwohl ihnen die deutsche Staatsbürgerschaft meist schon durch das NS-Regime aberkannt worden war und wohl keiner von ihnen einen Sieg Hitlers wünschte. Ebenso wurden dort die deutschen Antifaschisten verwahrt, die in Spanien gegen das Regime des Generals Franco in den Internationalen Brigaden gekämpft hatten. Es waren in der Mehrzahl Kommunisten und Linksradikale, darunter eine Anzahl Intellektuelle. Solche Häftlinge waren für die Gestapo eine willkommene und leichte Beute, mit der man in

Berlin renommieren konnte. Sie wurden anschließend zur weiteren Überprüfung und Umerziehung in Deutschland in ein KZ gesteckt, und falls man sie dort je entließ, landeten sie in einer Bewährungskompanie der Wehrmacht. Das waren Einheiten, die bei gefährlichen Einsätzen, wie etwa dem nächtlichen Minenlegen vor deutschen oder dem Minenräumen vor feindlichen Stellungen, oft hohe Verluste hatten und in denen menschenverachtende Härten üblich waren. War gar ein so gefaßter Emigrant auch noch Jude, dann wurde er zunächst einmal noch bei der Gestapo in Frankreich gründlich und mit entsprechendem Nachdruck verhört. Schließlich kam er in ein Lager, das der französischen Polizei unterstand. Er traf dort auf Juden, die von der französischen Polizei und einer Art Miliz aus Freiwilligen zusammengetrieben worden waren. Er stieg schließlich in den Waggon eines Güterzuges, dessen Türen verriegelt und dessen Luken mit Stacheldraht gegen das Entweichen abgesichert wurden. Darin reiste er in den Osten Europas.

Gemäß den Planungen im Wannsee-Protokoll mußte die Gestapo auch den europäischen Westen judenfrei machen. Deshalb rief Eichmann zum 1. Juli 1942 seine in Frankreich tätigen Helfer zu einer Dienstbesprechung nach Paris. Hauptsturmführer Dannecker faßte in einem Vermerk das Ergebnis zusammen. Er erwähnte einen Himmler-Befehl, »demzufolge sämtliche in Frankreich ansässigen Juden sobald als möglich abgeschoben werden sollten« – nämlich in den Osten. Im von den Deutschen besetzten Teil Frankreichs »verliefen die Durchführungsarbeiten . . . reibungslos und klar«, doch im unbesetzten Teil, wo unter Marschall Pétain eine französische Regierung noch geringe Kompetenz besaß, seien diese Arbeiten »noch nicht restlos durchgeführt, da die Regierung in zunehmendem Maße Schwierigkeiten bereitet«. Also sei dort »entsprechende Druckarbeit . . . die unumgängliche notwendige Tatsache«. Es stünden jedoch »in der Zwischenzeit die Transporte aus dem besetzten Teil zur Verfügung«, so daß »trotzdem im Augenblick der Reichsführer-SS-Befehl restlos durchgedrückt werden kann«. Allerdings müsse »das bisher vorgesehene Tempo (drei Transporte zu je 1000 Juden wöchentlich) in Zeitkürze wesentlich gesteigert werden«.

Allein mit den Kräften der deutschen Sicherheitspolizei und des SD hätte Eichmann in Frankreich wenig ausrichten können. Der Militärbefehlshaber unterstützte seine Aktion so gut wie nicht. Weniger Hemmungen hatten die französischen Polizeibehörden. Für manche waren Juden, ob eingewandert oder alteingesessen, keine Landsleute. Auf der Suche nach »Kommunisten, Terroristen und Saboteuren«, wie die gemeinsamen Feinde in einem deutsch-französischen Abkommen 1942 definiert wurden, griffen sie lieber nach Juden als nach ihren Compatriotes. Ihre Regierung in Vichy hatte ja auch keine Hemmungen, der Gestapo die Beamten für Razzien gegen Juden zur Verfügung zu stellen. Schließlich förderte die Regierung des Ministerpräsidenten Pierre Laval im Sommer 1942 sogar die Aufstellung einer Freiwilligentruppe der SS, der »Légion des Volontaires Français«.

Wie wenig die Gestapo sich daran hielt, den Franzosen verabredungsgemäß die Polizeigewalt allein zu überlassen, erhellt schließlich ein Vorfall, der sich am 5. August 1942 auf einem Pariser Sportplatz ereignete. Als dort ein Zug deutscher Soldaten exerzierte, warfen drei Männer Handgranaten unter sie. Acht Deutsche wurden getötet, 13 verletzt. In diesem Fall ermittelte die Gestapo von Anfang an, und sie fand auch die Täter: einen Ungarn und zwei Rumänen, Kommunisten alle drei. Ein Kriegsgericht verurteilte sie zum Tode, und sie wurden erschossen. Aber bereits eine Woche vor der Urteilsvollstreckung hatte die Gestapo als Vergeltung für den Anschlag 88

Häftlinge getötet, die angeblich »terroristischer Handlungen überführt« worden waren. Sie waren aus unterschiedlichen Gründen festgenommen und als Geiseln für eine Massenvergeltung im Gefängnis gehalten worden. Ihre Taten reichten vom Versuch, einen Urlauberzug entgleisen zu lassen, bis zu folgenlosen Demonstrationen gegen die Besatzer.

Als schließlich am 11. November 1942 deutsche Soldaten auch noch den Rest Frankreichs besetzten, die »zone libre«, waren darunter sechs Kommandos der Gestapo und des SD, die in den wichtigsten Städten ihre Dienststellen einrichteten und Außenstellen anlegten. Damit verfügte die Gestapo außer der Pariser Zentrale mit ihren vielen, über die ganze Stadt verteilten Büros über 17 Regionalämter in Frankreich, denen wiederum 55 Außenstellen angeschlossen waren und dazu noch 18 weitere, kleinere Stützpunkte. Das Netz war fast so dicht gezogen wie im Heimatland. Mochte der deutsche Militärgouverneur bestimmungsgemäß Frankreich regieren an Stelle des zur Ohnmacht verurteilten Regimes Pétain/Laval, so war doch in der Praxis die Gestapo nun in der Lage zu tun, was ihr beliebte.

Bis zum Wendepunkt des Rußlandfeldzugs ging das NS-Regime mit Menschenleben verschwenderisch um, und die SS-Verbände waren sogar stolz auf ihre hohen Verlustzahlen. Doch als der Vormarsch auf Moskau zusammengebrochen war, fehlten dem Heer die Soldaten, die gefallen, in Gefangenschaft geraten, verwundet oder durch Erfrierungen zu Invaliden geworden waren. Die Heimat mußte Nachschub liefern. Damit fehlten Männer in den Betrieben. Nur langsam begriff das Regime, daß Kriegsgefangene – von denen man Millionen hatte – wertvolle Arbeitskräfte darstellten. Während Rotarmisten in den Gefangenenlagern erfroren, an Hunger und Seuchen starben, warben die Deutschen bei der französischen Zivilbevölkerung um Arbeitskräfte, indem sie versprachen, dafür deren

Landsleute aus den Kriegsgefangenenlagern zu entlassen – ein doppelter Nutzeffekt, weil ja dann die Heimkehrer auch wieder in Betrieben arbeiteten, die die deutsche Industrie entlasteten.

Die billigsten Arbeitskräfte stellten freilich die Konzentrationslager. Die Gestapo mußte deshalb Häftlinge herbeischaffen, auch aus den besetzten Ländern. Französische Akten berichten von 320 Eisenbahnzügen, jeder gefüllt mit etwa tausend Häftlingen, die über den Rhein transportiert wurden, teils in Arbeitslager, teils aber auch in Vernichtungslager. Von den etwa 250 000 Häftlingen kehrten nach Kriegsende nur noch 35 000 in die Heimat zurück. Das bedeutet: Von sieben Häftlingen überlebte nur einer. Die Verluste der Niederländer lagen noch höher: Von 126 000 Verschleppten kehrten nur noch 11 000 heim. Die Überlegung, daß auch Juden nützliche Arbeitskräfte sein könnten, führte schließlich dazu, daß sie etwa von Mitte 1942 an nicht mehr grundsätzlich unmittelbar nach der Ankunft ihres Transports von der Entladerampe weg in die Gaskammer gebracht wurden. Nun wurden sie selektiert, und wer tauglich schien für harte Arbeit, durfte noch so lange leben, bis er bei ungenügender Ernährung sich halbtot gearbeitet hatte und nur noch aus Haut und Knochen bestand, so daß ihn die Bewacher höhnisch einen »Muselmanen« nannten.

Wie diese »natürliche Auslese« funktionierte, zeigt eine Bilanz des Transportes Nr. 42, der am 6. November 1942 Paris verließ mit etwa tausend jüdischen Häftlingen, meist jungen Menschen, zu einem Viertel sogar Kinder und Jugendliche unter 18 Jahren. Sie wurden in Auschwitz auf der Rampe selektiert: 145 männliche und 82 weibliche Häftlinge blieben als Zwangsarbeiter am Leben. Die anderen gingen sofort in die Gaskammer, darunter selbstverständlich auch die 113 Kinder unter zwölf Jahren. Nach dem Ende des Krieges lebten vom ganzen Transport noch vier Männer.

Als dieser Zug durch Deutschland ostwärts rollte, war der Generaldirektor dieses Mörder-Konzerns seit einem halben Jahr tot. Der SS-Obergruppenführer Reinhard Heydrich, Chef des Reichssicherheitshauptamtes und seit dem 27. September 1941 auch noch stellvertretend mit der Führung der Geschäfte des Reichsprotektors in Böhmen und Mähren beauftragt, war an Verletzungen gestorben, die er bei einem Attentat tschechischer Widerstandskämpfer erlitten hatte, als er am 27. Mai 1942 im Auto von seinem Wohnsitz zur Prager Burg, seinem Amtssitz, unterwegs war. In diesem Fall wäre die Gestapo wohl hinreichend motiviert gewesen, die Attentäter zu ermitteln, aber ihre kriminalistischen Fähigkeiten reichten dafür nicht aus. Sie mußte die bewährten Spurensucher der Kripo aus Berlin zu Hilfe rufen. Sie ermittelten schließlich die Täter: Tschechen, die von der Londoner Exilregierung für diese Aktion ausgebildet und nächtlings mit Fallschirmen über dem Protektorat aus einem Flugzeug der Royal Air Force abgesprungen waren. Auf Heydrich waren sie angesetzt worden, weil er durch popularistische Maßnahmen, durch höhere Löhne, höhere Lebensmittelrationen für Arbeitnehmer, durch die Bestrafung von Schiebern und rigorosen Unternehmern, die tschechischen Arbeiter für die deutsche Herrschaft zu gewinnen versuchte.

Aufgrund des Attentats verhaftete die Gestapo über zehntausend mehr oder weniger Verdächtige, erschoß insgesamt über tausend Menschen und ließ das Dorf Lidiče am Rand von Prag dem Erdboden gleichmachen, weil dort die Attentäter vorübergehend Unterschlupf gefunden hatten. Die Männer des Dorfes starben vor den Peletons, die Frauen wurden in ein KZ gesteckt, die Kinder wurden in den Osten verschleppt und verschwanden dort, nachdem Himmler einige SS-Führern zur Adoption freigegeben hatte – nicht ohne vorher geprüft zu haben, ob ihr Blutsanteil an nordischer Rasse dafür hoch genug sei.

Es darf als sicher angenommen werden, daß Heydrich das Perfekte seines Fließbandsystems zur Menschenvernichtung noch hatte erleben dürfen. Zwei Wochen vor seinem Tod empfing sein Büro die Meldung, daß am 12. Mai 1942 ein Transport von 1500 jüdischen Frauen, Männern und Kindern in Auschwitz angekommen und daß die Passagiere ausnahmslos innerhalb weniger Stunden ermordet worden waren. Es mochte dies nicht die erste Meldung dieser Art gewesen sein, aber sie ist die älteste mit einer genauen Datierung. Ehre, wem Ehre gebührt: Dafür bekam der tote Heydrich ein Staatsbegräbnis in Berlin, und am 9. Juni 1942 hielt Himmler im Mosaiksaal der Reichskanzlei die Gedenkrede. Er bezeichnete Heydrich als einen der besten Nationalsozialisten.

Den Toten konnte der Reichsführer SS ohne Bedenken so großzügig auszeichnen. Zum Obergruppenführer Karl Wolff, dem Chef seines Persönlichen Stabes, sagte Himmler einmal, falls ihm etwas zustöße, kämen als Nachfolger nur zwei SS-Führer in Frage: Heydrich oder Wolff. Der Führer werde sich wohl für Wolff entscheiden, wenn ruhige Jahre bevorstünden; Heydrich dagegen sei der Richtige, falls der Chef der Polizei Härte besitzen müsse. In der Tat genoß der Verstorbene seit 1934, seit der Röhm-Affäre, so offensichtlich Hitlers besonderes Wohlwollen, daß innerhalb der SS-Spitze schon darüber geredet wurde, Heydrich werde Himmler bald von der Spitze verdrängen. Mit seinem stets paraten Verstand, kalt und scharf wie die Waffen, die der Sportfechter in der deutschen Nationalmannschaft präzise zu führen verstand, hätte er einem Staat der absoluten Gewalt besser angestanden als der konziliante Wolff und sogar besser als ein in mystische Spekulationen verliebter Himmler.

Bei etlichen großen Aktionen hatte die von Heydrich geschaffene Institution allerdings versagt. Georg Elser konnte seine

Bombe im Bürgerbräukeller ungestört zünden. Rudolf Heß, Stellvertreter Hitlers in Parteiangelegenheiten, flog fünf Wochen vor dem geplanten Ostfeldzug nach England: ungehindert und nie verdächtigt. Der völlig überraschten Gestapo blieb als Reaktion nur noch übrig, auf Hitlers Geheiß eine Anzahl Antroposophen, Wissenschaftler, Astrologen und Okkultisten zu verhaften, weil sie angeblich zur Geistesverwirrung von Heß beigetragen hatten. Da es nur einen einzigen Verantwortlichen für den Flug nach England gab, nämlich Heß selber, konnte die Gestapo auch keinen Schuldigen auftreiben, und falls sie die Beweggründe für den Flug ermitteln konnte, durfte sie darüber nicht einmal berichten.

Anders lag der Fall, als sie den Auftrag erhielt, den am 25. Juli 1943 in Rom abgesetzten, verhafteten und an einem unbekannten Ort gefangengehaltenen Ministerpräsidenten Benito Mussolini, den Duce, zu finden und zu befreien. Entgegen seiner so häufig geschmetterten heldischen Sprüche hatte er sich ohne Gegenwehr im Palast des Königs verhaften und in einem bereitgestellten Sanitätskraftwagen abtransportieren lassen. Für Hitler war er nicht nur der Garant für das Bündnis der deutsch-italienischen »Achse« gewesen, sondern viele Jahre hindurch das Vorbild eines Diktators und zeitweilig sogar fast so etwas wie ein Freund, vorausgesetzt, daß er solcher Gefühle überhaupt fähig war. Die Auswirkungen dieses Machtwechsels in Rom zeigten sich bald. Italiens neuer Ministerpräsident verhandelte heimlich mit den Westalliierten, die bereits einen Teil seines Landes erobert hatten. Er kapitulierte nicht unerwartet am 6. September 1943. Völkerrechtlich war damit eine prekäre Situation entstanden, denn die in Italien stehenden Truppen hätten nun unverzüglich das Land verlassen müssen. Mit einem befreiten Mussolini ließe sich dagegen eine neue Regierung bilden, die den weitaus größeren und wirtschaftlich sehr viel wertvolleren Teil des Landes dem Krieg nutzbar machen würde – vorausgesetzt, Mussolini würde gefunden.

Himmler spornte seine SD-Agenten an, hieß die Gestapo Pläne schmieden und schickte den Gruppenführer Karl Wolff als Höheren SS- und Polizeiführer nach Norditalien. Er versammelte Hellseher, Pendler und andere Okkultisten, damit sie den Duce fänden. Vergebens. Der mehrmals verlagerte Ex-Regierungschef war inzwischen in einem schwer zugänglichen Berghotel im Gran-Sasso-Massiv der Abruzzen versteckt worden. Dort befreiten ihn Fallschirmjäger am 12. September 1943, doch den Ruhm erntete der SS-Führer Otto Skorzeny, der James Bond des SD. Er gefährdete zu guter Letzt noch den glücklichen Ausgang des Unternehmens, indem er sich beim Abflug von dem Bergmassiv neben Mussolini in das kleine Flugzeug zwängte und die kleine Maschine damit überlud. Daß der Fieseler Storch nicht im Gebirge zerschellte, war nur der Geschicklichkeit des Piloten zu verdanken. Skorzeny bekam von Hitler das Ritterkreuz und die Beförderung zum SS-Sturmbannführer. Mussolini wurde über München, wo er seine Familie traf, ins Führerhauptquartier geflogen, wurde dort von Hitler umarmt und tat fortan so, als sei er der Herrscher Italiens.

In Wahrheit war er nur noch Hitlers Satellit. Zwei seiner nördlichen Provinzen, darunter Südtirol, wurden dem Reich zugeschlagen, und seine Soldaten wurden zunächst einmal vom Heer und der SS als Kriegsgefangene behandelt. Wer weiterkämpfen wollte, durfte in die neue Armee der italienischen Republik eintreten; wer sich weigerte, geriet über deutsche Gefangenenlager in ein Zwangsarbeitslager. Die Gestapo bekam den Auftrag, unter ihnen und überhaupt unter den Italienern nach »Verrätern« zu suchen. Besonders strafwürdig erschienen die Mitglieder des Faschistischen Großrats, die am Sturz ihres Duce mitgewirkt hatten. Einer der Anführer war dabei der

Schwiegersohn des Duce, der Graf Galeazzo Ciano, gewesen, ehemals Außenminister in der italienischen Regierung. Nachdem ihn die Gestapo in Oberbayern bewacht hatte, wurde er in Norditalien seinem Schwiegervater übergeben, der ihn von einem Kriegsgericht zum Tode verurteilen und erschießen ließ.

Mochte Himmler mit dem Einsatz seines Gefolgsmannes auch großtun, so war dies ebenso Falschmünzerei wie die Bemühmungen des NS-Regimes, die Befreiung des Duce als einen kriegsentscheidenden Sieg zu feiern. Die Gegner des Regimes im eigenen Land ließen sich dadurch nicht beeindrucken. Das Reichssicherheitshauptamt hatte reichlich zu tun. Himmler hatte dessen Führung nach dem Tod Heydrichs zunächst selbst übernommen, es war jedoch nicht sein Verdienst, daß die Gestapo im Herbst 1942 eine Spionage- und Widerstandsorganisation aufbrechen konnte, die sich über halb Europa erstreckte und als »Rote Kapelle« in die Geschichtsschreibung einging. Sie hatte ihre Agenten und Büros in Frankreich, Belgien, den Niederlanden, in der Schweiz und in Deutschland, ihre Zentrale jedoch in der Sowjetunion. Die Verbindungen wurden durch Funkgeräte aufrechterhalten, und ihre Informanten saßen unter anderem im Auswärtigen Amt in Berlin, im Luftwaffen-Führungsstab, in dem der Kommunist Harro Schulze-Boysen, im Rassenpolitischen Amt der NSDAP, in dem Greta Kuckhoff arbeitete, und im Reichswirtschaftsministerium, in dem der Oberregierungsrat Arvid Harnack Nachrichten sammelte. Ihre Namen hatten in der Berliner Gesellschaft einen guten Klang.

Sender der »Roten Kapelle« hatten bei der Funküberwachung des Geheimdienstes der Wehrmacht, der Abwehr, Verdacht erregt. Als in Berlin ein Sender schwieg, weil der Betreiber sich durch Peilwagen überwacht sah, übernahm eine Gruppe im besetzten Brüssel die Weitergabe der Nachrichten. Ihr Sender wurde dann in Gent ausgehoben, gemeinsam von der Abwehr und vom Reichssicherheitshauptamt. Damit war ein Einbruch in das Netz der »Roten Kapelle« gelungen, und nach dem 30. August 1942 wurden deren Mitglieder von der Gestapo verhaftet. Im qualvollen Verhör nannte Ehefrau Libertas Schulze-Boysen die Namen vieler Beteiligter.

Damit nicht genug. Durch diesen Erfolg holte die Gestapo nacheinander auch mit der Methode brutaler Verhöre die Namen weiterer Staatsfeinde aus Verhafteten heraus. In den Kellern der Prinz-Albrecht-Straße wurde so mancher Häftling weichgeprügelt. Die Gestapo verhaftete aus diesem Komplex 130 Personen, und die willfährigen Richter fällten zahlreiche Todesurteile.

War die »Rote Kapelle« ein aus Moskau gelenktes und finanziertes Unternehmen (wobei man die antifaschistisch motivierten Mitglieder nicht übersehen sollte), so sammelten sich nach den militärischen Niederlagen des NS-Regimes jetzt wieder mehr Gegner, die nicht von einer feindlichen Macht gesteuert wurden. In dreißig Hamburger Betrieben bildeten sich Widerstandsgruppen, geführt von den ehemaligen KPD-Abgeordneten der Bürgerschaft Bernhard Bästlein und Franz Jacob. Beide, und nicht nur sie, wußten, was sie erwartete, wenn sie entdeckt wurden, denn beide waren schon Häftlinge in KZs gewesen. Im Werftbetrieb Blohm + Voss wuchs die Gruppe der NS-Gegner auf mehr als sechzig Personen an. Dort und auch in anderen Betrieben gelang es, die Produktion von Waffen und Kriegsgerät durch Sabotage zu hemmen, und wo Kriegsgefangene mitarbeiteten, versuchten die Antifaschisten deren hartes Los zu mildern. Gemeinsam hörten sie manchmal den in Moskau stehenden Deutschen Volkssender, lasen in Zirkeln marxistische Literatur und diskutierten, welches System nach dem Ende des Nationalsozialismus im Reich errichtet werden könnte. Mehr als 200 Mitglieder wurden es nie. Doch damit war die Gruppe bereits für ein Wirken im Untergrund zu groß. Im Oktober kam ihr die Gestapo auf die Spur. Über die Hälfte ihrer Mitglieder wurde verhaftet, 85 wurden angeklagt und in den Tod geschickt. Auf Heinrich Müller, den bewährten Kommunisten-jäger, konnte sich Himmler nach wie vor verlassen. Als sich dann in Hamburg Reste der Bästlein-Gruppe mit ehemaligen SPD-Mitgliedern, einigen Juristen und Ärzten zu einer diskutieren-den Oppositionsgruppe zusammentaten, wußte die Gestapo auch bald Bescheid. Sie schickte einen Studenten, angeblich Franzose und (noch plumper) angeblich Jude, in den Kreis. Weil man ihm vertraute, konnten die meisten Mitglieder verhaftet und in ein KZ eingeliefert werden. Ein Mann wurde nach dem Gerichtsurteil hingerichtet. Sieben andere starben ohne Urteil im KZ.

Auch unter Münchner Akademikern bildete sich eine Gruppe des Widerstandes, junge Menschen zumeist, die sich zum Teil früher einmal für den Nationalsozialismus begeistert hatten. Als »Weiße Rose« verfaßten, druckten und verteilten sie in der Münchner Universität Flugblätter, die sie auch per Post weiter-verbreiteten. Zunächst versuchte die Gestapo vergeblich ihrer habhaft zu werden. Doch als sie am 19. Februar 1943 ihre Flugblätter mit der Aufforderung zum Kampf gegen Hitler unter die Kommilitonen brachten, wurden sie vom Hausmeister der Universität erkannt, der Gestapo gemeldet und verhaftet: Hans Scholl (25), Student der Medizin, seine Schwester Sophie Scholl (22), Studentin der Philosophie, Christoph Probst (25), Medizinstudent. Drei Tage lang wurden sie verhört und gefol-tert, weil sie ihre Helfer nicht nennen wollten. Bereits am 22. Februar standen sie vor dem Sondergericht, das sie selbstver-ständlich zum Tode verurteilte. Sie wurden noch am gleichen Abend hingerichtet. Damit war für die Gestapo der Fall jedoch nicht abgeschlossen. Sie suchte nach Mittätern. Nach einem

Vierteljahr fand sie sie: Sie verhaftete Mitte Juli den Philosophie-professor Kurt Huber und dann auch noch zwei weitere Medizinstudenten. Auch sie starben durch den Scharfrichter.

Mit einer Ausstellung »Das Sowjetparadies« versuchten die NS-Propagandisten die Furcht der Deutschen vor der Roten Armee und damit auch den Wehrwillen der Deutschen zu steigern. Bald nach ihrem Debüt brannte sie am 18. Mai 1942 aus. Die Kripo stellte fest: Brandstiftung. Schon wenige Tage später nahm die Gestapo 22 Mitglieder einer kommunistischen Gruppe als mutmaßliche Täter fest. Anfang August kamen noch 15 Gesinnungsgenossen hinzu, im September weitere sechs, im Dezember 18 Personen und im Januar 1943 noch einmal acht Personen. Über die Hälfte der Verhafteten waren Juden. Sie ahnten offenbar, was ihnen bevorstand, und wollten mit diesem »flammenden Protest« auf ihr Schicksal aufmerksam machen und zugleich ihren Gegner schädigen, so gut sie es aus ihrer schwachen Position heraus konnten.

Von 1945 bis heute wird unter den Deutschen und auch in der Welt darüber gestritten, wann die sogenannte »Endlösung« der Judenfrage, wie sie in der Wannsee-Villa verkündet wurde, im Volk weithin bekannt wurde. Daß Ignoranz bis zum Kriegsende weit verbreitet war, mußte den mit den Verhältnissen im Reich nicht vertrauten Ausländern unbegreiflich erscheinen. Es gibt jedoch ein Indiz dafür, daß die Gilde der Mörder ihr Geheimnis streng hütete. Zeuge ist der Reichsführer SS Heinrich Himmler, also gewissermaßen der Chef dieser Mörder.

Er gab im Januar 1943 den direkten Befehl über das Reichssi-cherheitshauptamt an den Juristen Dr. Ernst Kaltenbrunner, einen Österreicher, der in Linz die Anwaltspraxis seines Vaters übernommen hatte und nach seinem Eintritt in die SS dort rasch avanciert war. Da bei Himmler körperliche Länge als Indiz für nordische Rasse galt, war Kaltenbrunner bereits 1935 mit der

Führung der SS in Österreich beauftragt worden. In der kurzlebigen Regierung des Bundeskanzlers Seyß-Inquart hatte er als Staatssekretär für das Sicherheitswesen die Polizei im Alpenland auf ihre terroristischen Aufgaben vorbereitet, die ihr dann mit dem sogenannten Anschluß zufielen. Seit 1939 war er SS-Gruppenführer und Höherer SS- und Polizeiführer in Österreich. Mit seinem klobigen Körperbau, den groben Gesichtszügen und den schaufelgroßen Händen glich er äußerlich eher der Vorstellung, die man sich von einem Holzknecht in den Alpen macht, als der von einem Anwalt.

Er hat später vor dem Internationalen Militärgericht in Nürnberg behauptet, er habe sich in seiner neuen Stellung kaum um Gestapo und um Judenmorde gekümmert, weil sein Interesse eigentlich dem nachrichtendienstlichen Sektor des Reichssicherheitshauptamtes gegolten habe, also dem Amt IV, dem Walter Schellenberg vorstand. Gewiß waren bei seinem Amtsantritt die Morde und die Verschleppungen längst im Gang, waren die unmenschlichen Zustände in den Konzentrationslagern und die Menschenversuche mit Häftlingen zur Gewohnheit im Imperium Himmlers geworden. Kaltenbrunner war nicht der Erfinder dieser Scheußlichkeiten, wohl aber ließ er sie weiterhin ungehemmt praktizieren. Heinrich Müller, jetzt endlich zum SS-Gruppenführer und Generalleutnant der Polizei befördert, und Heinrich Himmler hätten auch ohne Kaltenbrunners Bemühungen die Maschinerie der Gestapo am Laufen gehalten.

Himmler war allerdings von einer allerhöchsten Anweisung ziemlich in Anspruch genommen, weniger physisch als psychisch: Er mußte ein Staatsgeheimnis lüften. Natürlich nicht, indem er es an die große Glocke hängte, aber ausgewählte Personenkreise durften, vielmehr mußten einiges über die »Heldentaten« von SD und Gestapo erfahren. Zu diesem Zweck versammelten sich in Posen die Gruppenführer und Obergruppenführer der SS am 4. Oktober 1943. Zwei Tage später trafen sich dort auch die Reichs- und die Gauleiter der NSDAP. Diese Creme des Systems informierte Himmler in einer jeweils neunzig Minuten dauernden Rede, daß auf seinen Befehl hin gemäß dem Willen des Führers die Juden im deutschen Machtbereich ausgerottet würden und auch schon weitgehend ausgerottet seien. »Für den, der durchführen muß, ist es das Allerhärteste und Schwerste, was es gibt«, klagte Himmler. »Ich hielt mich nämlich nicht für berechtigt, die Männer auszurotten ... und die Rächer in Gestalt der Kinder für unsere Söhne und Enkel groß werden zu lassen. Es mußte der schwere Entschluß gefaßt werden, dieses Volk von der Erde verschwinden zu lassen. Für die Organisation, die den Auftrag durchführen mußte, war es der schwerste, den wir bisher hatten. – Sie wissen nun Bescheid, und Sie behalten es für sich. Man wird vielleicht in ganz später Zeit einmal überlegen können, ob man dem deutschen Volk etwas mehr darüber sagt. Ich glaube, es ist besser, wir, wir insgesamt, haben das für unser Volk getragen, haben die Verantwortung auf uns genommen ... und nehmen dann das Geheimnis mit in unser Grab.«

Himmler plädierte also für Mitleid: nicht gegenüber den Ermordeten, wohl aber mit den bei ihren Taten so schlimm gestreßten Mördern. »Ich habe mich«, bekannte Himmler, »für verpflichtet gehalten, zu Ihnen als den obersten Willensträgern, als den obersten Würdenträgern dieses politischen Ordens ... auch über diese Frage einmal ganz offen zu sprechen ... Die Judenfrage in den von uns besetzten Ländern wird bis Ende dieses Jahres erledigt sein. Es werden nur Restbestände von einzelnen Juden übrigbleiben, die untergeschlüpft sind.«

Nach wie vor galt also: Das Volk durfte von den Verbrechen nichts erfahren, von wenigen Auserwählten abgesehen. Wohl sahen die Bewohner der Städte die Sammelstellen für Juden, sahen sie in Eisenbahnwaggons gepfercht und – sahen sie dann nie wieder. Parteifunktionäre erzählten, die Juden würden in der Weite des eroberten Ostens ihr eigenes Reservat aufbauen. Wer aus dem Volke (geflüstert) mehr erfuhr, hütete sich, dieses Wissen weiterzugeben. Die Gestapo hatte große und viele Ohren, und wenn sie von einem dieser »Gerüchte« hörte, dann war es unwichtig, ob es zutraf oder nicht. Wahr durfte nur sein, was Deutschland nutzte, dem Deutschland Hitlers natürlich. Es stellte sich dann die Frage, weshalb Himmler (mit Hitlers Wissen) diesem ausgewählten Kreis die Wahrheit mitteilen durfte und dabei in Kauf nahm, daß zumindest einige davon der Ehefrau, dem besten Freund oder auch nur dem Stellvertreter im Amt das Wissen weitergaben. Es mag auch sein, daß mancher der nun offiziell Eingeweihten das Geheimnis schon kannte. Entscheidend war jedoch: Die ganze Clique der obersten Führerschicht wußte nun, daß auf Befehl des Führers alle Brücken für einen Rückzug aus Krieg, Partei und Gewaltherrschaft abgebrochen waren. Falls der Krieg verlorenginge, hätte keiner aus diesem Kreis Gnade zu erwarten. Mitgegangen, mitgehangen . . .

Sollten die von Himmler Eingeweihten der Meinung gewesen sein, sie allein wüßten um das große Geheimnis ihres Regimes, dann wären sie entweder Dummköpfe oder lebensfremde Traumtänzer gewesen. Im Offizierskorps waren die Proteste des Generalobersts Johannes Blaskowitz über die Vorgänge in Polen nicht vergessen. In den Stäben der Heeresgruppen hatte man keine Einwände, wenn die Einsatzgruppe in Wald und Sumpf versteckte Partisanen aufstöberte und sie ermordete. Die Partisanen störten nicht nur empfindlich den Nachschub für die Front, sondern sie lieferten auch der Roten Armee Informationen, per Funk und durch Kuriere, die sich bei Nacht durch die vordersten Linien schleichen mußten. Und sie überfielen im

Hinterland schwach besetzte Troßstützpunkte, erbeuteten Waffen, töteten die Soldaten und schändeten sie oft nach barbarischer Sitte, indem sie den Toten den Penis abschnitten und in den Mund steckten.

Nein, zimperlich durfte man nicht sein in diesem Krieg. Deshalb sah man in den Stäben auch noch durch die Finger, wenn bei den jetzt vermehrt notwendig werdenden Rückzügen die Zivilisten der zu räumenden Gebiete durch Sicherheitspolizei gezwungen wurden, ebenfalls westwärts zu wandern, und wenn dabei Männer, sofern sie jung und kräftig genug waren, eingefangen und als Zwangsarbeiter ins Reich verfrachtet wurden. Doch die Judenmassaker der Einsatzgruppen und die langen Viehwagenzüge mit der menschlichen Fracht blieben ihnen ebensowenig verborgen, wie es auffiel, daß diese Züge besetzt immer nur in einer Richtung fuhren. Damit war die Moral des Staates, für den man focht, in Frage gestellt. Und nach den verlorenen Schlachten, nach Stalingrad, dem Rückzug aus dem Orel-Bogen, den Niederlagen im Süden der UdSSR, in Afrika und auf Sizilien kam nun auch noch hinzu, daß der Glaube an das Feldherrngenie des Führers schwand. Davon war der schlichte Landser weniger betroffen. Er hatte eine hohe Pyramide von Befehlenden über sich, die die Frage nach der Qualität der Führung kaum aufkommen ließ, aber in den Stäben vom Regiment aufwärts entwickelte sich eine zunehmende Kritik, die in ihrer Konsequenz auf das Führerhauptquartier bei Rastenburg in Ostpreußen zielte.

In den Streitkräften hatte die Gestapo nichts zu suchen, und sogar Urlauber waren für sie tabu. Doch diese Entwicklung konnte ihr und dem SD nicht verborgen bleiben, und sie wußte auch, daß die Kritik im oberen Teil der Heerespyramide auf fruchtbaren Boden fiel. Altpreußischer Adel sah seine jahrhundertealten Offiziersprivilegien gefährdet, seit Krethi und Plethi in die Kaste der Stabsoffiziere aufrücken konnten. Die christlich gesinnten Offiziere grollten, weil nicht mehr auf allen Koppelschlössern »Gott mit uns« zu lesen war, weil sie nicht mehr die ganze Kompanie geschlossen am Sonntagmorgen in den Gottesdienst führen durften und weil in der Waffen-SS die Soldaten aufgefordert wurden, aus der Kirche auszutreten. Standesbewußte beklagten, daß die Kluft zwischen Portepeeträgern und Mannschaften durch die Volksgemeinschaft nivelliert würde. Hatten bisher solche Dissonanzen nur zu gelegentlichen Reibereien zwischen einzelnen Dienststellen der Wehrmacht und der Partei geführt, so drängte nun einerseits die NSDAP auf Mitspracherecht beim Militär und wuchs andererseits im Offizierskorps die Neigung für eine grundlegende Änderung der Verhältnisse. Nichts stand dem massiver im Weg als die Person Hitlers. Nicht etwa, weil ihn die feldgrauen Opponenten persönlich schätzten. Doch da gab es noch den Treueid, wie ihn Soldaten eben schwören müssen. Wenn auch gemäß den Worten des kaiserlichen Generals Wilhelm Gröner der Fahneneid in einer revolutionären Situation (wie im November 1918) »nur noch eine Fiktion« darstellt, so war eine solche Lage eben doch noch nicht gegeben. Eine Revolution muß von unten aus dem Volk kommen; wird sie von oben gemanagt, ist sie eine Revolte.

Die Opposition gegen Hitler und die Nationalsozialisten war in Teilen des Offizierskorps permanent. Als der Generaloberst von Fritsch im Jahre 1938 auf so perfide Art aus seinem Amt gedrückt worden war, hatten sich zwei Offiziere beim Befehlshaber im Wehrkreis III – dem Berliner, dem für politisch motivierte Proteste wichtigsten – gemeldet und hatten gefragt, ob die Wehrmacht nun nicht gegen das Regime der Hakenkreuzler Stellung nehmen müsse. Dieser Befehlshaber war der Generaloberst Erwin von Witzleben, die Offiziere waren Henning von Tresckow und Wolf Graf Baudissin. Der General hatte damals den beiden Offizieren geraten, entgegen ihren Überlegungen im Heer zu bleiben; der Gestapo und der SS werde man eines Tages die Rechnung präsentieren. Doch dazu kam es nie. Der einzige Versuch der Militärs, die Macht zu gewinnen, scheiterte am 20. Juli 1944 (worauf noch einzugehen sein wird). Sowohl Witzleben als auch Tresckow starben bei diesem Versuch, das Unheil zu wenden. Nur Graf Baudissin überlebte und konnte seine Erfahrungen der Bundesrepublik Deutschland nutzbar machen, als sie ihre Streitkräfte aufbaute.

Der stets von Aggressionen erfüllte Hitler hatte – so gestand er einmal – angenommen, die Generäle und der Generalstab seien immer wild darauf, in einen Krieg zu ziehen und Länder zu erobern. Daß dem nicht so war, beklagte er lauthals, als er nach dem Sieg über Polen den Angriff im Westen für den Spätherbst 1939 plante und keine Zustimmung bei den Generälen fand. Auch im Auswärtigen Amt kursierte heimlich eine Denkschrift mit der Warnung, eine Offensive im Westen »würde das Ende Deutschlands bedeuten«; ehe man die Neutralität Belgiens und der Niederlande verletzte, müsse Hitler gestürzt werden. Den Fahneneid, so hieß es in der Denkschrift, habe Hitler bereits seinerseits gebrochen, indem er das Vaterland seinem Wahnsinn opfere. Der Ex-Generalstabschef, Generaloberst Ludwig Beck, und sein Nachfolger, Generaloberst Franz Halder, stimmten dieser These zu, unternahmen jedoch praktisch nichts. Doch die Oppositionellen in der Abwehr, der Oberst Hans Oster an der Spitze, suchten Gleichgesinnte in zivilen Kreisen. Der Major Helmuth Groscurth kontaktierte Carl Goerdeler, der bereits zum Mittelpunkt einer Opponentengruppe geworden war. Beide waren sich einig: Brauchitsch, der Oberbefehlshaber des Heeres, und Halder müßten nun handeln.

Wie man weiß, handelte niemand, wenigstens diesmal nicht. Als Halder sich gegen den Angriff im Westen aussprach, kam ihm Hitler mit Drohungen, so daß er glaubte, die Oppositionsgruppe sei bereits verraten worden. Er schickte alle auf sie bezogenen Papiere in den Reißwolf. Ein Attentat, so argumentierte er, widerspreche der soldatischen Ehre. Außerdem: Wer sollte an Hitlers Stelle treten? Niemand war auch nur annähernd so populär. Die jungen Offiziere würden sich bei einem Putsch weigern, ihre Kompanie gegen Hitler marschieren zu lassen. Was dann im kommenden Sommer geschah, als große Teile Frankreichs, als Belgien und die Niederlande feldgrau besetzt wurden, als im Großdeutschen Reich alle Kirchenglocken läuteten und von allen Häusern Hakenkreuzfahnen flatterten, schien das Zögern der Generäle zu rechtfertigen.

Ebenso schienen ab Sommer 1941 die Siege über die Rotarmisten Hitlers politisches und militärisches Genie zu bestätigen. Aus zwei Schlachten lieferte die Heeresgruppe Mitte, bei der Tresckow Erster Generalstabsoffizier war, insgesamt etwa 700 000 Gefangene, die zunächst nur in provisorisch angelegten Lagern festgehalten werden konnten. Doch der Kommissarbefehl Hitlers, wonach praktisch bereits jeder mittlere Dienstgrad der sowjetischen Beamtenschaft und jeder Politfeldwebel (Politruk) zu erschießen seien, wenn sie in Gefangenschaft geraten waren, ließ erkennen, welcher Barbar im Führerhauptquartier herrschte. Für die Heeresgruppe Mitte befahl Tresckow in diesem Punkt die Mißachtung des Führerwillens. »Bei uns wird kein Kommissar erschossen«, dekretierte er. Arthur Nebe, SS-Führer im Reichssicherheitshauptamt und Chef der Kriminalpolizei im Reich, führte das Einsatzkommando der SS im Mittelabschnitt der Front unmittelbar hinter der Heeresgruppe. Auch er gehörte inzwischen zur Opposition, ließ jedoch morden, weil er glaubte, sein Nachfolger würde noch viel mehr Leichen liefern. Tatsächlich war Heydrich bald unzufrieden mit Nebes Erfolgsstatistik. Er schickte in das dicht von Juden bevölkerte Gebiet um die Stadt Borissow ein zusätzliches Kommando mit selbständigen Anführern, die unter den Letten die wildesten Antisemiten anwarben, sie in die Uniform der SS-Totenkopfverbände steckten und zu einem Pogrom ermunterten, wie es in diesem Ausmaß in diesen Gebieten noch nie vorgekommen war. Als Tresckow dann noch von Nebe erfuhr, was in den Konzentrationslagern geschah, entschloß er sich, Hitler umzubringen, wann immer sich dazu eine Gelegenheit bieten würde. Seinen Ordonnanzoffizier Fabian von Schlabrendorff beauftragte er, Verbindungen zu Widerstandsgruppen zu suchen. Er erfuhr wenig Ermunterndes: Sie seien uneinig untereinander, berichtete Schlabrendorff. Und sie warteten auf Taten der Militärs. Tresckow fühlte sich aufgerufen. Er war ein sicherer Pistolenschütze, und falls Hitler die Front im Mittelabschnitt besuchte, wollte er ihn erschießen. Experimente mit zusammengerollten Landkarten ergaben, daß sie als Schalldämpfer verwendbar waren.

Andererseits war wohl ein Attentat mit Sprengstoff sicherer. Er wählte englischen Sprengstoff als besonders zweckmäßig aus. Im Spätherbst 1942 kam, scheinbar als Vertreter des Stuttgarter Bosch-Konzern, der ehemalige Oberbürgermeister von Leipzig, Carl Goerdeler, zeitweise sogar Hitlers Preisüberwacher, nach Smolensk. Seine Reise galt in Wahrheit dem nahe gelegenen Hauptquartier der Heeresgruppe Mitte, wo er den Feldmarschall Günther von Kluge für den Widerstand zu gewinnen hoffte. Der Marschall war im Grunde nicht abgeneigt, aber unentschlossen. Mit Tresckow traf Goerdeler auf die einzige Gruppe der Wehrmacht, die zum Handeln entschlossen war.

Die Gelegenheit kam am 13. März 1943. Hitler landete mit Gefolge auf dem Flugplatz Smolensk. Tresckow hatte seine Bombe vorbereitet – ein Paket, das angeblich zwei Cognacflaschen enthielt. Sein Gehilfe Schlabrendorff gab es einem Mann aus Hitlers Troß mit ins Flugzeug, mit der Bitte, es einem Mitverschworenen im Oberkommando der Wehrmacht zu übergeben. Die Zündung lief und war so berechnet, daß die Bombe über weißrussischem Gebiet explodieren und die viermotorige Condor-Maschine in der Luft zerreißen sollte. Vergebens warteten die Eingeweihten im Hauptquartier Mitte auf eine Meldung durch eine der Jagdmaschinen, die des Führers Flug sicherten. Man hatte beim Abflug den Mitverschworenen in der Abwehr das Stichwort nach Berlin gefunkt: »Initialzündung in Gang gesetzt«. Als dann nach einigen Stunden die Meldung kam, Hitler sei wohlbehalten in seinem Hauptquartier, der »Wolfschanze« bei Rastenburg in Ostpreußen, eingetroffen, war ihre nächste Sorge, wie sie die Bombe unschädlich machen könnten. Auch wenn die Zündung offenbar versagt hatte, so konnte das Paket doch noch irgendwann explodieren, und außerdem würde die Entdeckung des Anschlags die Urheber unweigerlich an den Galgen bringen. Schlabrendorff konnte die Bombe abholen, ehe sie in falsche Hände geriet.

Doch Tresckow gab nicht auf. Umgehend organisierte er ein zweites Attentat. Es sollte acht Tage später in Berlin stattfinden. Als Tatort bot sich das Berliner Zeughaus an, in dem Hitler am 21. März, dem Heldengedenktag, eine Ausstellung von Beutewaffen sowjetischer Herkunft besichtigen wollte. Ein Mitverschworener, Rudolf-Christoph Freiherr von Gersdorff, hatte die Schau zusammengestellt. Er bot an, sich beim Rundgang in Hitlers unmittelbarer Nähe mittels zweier Bomben in seinen Manteltaschen in die Luft zu sprengen und Hitler mit in den Tod zu nehmen. Doch abermals lief alles schief: Hitler hastete durch die Ausstellung und verließ sie, während der Zündmechanismus in Gersdorffs Manteltasche noch lief. Der konnte die Bombe dann auf der Toilette des Zeughauses noch rechtzeitig entschärfen.

Wo aber war bei so viel Staatsgefährdung die allmächtige und allwissende Geheime Staatspolizei? Sie erfuhr nichts von den mißglückten Anschlägen, weil sich alle diese Vorgänge hinter einer für sie zunächst noch unübersteigbaren Mauer abgespielt hatten. Der Gestapo hatte der Führer verboten, sich um die politische Gesinnung der Soldaten zu kümmern. Zudem verwehrte ihr feldgrauer Korpsgeist jeden Einblick. Wohl hatten Gestapo und SD in der Wehrmacht einige Vertrauensmänner, aber sie hatten nichts Verdächtiges erfahren. Im Offizierskorps kannte man sich untereinander infolge der häufigen Versetzungen, durch Kurse, Manöver und auch durch den an Inzucht grenzenden gesellschaftlichen Umgang. Häufig war schon die Nummer eines Regiments der Garant dafür, daß Vertrauen angebracht und eine Denunziation ausgeschlossen waren. Spitzel hatten es schwer in Wehrmachtskreisen; allein schon der Verdacht enger Beziehungen zur NSDAP bewirkte, daß die Offiziere im Casino Abstand hielten.

Erfahrene Gestapo-Beamte vermieden es deshalb, sich mit den ohnehin schwierigen Recherchen in der Wehrmacht die Finger zu verbrennen. Beschäftigte man sich mit bewährten und gewohnten Gegnern, dann war eine Beförderung leichter zu verdienen. Die Roten machten sich jetzt mausig, weil das Ende des Krieges in immer weitere Ferne zu rücken schien. Da gab es beispielsweise in und um Mannheim eine illegale Gruppe um den Kommunisten Lechleitner, die mit Flugblättern, Flüsterparolen in Betrieben und Sabotagen kleinerer Art in der Produktion ziemlichen Schaden angerichtet hatte. Als man die Gruppe in zäher Kleinarbeit aufgerollt hatte, konnte die Justiz immerhin 17 ihrer Mitglieder zum Tode verurteilen. Der SD meldete eine weitverbreitete Unlust zur Arbeit in den Betrieben. Jedermann wußte, daß er sich einiges herausnehmen konnte, weil ihn der Mangel an Arbeitskräften vor der Entlassung schützte. Das

Reichssicherheitshauptamt antwortete mit dem neuentwickelten Typ eines sogenannten Arbeitslagers auf diese Renitenz: Wer die Arbeitsmoral gefährdete, wurde darin bis zu 56 Tagen festgehalten. Die Häftlinge wurden jeden Morgen in normale Betriebe gebracht und abends wieder ins Lager geführt. Doch blieb jemand verstockt, dann war ihm als nächstes das KZ sicher. Auch die mehr oder weniger freiwillig ins Reich geholten Arbeitskräfte aus den unterworfenen Ländern wurden widersetzlich, am schlimmsten die Polen. Wurden sie von einem wütenden Meister oder Arbeitgeber zurechtgewiesen, etwa gar mit Schlägen, dann kam es sogar vor, daß der Fremdarbeiter zurückschlug. Da Richter in solchen Fällen gelegentlich (nach Meinung der Partei) allzu milde Urteile fällten, wurde die strafrechtliche Behandlung ab 1943 der Gestapo übertragen. Sie war angehalten, Widersetzlichkeit »nicht unter dem Gesichtspunkt der justizmäßigen Sühne, sondern der polizeilichen Gefahrenabwehr« zu sehen.

Es war nicht mehr zu verschleiern: Seit die Siegesmeldungen rar und zugleich auch die Lebensmittelrationen kleiner wurden, bekam die Gestapo zunehmend Arbeit. Für den Oktober 1942 meldete sie: 18 Sabotagefälle, verhaftet wurden 19 reichsdeutsche Marxisten und Kommunisten, 47 österreichische Kommunisten, 142 tschechische, 273 polnische, 82 weißrussische Widerständler, dazu drei katholische Geistliche, die Kriegsgefangene gleichen Glaubens unterstützt hatten, und 33 Deutsche, weil sie Nachrichten ausländischer Rundfunksender weitergegeben hatten.

Aggressionen kamen neuerdings auch aus einem Sektor, der bislang eine Stütze des Systems zu sein schien: Jugendliche rebellierten. In den Großstädten hatten es einige von ihnen satt, immer nur Befehlen zu gehorchen und gegängelt zu werden. Vor Jahr und Tag hatte der damalige Reichsjugendführer Baldur von

Schirach proklamiert, Jugend müsse grundsätzlich durch Jugend geführt werden, aber dieses Prinzip verlor offenbar in harten Zeiten seine Gültigkeit, denn mehr und mehr wurden die Jugendlichen den Anforderungen des autoritären Staates unterworfen. In den bombenbedrohten oder gar schon schwer geschädigten Städten waren viele Jugendliche besonders aufsässig, so in Köln, Düsseldorf und Hamburg. Sie revoltierten damit zugleich gegen den von Hitler propagierten Sinn ihres Lebens – soweit männlich, hielten sie es nicht mehr für besonders »süß und ehrenvoll, für das Vaterland zu sterben«, und soweit weiblich, waren sie sehr darauf bedacht, trotz eines vergnüglichen Lebenswandels dem Führer kein Kind zu schenken. Diese Pflichtvergessenen schwänzten den Dienst bei der Hitlerjugend und beim Bund deutscher Mädel, soweit sie konnten, schlossen sich zu Cliquen zusammen, feierten, sangen und wanderten gemeinsam und nannten sich Edelweißpiraten. Sie trugen eine Nachbildung dieser Blume als Abzeichen. Sie einfach zu verbieten war schwierig, weil dieses Edelweiß auch schon von der NS-Volkswohlfahrt bei einer Straßensammlung als Dekoration an Spender verkauft worden war, gewissermaßen als Lieblingsblume des Führers. Der Rechtsreferent des HJ-Gebiets Köln–Aachen hieß Pastor, und im Hauptberuf war er Jugendrichter. Er schätzte in einer Denkschrift, daß allein in Köln etliche tausend Edelweißpiraten herumliefen. Weder durch ihre Zahl noch durch alles, was sie taten, gefährdeten sie ernstlich den Staat, aber im Grunde kann es sich kein autoritäres System leisten, daß weithin sichtbar gegen seine Befehle gehandelt wird, wenn es nicht auf die Dauer für seine Bürger zum Popanz werden will. Außerdem nahmen die Cliquen Anleihen auf bei der verbotenen Bündischen Jugend. Sie ahmten deren Rituale nach und sangen deren Lieder. Und wie oftmals, wenn irgendwo die Ordnung bröckelt, spielten sich in Cliquen mitunter kriminelle Elemente an die Spitze. Unmittelbar nach Luftangriffen plünderten sie Geschäfte und Wohnungen, wenn Bomben ihnen einen leichten Zugang verschafft hatten, und was sie von ihrer Beute nicht selber gebrauchen konnten, verkauften sie auf dem Schwarzmarkt.

Mit politischen oder weltanschaulichen Programmen beschäftigten sich diese jungen Leute nicht. Bei den Bombenangriffen erlebten sie, wie ungewiß oder gar katastrophal ihre Zukunft ausfallen könnte, und die Aussicht, in absehbarer Zeit den Kasernenhof und anschließend auch noch den Schützengraben kennenzulernen, bewog sie, vom Alltag der Gegenwart ein Maximum an Vergnügen und Freiheit zu verlangen. Von Streifen der Hitlerjugend ließen sie sich mehr und mehr nichts verbieten. Manchmal kam es dabei zu Schlägereien. Im Spätsommer 1942 gelang es der Gestapo, eine Gruppe festzunehmen, aber es dauerte dann noch ein Jahr, ehe ein Sondergericht die Rädelsführer bestrafte, zumeist überaus hart. In weniger bedeutsamen Fällen begnügte man sich mit der Einweisung in ein Arbeitslager oder in die Erziehungsanstalt Brauweiler. In der Denkschrift des Richters Pastor heißt es: »Die Geheime Staatspolizei pflegte die Edelweißpiraten einer Unterbringung in Brauweiler zuzuführen und je nach Beteiligung, Charakter oder Führung eine kürzere oder längere Zeit einsitzen zu lassen, um sie alsdann nach staatspolizeilicher Verwarnung zu entlassen.« Das geschraubte Amtsdeutsch ist bezeichnend für die Hilflosigkeit, mit der Staat und Partei der Jugendrevolte gegenüberstanden.

Mochten in Köln und Düsseldorf junge Menschen aller Schichten bei den Edelweißpiraten mitmachen, so wurde der Protest gegen das Regime seitens der Hamburger Jugend vorwiegend von Abkömmlingen der bürgerlichen Schichten demonstriert. Sie fanden sich beim Tanz. Das war um so vergnüglicher, als die von ihnen bevorzugte Art des Tanzens der aus der angelsächsischen Schlagerproduktion entnommene Swing war – heitere Melodien mit schnellen Rhythmen, die zu lebhaften Bewegungen ermunterten. Musik und Tanz dieser Art waren verboten, wie ja auch der ursprüngliche Jazz als undeutsche Niggermusik seitens der Partei sogar mit Terror bekämpft wurde. Auch über den Swing beschwerten sich in erster Linie die Mucker in Parteidienststellen mit der Begründung, daß es junge Leute in so ernsten Zeiten nicht zieme, so unbeschwert über die Sorgen der Nation hinwegzutanzen. Den tieferen Anlaß zur NS-Empörung lieferte jedoch mehr noch der Swing-Jugend-Aufzug. Sie kleidete sich, soweit die Textilien der Reichskleiderkarte oder auch die handwerklichen Fertigkeiten älterer Verwandter ausreichten, nach englischer Mode, hatten auf der Straße den von der Hitlerjugend verpönten Regenschirm am Unterarm hängen und benutzten sprachlich so viele Anglizismen, wie sie ihnen ihr Wissen lieferte. Da und dort bildete sich dann auch noch eine Gruppe, die sich mit dem NS-Staat in Diskussionen kritisch beschäftigte oder gemeinsam Feindsender hörte – am liebsten natürlich den Londoner. Wer dabei erwischt wurde, kam hinter Gitter, und er konnte auch den Kopf verlieren.

Himmler und seine SS
versuchen den Absprung

Für die ernsthaften Staatsschützer war das jugendliche Aufbegehren jedoch nur ein kleiner Fisch, den zu fangen allenfalls als Beitrag zur Existenzberechtigung gewertet wurde. Schwerwiegender war, daß die Kette der Rückschläge politischer und militärischer Art, wie sie jetzt Hitler und das Reich heimsuchten, über kurz oder lang massive Widersprüche und sogar Widerstandshandlungen auslösten und daß dabei die Zahl der Staatsfeinde wuchs. In der Gestapo gab man sich nicht der Illusion hin, das Volk werde Entbehrungen, die zunehmende Beschränkung der Freiheit, die Verluste an Menschenleben und Sachwerten auf die Dauer geduldig hinnehmen, voll Vertrauen, daß der Endsieg dann alle Wunden heilen würde. Nicht nur in der Prinz-Albrecht-Straße wußte man, daß es im Untergrund zunehmend unruhig wurde, nicht nur im traditionellen Gegnerheer der Kommunisten und Sozialdemokraten, sondern auch in den Kreisen des Bürgertums und des Adels, bei den Militärs und in den Kirchen.

Würden sich diese Kräfte eines Tages vereint gegen den Hitler-Staat wenden, dann wäre er ernstlich gefährdet. Doch gerade daran haperte es. Tresckow als einer der Motoren des Widerstandes beklagte, daß Auseinandersetzungen über das, was Hitler folgen sollte, die verschiedenen Gruppierungen soweit trennte, daß sie Kontakte mieden oder gar gegeneinander opponierten.

Heinrich Müller, seit Heydrichs Tod selbständiger Chef der Gestapo, wußte zwar bereits viel über die Umtriebe der Gegner. Über die wichtigsten ihrer Feinde lagen in der Personalkartei bereits dicke Dossiers. Sie wurden seit langem intensiv beschattet, doch mit Festnahmen in diesen Kreisen hielt man sich zurück, aber nicht etwa, weil man sie juristisch nicht hätte begründen können (darauf hatte die Gestapo nie geachtet), sondern wie alle Geheimdienste wollte sie nicht zu früh zugreifen. Durch Geduld konnten weitere Verdächtige ins Garn der Polizisten geraten.

Im Herbst 1942 fiel der Gestapo jedoch ohne eigenes Dazutun plötzlich ein Schlüssel in die Hände, mit dem sie durch eine Hintertür gleich in ein Zentrum der Regimegegner eindringen konnte. Noch dazu in eine Gruppe, die durch Wehrmachtsuniformen zusätzlich geschützt schien: die Abwehr, also der Nachrichtendienst der Wehrmacht, geleitet von Admiral Wilhelm Canaris. Wie die Geheimdienste aller Staaten besaß auch die Abwehr das Privileg, Geschäfte am Rand der Legalität vorzunehmen. So bot Canaris etlichen Männern Unterschlupf in seinem Amt, die für die Partei suspekt waren – sei es wegen eines nicht lupenreinen Ariernachweises, sei es, weil ihre Gesinnung nicht ganz ins Dritte Reich paßte. Bei Canaris waren sie für Partei und Gestapo unerreichbar. Zu ihnen gehörte auch der bisher im Reichsjustizministerium beschäftigte Reichsgerichtsrat Hans von Dohnányi, der im Rang eines Sonderführers die Aufgabe hatte, Juden ins Ausland zu schleusen, damit sie dort für den deutschen Geheimdienst arbeiteten – wie man hoffte.

In der SS-Spitze wußte man längst, daß Juden von der Abwehr auf krummen Wegen außer Landes geschafft wurden. So hatte beispielsweise Professor Ferdinand Sauerbruch, berühmtester Chirurg seiner Zeit, eines Tages in Berlin den SS-Gruppenführer Karl Wolff, Chef des Persönlichen Stabs des Reichsführers SS, gebeten, er möge zwei jüdischen Medizinprofessoren die Auswanderung ermöglichen. Wolff, der jedermann gefällig sein wollte, hatte daraufhin den Judenreferenten des Reichssicherheitshauptamtes Adolf Eichmann angerufen, war aber mit seinem Anliegen auf kalte Ablehnung gestoßen. Daraus hatte sich ein kurzer, aber heftiger Wortwechsel entwickelt, in dem der ranghöhere Wolff schließlich barsch gefragt hatte: »Wissen Sie überhaupt, mit wem Sie reden?« Daraufhin hatte Eichmann bürokratisch, eiskalt und selbstbewußt entgegnet: »Jawohl, Gruppenführer! Und Sie sprechen mit dem Sturmbannführer Eichmann, Referent für Judenfragen in der Geheimen Staatspolizei!« Auf deutsch: Sie haben mir nichts dreinzureden! Sauerbruchs jüdische Kollegen gingen den Weg in ein Vernichtungslager.

Was Eichmann abgelehnt hatte, schaffte in anderen Fällen die Abwehr. Zwei Prager Juden erhielten Pässe für ihre Ausreise und sollten nun auch noch Devisen als Vorzeigegeld in ihrem künftigen Staat bekommen plus einen Fonds, den sie für ihre Agententätigkeit benötigten. Teilweise stammten diese Mittel aus dem eigenen Vermögen der Auswanderer. Dohnányi überließ die Abwicklung der Geldgeschäfte einem Münchner Parteigenossen, der selbstverständlich daran verdiente und Boten mit Dollarnoten nach Prag schickte. Einer davon blieb bei Zollfahndern der tschechischen Hauptstadt hängen. Dort gab er an, ein Offizier der Abwehr habe den Auftrag zu dieser Transaktion gegeben.

Damit wurde ein scheinbar kriminelles Devisenvergehen zum politischen Straftatbestand, und die Gestapo durfte sich zuständig fühlen. Sie nahm den Boten und den Münchner Geschäftsmann in Haft. Beim Verhör erfuhr sie, daß diese Aktion der Abwehr gesteuert wurde von Generalmajor Hans Oster, von Oberleutnant Josef Müller und von dem Sonderführer Hans von Dohnányi – drei Namen, die beim SS-Gruppenführer Heinrich Müller schon lange auf der Liste der Verdächtigen standen, ohne daß konkrete Beschuldigungen gegen sie vorlagen. Nun aber gab es einen Anlaß, sie zu vernehmen, und sei es nur als Zeugen in einem Fall von Devisenschieberei. Um nicht gegen des Führers Gebot zu verstoßen, gab die Gestapo den Fall an das Reichskriegsgericht ab. Es setzte den Oberstkriegsgerichtsrat Dr. Manfred Roeder als Untersuchungsrichter ein, der sich bereits Meriten bei der Verfolgung der »Roten Kapelle« erworben hatte. Gestapo-Müller setzte jedoch durch, daß sein Sachbearbeiter, der Kriminalsekretär Franz Xaver Sonderegger, an der Untersuchung beteiligt wurde.

Da Roeder zu der Überzeugung kam, zumindest Dohnányi sei einer Straftat verdächtig, setzte er eine Durchsuchung von dessen Büro für den 5. April 1943 an. Kripo-Chef Arthur Nebe, sowohl SS-Führer im Reichssicherheitshauptamt als auch zeitweiliger Einsatzgruppenchef und jetzt NS-Gegner, erfuhr davon und warnte seine politischen Freunde. Doch Oster und Dohnányi waren miserable Verschwörer; der letztere räumte nicht einmal kompromittierende Akten von seinem Schreibtisch, und sein Vorgesetzter versäumte, den Sonderführer und dessen Papiere zu kontrollieren. Somit wurden Roeder und Sonderegger in der Abwehr zwar erwartet, aber sie kamen insofern trotzdem überraschend. Der Oberstkriegsgerichtsrat bekam schon beim ersten Griff ein Bündel belastender Schriftstücke in die Hand. Dohnányi wies dann auch noch Oster auf ein besonders gefährliches Papier hin, indem er »der Zettel« zischte, was der Generalmajor auch gleich verstand und den Zettel an sich brachte. Dabei wurde er von Sonderegger beobachtet. Oster mußte das Papier dem Untersuchungsrichter ausliefern. Der Hauptmann Josef Müller, Dohnányi und der Mitverschworene Dietrich Bonhoeffer wurden daraufhin verhaftet, Oster zunächst einmal aus dem Amt entfernt und damit lahmgelegt. Später wurde auch er verhaftet.

Abwehrchef Canaris konnte sich noch in seinem Amt halten, war aber angeschlagen, und als sich Anfang 1944 weitere Pannen in der Abwehr ereigneten, wurde er abgesetzt. Ende Februar konnte Himmler die Abwehr mit dem SD zusammenlegen. An die Spitze des neuen Amtes trat der SS-Brigadeführer Walter Schellenberg. Was die SS damit gewann, war weniger bedeutsam als das, was der Widerstand mit der Ausschaltung und der darauffolgenden Festnahme Osters verlor. Er war so etwas wie eine Klammer aller antihitlerischen Gruppen gewesen. Geschützt durch sein Amt, hatte er sich einen direkten Draht zu verschiedenen Widerstandsrichtungen gesichert, zu den Generälen und zu den Klerikalen, zu Sozialisten und zu Kapitalisten, zu verbündeten Staaten, zu Neutralen und auch zu Persönlichkeiten in den Feindländern. Sollte die Gestapo einen dieser Drähte in die Hände bekommen, so brauchte sie ihm nur nachzugehen, um die Gruppenmitglieder einzusammeln. Nach Osters Absetzung drohte Himmler in einem Gespräch mit Canaris, er wisse jetzt, wer im Heer gegen Hitler arbeite, und er werde als Innenminister Leuten wie Beck und Goerdeler noch rechtzeitig das Handwerk legen.

Der »Kreisauer Kreis« des Grafen Helmuth James von Moltke ging ab Januar 1944 als erste Widerstandsgruppe in die Gefängniszelle. Etliche seiner Mitglieder hatten zur Abwehr gehört. Die Mehrzahl war protestantisch-christlich gesinnt, etliche kamen aus Adelsfamilien. Sie hatten Freunde, die ähnlich dachten, die von der Gestapo kassiert wurden und ihrerseits bei den qualvollen Verhören der Gestapo weitere Verdächtige nannten.

Auch bei den Kriminalisten ist häufig der erste Schritt der schwierigste, und aus ihm ergeben sich dann die folgenden fast von allein. Noch im Juli 1944 wurde als einer der letzten aus diesem Kreis der Hochschulprofessor Dr. Adolf Reichwein gefaßt. Der tobende Richter Freisler verurteilte auch ihn zum Tode. Am 20. Oktober wurde er hingerichtet.

Nebenher liefen bei der Gestapo selbstverständlich die Routinefälle weiter – mit zunehmender Tendenz. Einen davon lieferte am 22. Februar 1944 ein Hauptmann Schultz, wohnhaft in Berlin. Ihm mißfielen die Äußerungen zweier Hausbewohner, die sie im Luftschutzkeller während der jetzt so häufigen Bombenangriffe machten: Erich Knauf, Pressechef einer Filmgesellschaft, und Erich Ohser, Karikaturenzeichner, bekannt unter dem Pseudonym E. O. Plauen, der jede Woche eine neue Anekdote seiner Zeichenfiguren »Vater und Sohn« veröffentlichte. Knauf hatte sich im Gespräch mit Ohser darüber mokiert, daß der »Lausejunge« Goebbels vom Verlag der Wochenzeitschrift »Das Reich« 1500 Mark für jeden seiner Leitartikel erhielt. Futterneid dürfte dabei kaum der Beweggrund gewesen sein, denn Knauf schrieb im Nebenberuf erfolgreiche Schlagertexte, so auch »Heimat, deine Sterne«, eine in den Wunschkonzerten der Reichssender von einem beliebten Bassisten häufig zu hörende Schnulze. Ohser hatte im Luftschutzkeller behauptet, Goebbels habe die deutsche Kunst »durch idiotische Verfügungen so gedrosselt«, daß sie vor die Hunde gegangen sei. Beide hätten geäußert – meldete Schultz –, »ein deutscher Sieg wäre unser größtes Unglück«.

Als Sachbearbeiter des Falles wurde bei der Gestapo der Regierungsrat Lietzenburg eingesetzt. In seinen Vernehmungen leugneten die aus der Haft vorgeführten Beschuldigten. Über die Vernehmungen ließ sich Minister Goebbels durch seinen Staatssekretär Gutterer berichten; er wünschte, daß »Blutrichter«

Roland Freisler »selbst die Verhandlung führt« und daß die Verhandlung bald stattfinde. Freisler forderte »umgehend« weiteres Belastungsmaterial beim Propagandaministerium an und ließ mitteilen, daß »entsprechend der Härte des Falles ... zwei Todesurteile mindestens wahrscheinlich sind«. Gleich am nächsten Tag schickte ihm das Propagandaministerium »durch Sonderboten« Karikaturen Ohsers und eine Beurteilung beider Beschuldigter durch das Gaupersonalamt der NSDAP mit dem Bescheid: »Nachteiliges ist weder in polizeilicher noch politischer Beziehung bei beiden bekannt.«

Bereits zwei Tage nach diesem Briefwechsel ließ sich der 1. Strafsenat des Volksreichshofes die beiden Angeklagten vorführen – mit zweistündiger Verspätung, weil Ohser im Untersuchungsgefängnis versucht hatte, sich umzubringen. In der Verhandlung leugneten die Angeklagten, aber Hauptmann Schultz samt Ehefrau blieben bei ihren Aussagen und wiesen sogar Aufzeichnungen vor, die sie jeweils »unmittelbar im Anschluß an die Vorfälle gemacht« hatten. Folge, wie schon von Freisler angekündigt: zwei Todesurteile. Sie wurden am 2. Mai vollstreckt. Anschließend verschickte die Reichsanwaltschaft an die Hinterbliebenden die üblichen Kostenrechnungen. Der Vollzug der Todesstrafe kostete pauschal 300 Mark, dazu kamen das Anwaltshonorar, die Kosten der Strafhaft und – nicht zu vegessen – 12 Pfennig Porto für diese Zustellung. Macht zusammen für die zur Witwe gewordene Erna Knauf 585,74 Mark.

Manchmal half die Gestapo sogar mit bei einer Scheidung. Eine Frau in Berlin wollte den ihr mißliebig gewordenen Ehemann loswerden. Sie plazierte den Blockleiter der NSDAP in ihr Wohnzimmer und provozierte ihren Ehemann im nebenan gelegenen Schlafzimmer zu abfälligen Urteilen über Hitler, über die Partei und brachte ihn so zu defätistischen Voraussagen über den weiteren Verlauf des Krieges. Der Blockleiter berichtete pflichtgemäß dem Ortsgruppenleiter und der wiederum dem Kreisleiter, und so kam die Sache dann zur Gestapo. Deren Beamte erledigten den Fall im Handumdrehen, denn die beiden Zeugen Ehefrau und Funktionär nahmen dem Beschuldigten jede Chance des Leugnens. Der Einwand seines Pflichtverteidigers, daß diese Äußerungen nicht öffentlich gefallen seien, wurde durch eine grundsätzliche Stellungnahme Freislers unwirksam: Nach seiner Auffassung war »jedes politische Gespräch ausnahmslos ... öffentlich«, weil nur so »auch dem Sicherheitsbedürfnis des Reiches Rechnung« getragen würde. Gemäß dem Urteil übernahm dann am 14. November 1944 ein Scharfrichter die Funktion des Scheidungsrichters.

Im September 1943 hätte die Gestapo freilich die Chance gehabt, sich in eine hoch- und landesverräterische Affäre einzuschalten und damit ein Zentrum der Berliner Opposition vor die Richter zu bringen. Die Chance blieb ungenutzt, weil kein Beamter Lust hatte, Selbstmord zu begehen; so heiß war das Eisen. In der Prinz-Albrecht-Straße hatte man nämlich einen Funkspruch entschlüsselt, in dem über Gespräche berichtet wurde, die der Berliner Anwalt Dr. Carl Langbehn mit Gero von Gaevernitz, einem Mitarbeiter des in der Schweiz residierenden Chefs des US-Geheimdienstes für Europa, Allan W. Dulles, geführt hatte. Langbehn habe dabei als Beauftragter Heinrich Himmlers erkunden wollen, ob die westlichen Alliierten bereit seien, mit dem Reich Frieden zu schließen, falls ein anderer als Hitler in Berlin regiere. Gestapo-Chef Heinrich Müller ließ dann entgegen der bisherigen Übung den Text dieses Funkspruchs nicht über den Gefechtsstand des Reichsführers SS laufen, sondern schickte ihn direkt ins Führerhauptquartier, wo Martin Bormann, Sekretär des Führers, entschied, was Hitler vorgelegt werde. Vermutlich nahm Müller an, dahinter stecke eine Aktion seines gehaßten Rivalen Walter Schellenberg, SS-

Brigadeführer und Chef des SD, der auch mit Langbehn zusammenarbeitete.

Hier irrte der Gestapo-Chef. Langbehn handelte tatsächlich im Auftrag Himmlers. Der Anwalt und der Reichsführer waren seit geraumer Zeit so etwas wie gute Bekannte; sowohl in Gmund am Tegernsee als auch in Berlin-Dahlem lagen ihre Einfamilienhäuser dicht beieinander, beider Töchter waren Schulkameradinnen, und Schellenberg beschaffte auf Himmlers Geheiß gelegentlich Informationen von dem Anwalt, der in Berlin zur sogenannten Mittwochgesellschaft gehörte. Durch seine Verbindungen zur SS hatte er unter anderem den jüdischen Juristen und Universitätsprofessor Fritz Pringsheim aus einem KZ holen und ihm eine Ausreise nach England verschaffen können, wo er dann in Oxford einen Lehrstuhl bekam. Dann hatte Langbehn im April bei Carl Burckhardt, dem späteren Präsidenten des Internationalen Roten Kreuzes, im Auftrag Himmlers erkundet, ob die Engländer Frieden schließen würden, wenn Himmler regiere.

Andererseits hatte Langbehn Anfang 1942 aus SS-Kreisen den Tip bekommen, Heydrich sei im Begriff, Himmler bei Hitler auszustechen und an dessen Stelle Reichsführer SS und Chef der Deutschen Polizei zu werden. Diese Gerüchte hatte er warnend an Himmler weitergegeben.

In der Mittwochgesellschaft – so genannt, weil deren Mitglieder sich jeden zweiten Mittwoch zum Gedankenaustausch trafen – verkehrten Männer wie der preußische Finanzminister Professor Johannes Popitz, Generaloberst Ludwig Beck, ehemaliger Chef des Generalstabs, der Geographieprofessor Albrecht Haushofer, der Botschafter a. D. Ulrich von Hassell und auch Carl Goerdeler, also fast nur Männer, die den Nationalsozialismus und das Dritte Reich ablehnten und auch untereinander darüber redeten, was an seiner Stelle erstrebenswert sei.

Über vage Wünsche und Verwünschungen waren die Herren freilich nie hinausgekommen; keiner hatte Putscherfahrungen, und keiner konnte eine nennenswerte Gefolgschaft für einen Aufstand mobilisieren. Um Hitler zu entmachten, waren sie auf die Hilfe der Militärs angewiesen. Die jedoch waren sich in der Fronde gegen den NS-Staat auch nicht einig über Wege und Mittel zu einem Systemwechsel. Die wenigsten waren zu einem Tyrannenmord bereit.

Ob ihn Heinrich Himmler ganz ausschloß, als er mit dem Gedanken spielte, anstelle seines Führers die Macht zu übernehmen? SS-Gruppenführer Hermann Fegelein hat im Kreis von Saufkumpanen einmal nachgespielt, wie der Reichsführer SS devot in den Telefonhörer zu kriechen pflegte, wenn Hitler ihn am anderen Ende der Leitung zu sprechen verlangte. Demnach hätte Himmler wohl kaum regieren können, solange Hitler lebte. Warum aber schickte dann der Reichsführer SS den Rechtsanwalt Langbehn auf Reisen in neutrale Länder mit dem Auftrag, er möge eruieren, wie ausländische Staatsmänner und Politiker über einen Kanzler und Führer Himmler dächten? Am 26. August 1943 hatten sich die Spitzenleute der Verschwörer und die Spitze der SS im Reichsinnenministerium getroffen: Popitz und Langbehn von der einen Seite, Himmler und der Obergruppenführer Karl Wolff, Chef des persönlichen Stabes des Reichsführers SS, von der anderen Seite. Langbehn und Wolff waren im Vorzimmer geblieben, während die beiden anderen Herren sich hinter verschlossenen und gepolsterten Türen aussprachen. Glaubt man Himmlers späteren Erzählungen, dann hatte Popitz vorgeschlagen, Hitler auf das Altenteil eines Ehrenpräsidenten abzuschieben. Himmler behauptete ferner, er habe sofort nach dem Gespräch Hitler aufgesucht und ihm alles gemeldet, mit dem Ergebnis, daß sie sich beide über den Umsturzdilettanten Popitz amüsierten und daß Hitler angeordnet hätte, nichts gegen Popitz zu unternehmen, wohl aber ihn weiter zu beobachten, um dann zu einem späteren Zeitpunkt mit optimalem Effekt zuzuschlagen.

Das war von seiten Himmlers Schönfärberei, weil er seine Bereitschaft zum Abfall von Hitler nicht preisgeben wollte. Tatsächlich hatte er am 26. August mit Popitz vereinbart, daß sie bei einem zweiten Treffen ihre Pläne konkretisieren wollten, und tatsächlich nahm Popitz das für ihn scheinbar erfreuliche Gespräch zum Anlaß, den Mitverschworenen Generalfeldmarschall a. D. Erwin von Witzleben zu fragen, ob Himmler erfahren dürfe, daß Witzleben die Spitze der militärischen Fronde bildete. Und tatsächlich besprachen Wolff und Langbehn am darauffolgenden 27. August ihre weitere Zusammenarbeit, die dann zu der Reise des Anwalts in die Schweiz, zu seinem Gespräch mit dem US-Geheimdienst und zu dem oben erwähnten Funkspruch geführt hatten.

Wollte Himmler nicht als Aufrührer dastehen, so mußte er nun Langbehn verhaften lassen, aber dies geschah erst, nachdem er sich mit ihm getroffen und wohl auch abgesprochen hatte. Popitz blieb auf freiem Fuß – vorläufig. Als Himmler dann am 3. August 1944, also nach dem Attentat in der »Wolfschanze«, über die Ereignisse vom 20. Juli in Posen vor Parteigrößen über die Gestapo-Ermittlungen berichtete, versuchte er, seine Kontakte zum Widerstand als listige Schachzüge eines Kriminalisten darzustellen. »Diesen Mittelsmann«, so nannte er Langbehn, »ließen wir einmal plaudern, ließen wir erzählen . . .« Er habe dann dem inzwischen auch verhafteten Popitz diesen Mittelsmann gegenübergestellt. Himmler höhnte: »Seit der Zeit, seit dreiviertel Jahren, sieht Herr Popitz so käsig aus.« Das Volk jedoch durfte von seinen widerständlichen Eskapaden nichts erfahren. Als im September 1944 die Verhandlung gegen Popitz und Langbehn vor dem Volksgerichtshof anstand, ließ er an den

Reichsjustizminister durch den Chef des Reichssicherheits-hauptamtes Ernst Kaltenbrunner die Bitte richten, er möge doch »die Hauptverhandlung unter praktischem Ausschuß der Öffentlichkeit durchführen« lassen. Damit der Schein gewahrt würde, wolle er »zu diesem Termin etwa zehn seiner Mitarbeiter«, also Gestapo-Beamte, »als Zuhörer abordnen«. Der Volksgerichtshof verurteilte Popitz und Langbehn selbstverständlich zum Tode. Langbehn wurde kurze Zeit nach dem Urteil, am 8. September 1944, gehängt. Popitz wurde noch bis in den Februar 1945 im Gefängnis gehalten, weil die Gestapo von ihm noch zusätzliche Informationen erwartete, aber im Februar 1945 wurde auch er getötet. Mit dem, was er jetzt noch aussagen konnte, war nicht mehr viel anzufangen, denn inzwischen waren die von der Gestapo festgenommenen Verschwörer fast alle tot. Das war nach NS-Maßstäben gewiß ein Erfolg.

Trotzdem hatte die Gestapo im Frühsommer 1944 noch keine Ahnung von der unmittelbaren Gefahr, die nun auf den Mann zukam, dessen Unversehrtheit zu bewahren ihre vordringlichste Aufgabe war. SS-Gruppenführer Müller war zuversichtlich. Hatte er nicht den Widerstand mit den Schlägen gegen die Kreisauer des Grafen Moltke und gegen die Verschwörer in der Abwehr bereits zerschlagen? Soweit noch keine Verurteilungen durch den Volksgerichtshof erfolgt waren, würden weitere folgen, bis am Ende mehr als hundert Staatsfeinde aus diesen Gruppen ihr Leben eingebüßt hatten. Dann gelang es am 12. Juni 1944 auch noch, einen seit vielen Wochen gesuchten Offizier aus der Abwehr festzunehmen, den Hauptmann Ludwig Gehre, der nicht nur mit Canaris zusammengearbeitet hatte und dessen Vetrauen besaß, sondern zugleich zu den Kreisauern gehörte und zu der Gruppe um Goerdeler Kontakt hatte. Er hatte sich zuletzt in der sogenannten Invalidensiedlung in Berlin-Frohnau verborgen gehalten, bei Oberst Wilhelm Staehle, einem Bürooffizier, der natürlich nun ebenfalls festgenommen wurde. Bei den Verhören dieser beiden Offiziere kam dann so viel zutage – wobei es nicht ohne Folter abging –, daß endlich Mitte Juli ein Haftbefehl gegen Goerdeler ausgestellt werden konnte.

Auch würde – dessen war Müller bereits gewiß – außer der bürgerlichen Opposition nun auch noch die proletarische zerschlagen werden. Der Gestapo war bekannt, daß sich in Berlin wieder so etwas wie ein Zentralkomitee der Kommunistischen Partei gebildet hatte. Eines der Mitglieder war jedoch ein V-Mann der Gestapo, und sie hatte ihr Netz nur noch nicht zugezogen, weil sie wartete, bis der Fang ergiebiger sein würde. Die führenden Männer in diesem Komitee waren alte Karteibekannte: Bernhard Bästlein, jetzt 52 Jahre alt, war 1920 in die KPD eingetreten, war Abgeordneter des Reichstags und ab 1933 sieben Jahre in Konzentrationslagern gewesen. Sofort nach seiner Entlassung, 1940, hatte er mit dem verdienten Genossen Franz Jacobs in Hamburg den Bezirk Wasserkante der illegalen KPD aufgezogen. Beide waren einmal Abgeordnete im Hamburger Stadtparlament gewesen. Deren Organisation war im Herbst 1942 von der Gestapo gesprengt worden, Jacobs war nach Berlin entkommen, Bästlein jedoch verurteilt und ins Zuchthaus Berlin-Plötzensee überführt worden. Dort war er Ende Januar 1944 während eines Luftangriffs entflohen und sofort wieder ungebeugt darangegangen, die Hitler-Diktatur durch eine kommunistische Staats- und Gesellschaftsordnung zu ersetzen.

Er lebte illegal in Berlin und brachte die KPD-Leitung dort dazu, daß sie sich um Kontakte mit anderen Gruppen der NS-Gegner bemühte. Professor Adolf Reichwein, damals noch einer der letzten in Freiheit lebenden Kreisauer, wurde sein Ansprechpartner, und er hatte auch keine Bedenken, die Verbindung zu den ehemaligen Sozialdemokraten im Goerdeler-Kreis herzustellen. Julius Leber, ehemals SPD-Abgeordneter im Reichstag des Wahlkreises Lübeck, war zwar dagegen, aber am 22. Juni 1944 trafen sich die Kommunisten Saefkow, Jacobs und ein dritter Genosse mit Leber und Reichwein in der Wohnung eines Berliner Arztes. Bästlein fehlte bereits. Der erfahrene Illegale hatte nicht darauf verzichtet, seiner Frau Lebenszeichen zu senden, verschlüsselt zwar, aber nicht schwierig genug für die Dechiffrierer der Gestapo. Am 30. Mai 1944 hatten sie ihn ein weiteres Mal festgenommen, und es wurde dann auch das letzte Mal. Er wurde schließlich hingerichtet.

In der Arztwohnung kamen sich Sozialdemokraten aus der Goerdeler-Gruppe und Kommunisten soweit näher, daß sie für den 4. Juli ein weiteres Treffen vereinbarten. Doch die Gestapo erfuhr davon durch einen Spitzel, griff zu und brach damit sowohl in die bürgerliche als auch in die proletarische Front des Widerstands ein. Von dem Plan des Grafen Stauffenberg, von dessen Vorbereitungen für ein Attentat, der detaillierten Planungen mit einem Netz von Verschwörern in den Wehrkreisen, den schon verfaßten Befehlen und Aufrufen zum Staatsstreich ahnte Gestapo-Chef Müller noch immer nichts. Er kannte wohl auch noch nicht die schon mehrfach geänderte Ministerliste des Goerdeler-Kreises, in der auf Stauffenbergs Drängen Leber eine wichtige Position erhalten sollte, weil er als Sozialdemokrat eine Restauration des Weimarer Systems verhindern sollte. Als Stauffenberg vom Sozialdemokraten Theodor Haubach die Verhaftung Lebers erfuhr, rief er spontan: »Wir brauchen Leber! Ich hole ihn raus!«

Das hier zutage getretene Selbstbewußtsein des invaliden Obersts Stauffenberg gefiel den auf Rang und Reputation bedachten Herren der Mittwochgesellschaft gar nicht. Für sie war ein Oberst vielleicht fähig, ein Regiment zu führen, aber für einen verantwortlichen Posten auf höchster Ebene fehlten ihm doch wohl Reife und Erfahrungen. So wurde denn dem Grafen Stauffenberg bei Goerdelers letzter Postenverteilung gerade noch das Amt eines Staatssekretärs im Reichskriegsministerium zugewiesen, sofern der General Friedrich Olbricht es nicht beanspruchen würde. Voraussetzung für solche Planungen war allerdings, daß der Oberst zuvor Hitler umbringen würde. In Anbetracht dessen kamen die Herren dem Oberst Stauffenberg insofern entgegen, als auf der neuen Liste der von ihm so geschätzte Dr. Julius Leber den Sessel des Reichsinnenministers zugeteilt bekam.

Darüber hinaus wollte die Gruppe um Goerdeler dem Grafen keine Mitbestimmung bei der künftigen Gestaltung des Reiches zugestehen. Daß er das persönliche Risiko des Attentats übernommen hatte – nun, dazu hatte er sich ja wohl freiwillig gemeldet! Er hatte gesagt, er sei als Chef des Stabes des Generalobersts Fritz Fromm, des Befehlshabers des Ersatzheeres, der einzige, der Hitler ans Leben könne, weil sonst niemand aus der Fronde so oft Zutritt habe. Er mußte jedoch inzwischen bemerkt haben, daß etliche der verschworenen Generäle ihrem Führer fast täglich gegenüberstanden. Auch konnte ihm nicht entgangen sein, daß niemand vor solchen Begegnungen die Pistole abgeben mußte. In Wirklichkeit gebärdeten sich die Verschwörer wie die Mäuse in der Fabel »Wer hängt der Katze die Schelle an«. Soldaten rechnen zwar immer mit dem nahen Tod, aber sie hoffen auch stets, daß es den Kameraden treffe; wer Hitler umbrachte, ging eben ihrer Meinung nach in den sicheren Tod.

Wie man heute weiß, bestand diese Schelle aus einer Aktentasche, in der zwei Päckchen Sprengstoff verborgen waren, mit Zündern, die auch ein Kriegsinvalide mit nur einer und dazu noch verkrüppelten Hand scharfmachen konnte. Stauffenberg trug die Tasche am 6. Juni 1944 auf den Berghof über Berchtesgaden, als Hitler in seinem Ferienheim mit den Generälen über neu aufzustellende Truppen beriet. Sie war wieder dabei, als Hitler am 11. Juli wiederum auf dem Berghof eine Lagebesprechung abhielt. Doch weil Himmler nicht dazugekommen war, verschob Stauffenberg das Attentat. Aus dem gleichen Grund blieben die Zünder unberührt, als er am 15. Juli ins Hauptquartier bei Rastenburg geflogen war. Die Aktentasche flog wieder mit, als er am 20. Juli um acht Uhr auf dem Flugplatz Rangsdorf am Südrand von Berlin in eine Ju 52 stieg, die ihn in 135 Minuten nach Rastenburg brachte. Es ist auch bekannt, daß der Sprengstoff (leider nur die Hälfte) um 12.42 Uhr in der sogenannten Lagebaracke explodierte, wo die Aktentasche unter einem massiven Holztisch verborgen war. Sie stand jedoch unter einer dicken Eichenholzplatte und unmittelbar neben einem dicken Holzsockel, die Hitler gegen die Explosion abschirmten. Es wurde auch schon oft geschildert, wie Stauffenberg kurz zuvor den Raum verließ, wie er dann aus kurzer Entfernung die Baracke auseinanderfliegen sah, die Detonation hörte und wie es ihm gelang, unmittelbar danach noch das Führerhauptquartier zu verlassen. Um 15.30 Uhr landete er in Berlin. Von den 24 in der Baracke anwesenden Männern waren vier sofort tot, drei schwer verletzt und die übrigen mehr oder weniger mitgenommen. Hitler war nur wenig lädiert, mit Holzsplittern gespickt, und seine Kleidung war zerrissen.

Polizeiminister Himmler eilte aus seinem nahe gelegenen eigenen Hauptquartier herbei. Auf Anhieb verdächtigte er die in der Wolfschanze tätigen Bauarbeiter, fand aber bei Hitler keinen Glauben. Als dann über andere Möglichkeiten palavert wurde, wies jemand darauf hin, daß der invalide und hochdekorierte Stauffenberg seit der Explosion verschwunden sei. Durch einen Anruf bei der Wache wurde ermittelt, wann der Oberst das Hauptqartier verlassen hatte. Da sich das Attentat auf einem Gelände der Wehrmacht ereignet hatte, wäre sie berechtigt gewesen, die Ermittlungen einzuleiten. Per Erlaß übertrug Hitler diese Aufgabe jedoch sofort Himmler, der dann eine Sonderkommission bilden ließ, die dem SS-Gruppenführer Heinrich Müller direkt unterstellt war und von dem Regierungsdirektor SS-Standartenführer Walter Huppenkothen geleitet wurde. Ihr wurden insgesamt 700 Beamte zugeteilt, und Kaltenbrunner, der Chef des Reichssicherheitshauptamtes, ließ sich täglich über den Fortgang der Ermittlungen berichten. Huppenkothen galt als ein besonders harter Vernehmer. Nach dem Krieg wurde er in einem viele Monate dauernden Prozeß vom Schwurgericht Augsburg wegen Beihilfe zum Mord zu sieben Jahren Zuchthaus verurteilt.

Die Aufgabe der Gestapo war nach dem Attentat insofern nicht schwierig, als der Tatbestand klar, die Aktion schlecht geplant war und miserabel durchgeführt worden war. Daß Hitler die Explosion überleben würde, war in den Plänen der Verschwörer nicht vorhanden. Weil er jedoch lebte und nahezu unversehrt war, unterblieb in Berlin zunächst der für den Umsturz notwendige Alarm, der mit dem Stichwort »Walküre« jene Truppenverbände in Marsch setzen würde, die im gesamten Reich und in den besetzten Ländern die Machtübernahme der Verschwörer sichern sollten. Die Generäle im Oberkommando der Wehrmacht in der Berliner Bendlerstraße warteten vergebens auf eine Nachricht aus der »Wolfschanze«, bis sie dann um 13.25 Uhr erfuhren, daß die Explosion stattgefunden, Hitler aber überlebt hatte. So reihte sich Panne an Panne. Die Verwirrung wurde komplett, als die Verschwörer nach der Landung Stauffenbergs durch ein Telefongespräch informiert wurden, Hitler sei tot, und der Attentäter sei Augenzeuge gewesen.

Jetzt erging das Stichwort »Walküre« an die vorgesehenen Adressaten über die Fernschreiber, verspätet und zugleich auch irreführend, weil der Führer eben nicht tot war. Während das alarmierte Wachbataillon »Großdeutschland« auf das Regierungsviertel zurollte, um es abzuriegeln, womit dann auch die Zentrale der Gestapo ausgeschaltet worden wäre, verhafteten sich in der Bendlerstraße hitlertreue und aufrührerische Generäle gegenseitig. Das Wachbataillon, von den Verschwörern eingesetzt, wechselte die Front, als sein Kommandeur Major Otto Ernst Remer die Stimme Hitlers zu hören bekam, nachdem er bisher den Verschwörern geglaubt hatte, sein Oberster Kriegsherr sei tot. Als sein Bataillon ins Regierungsviertel rollte, hatten die SS-Führer in der Prinz-Albrecht-Straße neugierig aus den geöffneten Fenstern Ausschau gehalten, offenbar ahnungslos, daß in den von Stauffenberg ausgearbeiteten Alarmbefehlen ihre Verhaftung und die Festnahme aller höherrangigen Parteifunktionäre vorgeschrieben waren.

Es war dann nicht die Gestapo, die den Aufstand der Militärs niederschlug. Etwa gegen 17.30 Uhr bezogen die Kräfte der beiden Seiten ihre Stellungen: Hitler befahl aus seinem Hauptquartier dem bei Goebbels im Propagandaministerium am Telefon lauschenden Remer: »Ich lebe! Eine kleine Clique ehrgeiziger Offiziere wollte mich beseitigen. Wir werden mit dieser Pest kurzen Prozeß machen. Sie erhalten von mir den Auftrag, sofort die Ruhe und Sicherheit in der Reichshauptstadt wiederherzustellen, wenn nötig mit Gewalt.« Remers Vollmacht galt, »bis der Reichsführer SS in der Reichshauptstadt eintrifft«. Zur gleichen Zeit telefonierte Stauffenberg in der Bendlerstraße pausenlos mit den durch Fernschreiben informierten Befehlshabern der Generalkommandos im Reich und in den besetzten Gebieten. Stauffenberg drängte: »Alle Befehle sind sofort auszuführen . . . Rundfunkstationen und Nachrichtenbüros sind zu besetzen . . . Jeder Widerstand ist zu brechen . . . Der Führer ist tot! Ich habe es selber gesehen!«

Wer sich in diesem Chaos durchsetzte, ließ sich bald nach 20 Uhr daran erkennen, daß Remers Truppen die Absperrung des Regierungsviertels aufgaben, daß seine Soldaten sich im Garten von Goebbels' Villa in der Hermann-Göring-Straße sammelten und daß sie eine halbe Stunde später den Sitz des Oberkommandos der Wehrmacht und damit die Befehlszentrale der Verschwörer abriegelten. Auch die Berliner Standortkommandantur wurde zerniert. Im Verlauf der nächsten Stunden rollte dann im Bendlerblock jenes tragikomische Drama ab, in dem sich Verschwörer und Verteidiger des Hitler-Regimes gegenseitig wechselnd mit Schußwaffen bedrohten und in Schutzhaft nahmen – endend damit, daß der Befehlshaber des Ersatzheeres und Hausherr Generaloberst Friedrich Fromm den Obersten Graf von Stauffenberg mit drei seiner Mitverschworenen im Innenhof erschießen ließ. Damit war der Aufstand erstickt.

Er war von dieser Minute an nur noch eine Angelegenheit der Polizei und der Gerichte. Deshalb stellt sich mit Recht die Frage: Was tat an diesem Tag des massiven Hochverrats der für solche Fälle doch wohl zuständige Polizeiminister, und was tat die Geheime Staatspolizei? Deren Beamte waren über die Vorgänge im Führerhauptquartier seit 13.30 Uhr informiert. Himmler hatte sie angerufen und befohlen, daß Sprengstoffexperten der Kriminalpolizei zur »Wolfschanze« geflogen würden. Er selbst war noch im Führerhauptquartier geblieben, hatte jedoch den SS-Oberführer Dr. Hubert Pifrader mit dem simplen Auftrag in die Bendlerstraße geschickt, nach dem Obersten Stauffenberg zu fragen. Pifrader ließ sich dabei nur von einem Adjutanten begleiten, hatte also auch keinen Auftrag zur Verhaftung. Anderenfalls wäre er wohl mit einer starken SS-Streitmacht angerückt, die ihm in Berlin durchaus zur Verfügung gestanden hätte. Doch nun wurden Pifrader und sein Adjutant von zwei Leutnants des Heeres festgenommen.

Zwischen 16 und 17 Uhr ernannte Hitler den immer noch im Hauptquartier anwesenden Himmler zum Befehlshaber des Ersatzheeres, übertrug ihm damit zugleich die Aufgabe, für Sicherheit und Ordnung im Reichsgebiet zu sorgen, und forderte ihn dann auf, unverzüglich die Lage in Berlin zu stabilisieren. Doch der Reichsführer SS hatte es immer noch nicht eilig. Er fuhr erst in sein nahe gelegenes Hauptquartier, wühlte dort in Akten und versicherte seinem Masseur, er werde die ganze reaktionäre Bande zusammentreiben und fliege deshalb umgehend nach Berlin. Dort jedoch traf er erst am späten Abend ein. Am Flugplatz ließ er sich telefonisch über die Situation in der Stadt unterrichten und dann zu Goebbels fahren, der als Reichsverteidigungskommissar im Moment Berlin regierte. Die beiden NS-Größen stellten einen Ausschuß zur Untersuchung der Vorgänge zusammen, und Himmler schickte ein SS-Kommando, geführt vom Sturmbannführer Otto Skorzeny, in die Bendlerstraße. Als dieser Haudegen dort eintraf, waren Stauffenberg und seine engsten Mitstreiter auf Fromms Befehl bereits erschossen, und der Generaloberst Ludwig Beck, vorgesehen als Oberster Befehlshaber der Wehrmacht im Zukunftsreich, hatte Selbstmord begangen. Nach einem Telefongespräch mit Himmler verbot Skorzeny den Offizieren weitere Exekutionen. Die Aufrührer sollten in öffentlichen Gerichtsverhandlungen gedemütigt und zum Tode verurteilt werden.

Aus heutiger Sicht fällt auf, wie zurückhaltend der höchste Reichssicherheitsbewahrer sich an diesem 20. Juli 1944 benahm. Er dachte dann auch offenbar selbst, daß er den führenden Parteigenossen seine Inaktivität erklären müsse. Das geschah am 3. August in einer Rede vor Spitzenfunktionären in Posen. »Wir wissen über die gegenwärtige Verschwörung schon sehr lange Bescheid«, behauptete er. Doch damit stellt sich die Frage, warum seine Gestapo das Attentat, das Hitler hätte das Leben kosten können, nicht verhindert hatte. Es gab seit Jahren einen nur schlecht getarnten Machtkampf zwischen SS und NSDAP, zwischen Himmler und Martin Bormann, zwischen dem Schwarzen Orden und den braunen Goldfasanen. Mit Hitler wären Bormann und die Partei gefallen. Hatten Beauftragte Himmlers nicht schon mehrmals über ausländische Nachrichtenstränge vorfühlen lassen, wie sich die Feinde gegenüber einem von ihm regierten Reich verhalten würden? Hatte er gar Popitz und Langbehn vorgeschlagen, sie könnten mit ihm bei einem Aufstand halbpart machen? Hatten die Beamten in der Gestapo-Zentrale deshalb so interessiert und dennoch untätig aus den Fenstern ihrer Büros zugesehen, wie die Wehrmacht das Regierungsviertel zernierte? Warum hatte Himmler erst so spät selber eingegriffen? Er habe sich nach kriminalistischem Rezept erst langsam an den Herd des Verbrechens heranschleichen wollen, sagte er seinen Zuhörern in Posen. Darum also war er angeblich erst aktiv geworden, als der Aufstand schon gescheitert war. Wußte er am Ende, daß sogar eine Anzahl höherer SS-Führer und auch drei Generäle der Waffen-SS, einschließlich des Uralt-Parteigenossen Obergruppenführer Sepp Dietrich, bereit waren, Hitler den Gehorsam aufzukündigen? Andererseits konnte Himmler seinen Führer nicht stürzen; seine Hemmschwelle war zu hoch. Wenn andere ihn umbrachten, konnte er guten Gewissens die Nachfolge antreten. Daß ihm solche Gedanken nicht fremd waren, verriet er in den letzten Kriegstagen, als er den schwedischen Grafen Folke Bernadotte, Vizepräsident des Internationalen Roten Kreuzes, benutzen wollte, um durch einen Sonderfrieden mit den Westmächten anstelle des in Berlin von der Roten Armee eingeschlossenen Hitler die Führung zu übernehmen.

Seine »Sonderkommission 20. Juli« begann ihr Werk noch in der Nacht zum folgenden Tag. Sie holte in den nächsten Tagen ihre Opfer aus der Wehrmacht, aus Ministerien, aus der Wirtschaft, aus Kirchenkreisen, aus der Mittwochgesellschaft und sogar aus den Reihen der Parteimitglieder und der Führer von Parteiorganisationen. Die Namen waren ihnen bei den ersten Vernehmungen bekanntgeworden, oder sie waren ihnen aus ihrer akribisch geführten Kartei von Verdächtigen geläufig. So etwa den Berliner Polizeipräsidenten Wolf Heinrich Graf von Helldorf, einen der populärsten SA-Führer, so den SS-Gruppenführer Arthur Nebe, Reichskriminaldirektor im Reichssicherheitshauptamt. Man schätzt, daß die Sonderkommission weit über tausend Menschen um ihr Leben gebracht hat; eine genaue Zählung gibt es bis heute nicht. Darunter sind auch die vielen Selbstmorde zu rechnen von Menschen, die sich die Torturen vor einem unvermeidlichen Todesurteil ersparen oder verhindern wollten, daß sie unter der Folter der Gestapo Mitwisser und Gleichgesinnte nannten.

Einer dieser Männer war Henning von Tresckow. Am 21. Juli fuhr er, nachdem er vom Mißlingen des Attentats erfahren hatte, zu einem Divisionsgefechtsstand nordöstlich von Warschau nahe der ostpreußischen Grenze. Er hatte am Vorabend noch Hitlers drohende Rede am Lautsprecher gehört: »Diesmal wird abgerechnet«, hatte der Führer gesagt, »wie wir das als Nationalsozialisten gewohnt sind.« Tresckow wußte, daß auch er damit gemeint war. Sterbe ich jetzt an der Front – so war wohl seine Überlegung –, würden vielleicht seine Familie und seine Freunde von Anschuldigungen und Verhören verschont bleiben. Er beschloß, an der Front den Tod zu suchen. Auf einem Erkundungsgang drang er allein in einen dichten Wald ein. Seine zurückgelassenen Begleiter hörten aus dieser Richtung wenig später einige Schüsse und eine Detonation. Sie fanden rasch den Leichnam. Die Hälfte des Gesichts war weggerissen, als habe ihn eine Handgranate getötet. Drei Tage später meldete der Wehrmachtbericht, Generalmajor von Tresckow sei in vorderster Linie den Heldentod gestorben. Die Leiche wurde in die Heimat überführt und im Familiengrab beerdigt.

Doch schnell fand die Gestapo Verdachtsmomente; Heinrich Müller kümmerte sich selbst um eine Klärung. Am 15. August wurde die Ehefrau Erika von Tresckow verhaftet, ihre beiden Töchter, fünf- und dreizehnjährig, wurden in ein Heim gesteckt. Die Ehefrau wurde von Kriminalkommissar Habeker verhört, stundenlang, aber erfolglos. Erst am 2. Oktober wurde sie entlassen. Schlimmer erging es Fabian von Schlabrendorff, Vetter und Vertrauter von Tresckow, Offizier in der Wehrmacht, Mitwisser und Mittäter bei allen Attentatsversuchen. Seine Situation wurde bald kritisch, weil einige Verschwörer ihn mit ihren Geständnissen, meist unter der Folter, belasteten. Ihn schlugen die Gestapo-Leute mit Prügeln und Peitschen, quälten ihn mit Geräten, wie sie vor Jahrhunderten einmal in Gebrauch gewesen waren, legten ihn dauernd in Fesseln. Sie wollten wissen, mit wem Tresckow zusammengewirkt hatte. Schließlich brachten sie ihn ins KZ Sachsenhausen, ins Krematorium. Dort stand der Sarg mit dem toten Tresckow. Sie hatten ihn ausgegraben, weil sie jetzt auch noch den Selbstmord anzweifelten. Der Leichnam, so sollte Schlabrendorff wider besseres Wissen gestehen, sei der eines Russen, den Tresckow habe erschießen lassen und dessen Gesicht dann durch eine Gewehrgranate unkenntlich gemacht worden sei; Tresckow aber sei in Wahrheit zum Feind übergelaufen.

Schlabrendorff blieb in Gestapo-Haft, wurde des Hoch- und Landesverrats angeklagt, doch als er vor dem Volksgerichtshof erscheinen sollte, verhinderte ein Luftangriff die Verhandlung. Der Präsident des Gerichts Freisler kam dabei durch eine Bombe ums Leben. Neuer Verhandlungstermin mit einem anderen Vorsitzenden war der 16. März 1945. Der Angeklagte schilderte, wie ihn die Gestapo bei den Verhören mißhandelt hatte und wie derartig erpreßte Geständnisse zu werten seien. Der Vorsitzende vernahm daraufhin außerhalb der Verhandlung einen Gestapo-Kommissar, der Schlabrendorffs Schilderung offenbar bestätigte. Die Folge war ein Freispruch. Doch die Gestapo negierte ihn. Sie nahm den Freigesprochenen sofort in Schutzhaft, steckte ihn ins KZ Flossenbürg, verlegte ihn dann nach Dachau und verfrachtete ihn mit dem schon erwähnten Bustransport nach Südtirol, wo er dann bei den alliierten Streitkräften endlich Sicherheit fand.

Fabian von Schlabrendorff blieb einer der wenigen Überlebenden aus dem Kreis der verschworenen Militärs. Die Gestapo trieb Feldmarschälle in den Tod, die sich erlaubt hatten, den weiteren Verlauf des Krieges und das daraus resultierende Schicksal der Deutschen anders zu sehen als ihr Oberster Kriegsherr. Der Feldmarschall Günther von Kluge erschoß sich bei einem Frontbesuch im Westen. Die Gestapo präsentierte im Führerhauptquartier Beweise, daß der Feldmarschall Erwin Rommel zu den Verschwörern gehörte. Durch Verletzungen dienstunfähig, hielt er sich zur Genesung in seinem Heimatort Ulm auf. Hitler ließ den populärsten seiner Marschälle vor die Wahl stellen, entweder durch Gift freiwillig in den Tod zu gehen oder nach einer Anklage wegen Hochverrats am Galgen zu sterben, mit der Aussicht, daß dann auch noch seine Familie auf Grund der von Himmler praktizierten Sippenhaft verfolgt würde. Rommel wählte den Freitod, doch das Volk erfuhr, er sei an seinen Verletzungen gestorben. Den Generalfeldmarschall von Witzleben, von den Attentätern als Oberbefehlshaber der Wehrmacht vorgesehen, stellte die Gestapo vor den tobenden Richter Freisler, wo er sich in einem entwürdigenden Aufzug gröblichst beleidigen lassen mußte, ehe er sein Todesurteil hörte.

Soweit es sich bei den Verhafteten um Soldaten handelte, wäre an sich ein Kriegsgericht zuständig gewesen, aber das wäre gewiß weniger willig gewesen als der Volksgerichtshof. Der sonst bei juristischen Formalitäten wenig zimperliche Hitler umging die daraus resultierenden Einwände, indem er einen »Ehrenhof des Heeres« einrichtete. Die Marschälle Keitel und Rundstedt und der Generaloberst Guderian gaben sich dazu her, gemeinsam mit weiteren hohen Militärs in diesem Ehrengericht auf Grund von Ermittlungsakten der Gestapo die Beschuldigten aus der Wehrmacht auszuschließen. Ohne ihnen auch nur Gelegenheit zu ihrer Verteidigung zu geben, schlugen sie Hitler deren Ausschließung vor. Ihr erster Vorschlag, vorgelegt am 4. August 1944, lieferte 22 Männer, die gestern noch ihre Kameraden waren, der Gestapo und damit dem Henker aus. Weit weniger als die Hälfte der Opfer des 20. Juli waren Soldaten. Außer Politikern wie dem Sozialdemokraten Julius Leber oder dem ehemaligen Staatspräsidenten des Landes Württemberg Eugen Bolz verzeichnet die Liste der Opfer viele Angehörige des diplomatischen Dienstes, wie etwa Ulrich von Hassell, zuletzt Botschafter in Rom, nennt Universitätsprofessoren wie Albrecht Haushofer, Frauen wie Elisabeth Charlotte Gloeden, die wie ihr Ehemann verurteilt und hingerichtet wurde, nennt Geistliche wie den Kaplan Herman Wehrle, den ein beichtender Offizier gefragt hatte, ob die Kirche den Anschlag auf ein Staatsoberhaupt verurteile, worauf der Geistliche, das Beichtgeheimnis wahrend, mit dieser Eröffnung nicht zur Gestapo gelaufen war.

Christen hatten gegen die SS, die Gestapo und den Richter Freisler einen besonders schweren Stand. Das mußte auch der Jesuitenpater Alfred Delp erfahren, nachdem ihn zwei Beamte der Gestapo anschließend an den Frühgottesdienst hinter der Münchner St.-Georgs-Kirche verhaftet hatten. Ein Mitglied des

Kreisauer Kreises hatte ausgesagt, daß der 38jährige Pater an Zusammenkünften und Diskussionen im Gutshaus des Grafen Peter York von Wartenburg teilgenommen hatte. Es stellte sich im Laufe der Untersuchung dann auch noch heraus, daß Delp in den ersten Juni-Tagen vor dem Attentat den Grafen Stauffenberg in Bamberg aufgesucht hatte. Da er das Wohnhaus der Familie nicht kannte, hatte Delp sich durch das scheinbar auf der Straße verlorene Taschentuch einer vorausgehenden Frau auf romantisch-konspirative Weise dorthin führen lassen. Nun wurde ihm vorgeworfen, er habe die Absicht gekannt, Hitler durch ein Attentat aus der Welt zu schaffen, habe auch die Vorbereitungen dazu erfahren, und er habe es unterlassen, seine Kenntnisse der Gestapo mitzuteilen. Jesuiten waren dem NS-Staat immer besonders verdächtig gewesen. Die Nazis sahen in diesem Orden die aktivste Truppe der katholischen Kirche. In der Parteiorganisation war es der Reichsleiter Martin Bormann, als Sekretär des Führers Hitlers rechte Hand bei allen anrüchigen Angelegenheiten, in der SS war es der Reichsführer Heinrich Himmler, der seit Anfang 1941 die vom Kriegsgeschehen beherrschte öffentliche Meinung der Deutschen dazu benutzte, katholische Orden zu bedrängen und deren Besitz zu beschlagnahmen, zugunsten von angeblich kriegsnotwendigen Institutionen. Delp war der Gestapo bereits durch Veröffentlichungen unangenehm aufgefallen, und die Redaktion einer von ihm geleiteten Zeitschrift war im April 1941 obdachlos geworden, weil das Reichssicherheitshauptamt deren Haus beschlagnahmt hatte. Der Gestapo lagen deshalb schon bei Delps Festnahme reichlich Unterlagen darüber vor, daß er seit Jahren ein mehr oder weniger offener Gegner des Nationalsozialismus war.

Delp wurde nach Berlin gebracht. Dort verhörte ihn unter anderen der SS-Hauptsturmführer Rolf Günther, ein Mann aus der Mannschaft des Judenmörders Adolf Eichmann. Verlangt wurden von Delp Geständnisse und die Namen der Mitschuldigen. Weil Günther sie nicht bekam, überlieferte er Delp einem SS-Prügelhelden, der in einer »verschärften Vernehmung« den Gefangenen auf einen niedrigen Tisch stieß und so lange auf ihn mit einem Knüppel einschlug, bis er einer Ohnmacht nahe und kaum mehr imstande war, anschließend seine Zelle auf eigenen Füßen zu erreichen. Delp galt der Gestapo als der Kontaktmann der katholischen Kirche zu den Verschwörern. Eugen Gerstenmaier, zur gleichen Zeit im gleichen Gefängnis, galt als Kontaktperson zu den protestantischen Kirchen. Da beide Männer Mitglieder des Kreisauer Kreises waren, wurden sie in diesem Komplex als Angeklagte einbezogen.

Beide wurden Ende September 1944 in die Haftanstalt Berlin-Tegel verlegt. Dort galten sie als Untersuchungsgefangene für das Volksgericht, hausten in winzigen Einzelzellen, in denen eine elektrische Lampe die ganze Nacht hindurch brannte. Sie waren auch während des einstündigen Luftschnappens im Gefängnisinnenhof an den Händen gefesselt. Die Verhandlung wurde auf den 9. Januar 1945 angesetzt. Delp erhielt seine Anklageschrift erst am Abend zuvor, und er mußte sie dann auch gleich wieder abgeben. Angeklagt waren in diesem Prozeß ausschließlich Kreisauer, darunter Graf Moltke, der Sozialdemokrat Theo Haubach, Eugen Gerstenmaier, Delp, und zwischen den acht Angeklagten saß jeweils mindestens ein Polizist. Die Öffentlichkeit war ausgeschlossen, indem die Plätze der Zuhörer mit fünf Reihen Polizisten besetzt waren. Freisler hatte den Vorsitz, ihm beigeordnet waren ein Jurist und zwei Laienrichter – ein Gärtner, zugleich Kreisleiter der NSDAP, und ein Bürgermeister, in der Partei Gauhauptstellenleiter, beides altgediente Parteigenossen, die durch Folgsamkeit nachweisen würden, sie seien auch noch für bedeutsamere Einsätze geeignet. Vom Standpunkt der Gestapo aus konnte also nichts schiefgehen.

Freisler zum Angeklagten Delp: »Sie Jämmerling! Sie pfäffiges Würstchen! Und so etwas erdreistet sich, unserem geliebten Führer ans Leben zu wollen! Eine Ratte! Austreten, zertreten sollte man so was!« Als Delp zugab, daß er »eine gründliche Änderung der Zustände des Lebens« angestrebt habe, rief Freisler: »Ein Deutscher kann einen Jesuiten doch nur mit der Feuerzange anfassen!« Gegen Delp beantragte der Oberreichsanwalt in seiner Anklagerede die Todesstrafe und den Einzug des Vermögens; der Angeklagte sei »ein mit allen Wassern gewaschener Jesuit, der gerissen andere vorschiebe«, aber selbst immer im Hintergrund bleibe.

Freislers Urteile: dreimal die Todesstrafe, für Mitglieder des Kreisauer Kreises, darunter auch für Delp, und für alle übrigen Angeklagten Zuchthausstrafen. Delp wertete den ganzen Prozeß als Farce. Moltkes Zusammenfassung: »Wir haben keine Gewalt anwenden wollen; ist festgestellt worden. Wir haben keinen einzigen organisatorischen Schritt unternommen; ist festgestellt. Wir haben nur gedacht, und zwar eigentlich nur Delp, Gerstenmaier und ich.« Das war in der Tat das Verbrecherische: Wer das Denken im Dritten Reich nicht dem Führer und der Partei überließ, wer eine eigene Meinung oder gar eigene Pläne entwickelte, wurde schuldig. Den Pater Delp erreicht der Tod am 2. Februar 1945 gegen 15 Uhr in der Strafanstalt Berlin-Plötzensee. In einer kleinen kahlen Halle, etwa acht mal vier Meter groß, mit weißgestrichenen Wänden und unter der Decke durchzogen von einer eisernen T-Schiene mit stählernen Haken. Sichtschutz zwischen den einzelnen Haken bildeten Bahnen schwarzen Papiers, wie es in jenen Tagen massenhaft verwendet wurde, um die Fenster bei Luftgefahr in der Nacht abzudunkeln. Ehe Delp in diesen Raum geführt wurde, verabschiedete er sich von dem Gefängnispriester mit den Worten: »In einer Viertelstunde werde ich mehr wissen als Sie.« Sein Leichnam wurde

verbrannt, aber die Asche wurde nicht den Angehörigen überlassen. Himmler hatte verfügt, daß die Asche der Verräter auf
Felder verstreut werde, damit ihre Gräber nicht zu Gedenkstät-
ten werden könnten, und Göring verschlimmerte noch dieses
Verdikt, indem er anordnete, ein Acker sei noch zu gut für diese
Asche. Man möge sie auf den Rieselfeldern der Berliner Kläran-
lagen verstreuen.

Am gleichen Tag und in der gleichen Halle wurden zwei der
namhaftesten Verschwörer gehängt: Johannes Popitz, zuletzt
preußischer Finanzminister, und Carl Friedrich Goerdeler, der
es in der ersten Zeit des Dritten Reiches übernommen hatte, als
Preiskommissar darüber zu wachen, daß die sich belebende
Wirtschaft nicht in eine Inflation verfiel. Im Stuttgarter Bosch-
Konzern hatte man ihm eine Position geschaffen, in der er seine
vielfältigen politischen und wirtschaftlichen Verbindungen
sowohl seinem Arbeitgeber wie auch der sich sammelnden
Opposition nutzbar machen konnte. Sein Firmenchef, der alte
Robert Bosch, war 1942 gestorben. Er hatte als linker Liberaler
mit ausgeprägter sozialer Haltung gegen diese Doppelrolle nie
etwas eingewendet, und sein Nachfolger dachte ebenso, so daß
Goerdeler im Jahre 1943 leicht einen Vorwand finden konnte,
mit dem Generalmajor von Tresckow in Smolensk über die
Attentatspläne der Militärs zu sprechen.

Den Berliner Anwalt Joseph Wirmer, ein Mitglied der Mittwochgesellschaft, hatte die Gestapo schon in den ersten Tagen
festgenommen, und er hatte ausgesagt, Goerdeler sei im zivilen
Kreis der Verschwörer »der unermüdliche Motor« eines Staats-
streichs gewesen. Verdächtig war der ehemalige Oberbürgermeister der Stadt Leipzig der Gestapo ohnehin schon immer
gewesen, hatte er sich doch seinerzeit geweigert, ein an das
Wirken des jüdischen Komponisten Felix Mendelssohn-Bar-
tholdy in dieser Stadt erinnerndes Denkmal abreißen zu lassen.

281

Natürlich hatte die Gestapo Goerdeler stets beobachtet, dennoch war es ihm gelungen, vor dem 20. Juli unterzutauchen. Seither wurde er steckbrieflich gesucht. Peinlich war das der Geheimen Staatspolizei auf jeden Fall, daß sie Goerdeler, den führenden Mann der bürgerlichen Gruppierung, aus den Augen verloren hatte. Doch am 12. August 1944 kam aus Ostpreußen die Meldung, der Gesuchte sei in Gewahrsam. Festgenommen hatten ihn jedoch nicht etwa findige Staatspolizisten, sondern zwei Zahlmeister der Luftwaffe, nachdem Goerdeler in einem Wirtshaus nahe einem Fliegerhorst von einer Luftwaffenhelferin erkannt worden war. Es war ja wohl bezeichnend für die Desorganisation des Aufstandes vom 20. Juli, daß der als Regierungschef vorgesehene führende Kopf der bürgerlichen Verschwörer nicht über das Datum des Anschlags unterrichtet war.

Bei seiner ersten Vernehmung am 14. August in der Berliner Gestapo-Zentrale gab Goerdeler an, daß er zwar Stauffenbergs Attentatspläne in groben Umrissen gekannt und daß er sie, wenn auch widerwillig, gebilligt habe, falls der Umsturz anders nicht zu erreichen sei. Ihm sei jedoch »die Durchführung des Attentats am 20. Juli . . . seitens der militärischen Gruppe« nicht mitgeteilt worden. Er sei deshalb, als er von der Explosion im Führerhauptquartier gehört habe, vorübergehend der Ansicht gewesen, sie sei von den Kommunisten ausgelöst worden. Auf seiner Irrfahrt durch Deutschland suchte er sein Nachtquartier zumeist unangemeldet bei Bekannten und Gesinnungsfreunden, aber weil er ihre Namen nicht preisgeben wollte, behauptete er im Verhör, er habe fast nur im Freien übernachtet. In seinen Nachtquartieren merkte er jedoch häufig, wie unwillkommen er war und daß man ihn baldigst wieder loswerden wollte. Damit er einen unverfänglichen Personalausweis vorzeigen konnte, fälschte er in seinem Wehrpaß den Namen um in Goschel, aber als er ihn das erste Mal benutzte – nämlich bei der Begegnung mit den beiden Zahlmeistern –, erkannten sie sofort die Manipulation. Angeblich wollte er dort in der Gegend noch einmal das Grab seiner Eltern aufsuchen, ehe er vor ein Gericht gestellt würde.

Anders als die meisten Verschwörer zeigte Goerdeler sich bei den Verhören ziemlich gesprächig. Die verschärfte Vernehmung wurde deshalb gegen ihn nie angewendet. In einem von Kaltenbrunner an Martin Bormann (und damit praktisch an Hitler) gelieferten Bericht, datiert vom 16. August, heißt es: »Goerdeler macht in den meisten Vernehmungen außerordentlich weitgehende Angaben, durch die u. a. zahlreiche Personen, die sich in wichtigen Stellungen des öffentlichen Lebens befinden, belastet werden.« Ihn selbst belasteten am stärksten zahlreiche Papiere, die er vorbereitend für den Systemwechsel verfaßt hatte: Aufrufe, Entwürfe zu Anordnungen und Gesetzen, Vorschläge für eine neue Ordnung. Damit konnte ihm die Gestapo unschwer nachweisen, daß er nie ein Nationalsozialist gewesen war, daß er stets gegen Hitlers Herrschaft agiert habe und den Umsturz geplant hatte. Alle diese Umstände wiesen darauf hin, daß der präsumptive Kanzler des künftigen Reiches zumindest keine Anlage zur Konspiration besaß. Es war auch schon mehrmals von den Männern der linken Gruppe wie auch den Militärs bemängelt worden, Goerdeler sei zu geschwätzig. Selbst jetzt war er es noch immer auch in der Haft, und er verschaffte damit manchem seiner Freunde noch ein Verfahren vor dem Volksgerichtshof, der sie selbst dann verurteilte, wenn sie es abgelehnt hatten, sich den Verschwörern anzuschließen: Sie hatten es ja unterlassen, die Gestapo über Goerdelers Gesinnung zu unterrichten.

An einem Platz, allerdings im Ausland, hatte der Aufstand des Militärs gegen Hitler vorübergehend gesiegt: in Paris. Dort war die Situation ohnehin angespannt, denn die Invasion war geglückt, und alliierte Verbände arbeiteten sich gegen die französische Hauptstadt vor. Obwohl sie immerhin noch 200 Kilometer von der Metropole entfernt waren, hatten Pariser am 14. Juli, dem französischen Nationalfeiertag, demonstriert, indem sie mit Nationalflaggen durch die Straßen gezogen waren. Die Besatzer konnten nur wenig dagegen unternehmen, weil ihnen die Kräfte fehlten. Als am 20. Juli gegen 16 Uhr aus der Bendlerstraße die Nachricht kam, das Attentat sei geglückt, ließen die Verschwörer, geführt von Heinrich von Stülpnagel, die Dienststellen der Gestapo, des SD und auch der SS durch Heereseinheiten besetzen. Dabei fiel kein Schuß. Alle SS-Führer wurden als Gefangene in einem Hotel eingeschlossen. Doch der Oberbefehlshaber West, Generalfeldmarschall Günther von Kluge, scherte aus den Reihen der Verschworenen aus, als er hörte, Hitler lebe. Die Versuchung, über seinen Kopf hinweg den Aufstand wenigstens im besetzten Frankreich weiterzutreiben, erledigte sich, als der Oberbefehlshaber der Marinegruppe West, Admiral Kranke, die Befehle aus dem Führerhauptquartier befolgte. Ihn hatten die Rebellen bei der Planung des Aufstandes gar nicht auf ihrer Rechnung. Er forderte im Auftrag des Führers, daß die SS-Offiziere unverzüglich freizulassen und wieder in ihre Positionen einzusetzen seien; im Weigerungsfall drohte er mit dem Einsatz von Marine-Einheiten. Der Aufstand war dann auch in Paris in den ersten Stunden des 21. Juli niedergeschlagen. Heinrich von Stülpnagel versuchte sich zu erschießen, verlor dabei aber nur das Augenlicht und wurde in Berlin nach einem Todesurteil gehängt. Kluge sollte sich seines schwankenden Verhaltens wegen in Berlin verantworten, aber er zerbiß auf der Fahrt dorthin die Kapsel mit Blausäure, die Hitler den Großen seines Reiches als Ultima ratio verordnet hatte.

Mit der Verfolgung aller Rebellen des Heeres und aller Oppositionellen aus dem Staatsdienst, der Wirtschaft und der adeligen Grundherren hatte die Gestapo allein schon reichlich zu tun, aber zugleich mußte sie nun verstärkt darüber wachen, daß den Deutschen trotz der brechenden Fronten im Osten, Westen und Süden der Glaube an den Endsieg nicht verlorenging. Wer daran nicht nur in stummen Gedanken zweifelte, war nun bereits reif für das Volksgericht und damit auch für den Galgen. Die weniger schwerwiegenden Fälle, die Meckerer und Nörgler, konnte die Gestapo ohne richterliche Mitwirkung mit der Einweisung in ein KZ zum Verstummen bringen. Die Propaganda der Partei tat alles, um mit Zitaten aus der Presse der Feindländer den Deutschen und im besonderen den Parteigenossen klarzumachen, daß ihr Dasein nach einer Niederlage nicht mehr lebenswert sein würde und daß der Endsieg um so sicherer sei, je fester man an ihn glaube. Jedermann wußte sich aufgerufen, die Defätisten zu denunzieren, und jeder Blockleiter der Partei oder auch Blockwart der Deutschen Arbeitsfront wurde berufen, in der Heimat mit Spürsinn und wachsamen Augen und Ohren für den Endsieg zu kämpfen.

Das Wirtschafts- und Verwaltungshauptamt der SS profitierte noch einmal von dieser Entwicklung. Unter dem ehemaligen Marinezahlmeister Oswald Pohl entstand aus den Konzentrationslagern mit deren zahlreichen Nebenlagern so ein riesiger Wirtschaftskonzern mit Betrieben der unterschiedlichsten Art, in denen Ziegelsteine und Raketen, Mineralwasser und Feuerwaffen, Lebensmittel und Kunstgewerbliches produziert wurden, von Zwangsarbeitern ohne Lohn und kaum Brot. Dieser Erwerbsquelle und zugleich auch einer verschärften Einschüchterung der Bevölkerung diente die »Aktion Gewitter«, mit der die Gestapo zusätzlich zu den direkt Beschuldigten des Aufstandes 5000 Schutzhäftlinge in die Lager holte. Es waren vorwiegend ehemalige Anhänger der Weimarer Parteien: darunter auch der ehemalige Reichstagsabgeordnete der SPD Dr. Kurt Schumacher, der bereits einmal bis 1943 in Dachau gefangengehalten und dann krankheitshalber entlassen worden war. Er überlebte auch diese zweite Haft, diesmal im KZ Neuengamme bei Hamburg, und wurde nach der Neugründung der SPD deren Vorsitzender.

Im KZ Sachsenhausen arbeitete ein Betrieb ungewöhnlicher Art: In den Baracken 18 und 19, abseits von den Häftlingsbaracken und durch einen hohen und dichten Holzzaun gegen Einsicht gedeckt, mit Fenstern aus Milchglas, wurde Geld hergestellt. Hier hauste und arbeitete das »Unternehmen Bernhard«, so benannt nach dem Leiter des Betriebs Bernhard Krüger, Ingenieur von Beruf, den Heydrich schon vor 1933 bei einer Funkübung der SS für den SD angeworben hatte. Er zählte nicht zur Gestapo, sondern zum SD-Hauptamt, und seine Aufgabe war es zunächst, Pässe fremder Länder, Ausweise und Formulare des Auslandes für geheimdienstliche Aktionen herzustellen. Hauptsächlich jedoch lieferte das »Unternehmen Bernhard« ausländisches Falschgeld, das von echten Banknoten nicht unterscheidbar sein sollte. Das waren zunächst einmal Pfundnoten, wie sie die Bank von England ausgab. Produziert wurden von Anfang 1943 bis zum Frühjahr 1945 etwa zehn Millionen englische Banknoten in den Werten von fünf, zehn, zwanzig und fünfzig Pfund, insgesamt mit einem Nennwert von etwa 130 Millionen Pfund. Auf die Idee des Geldfälschens war man im SD gekommen, weil britische Flugzeuge bei ihren nächtlichen Einflügen gefälschte deutsche Lebensmittelmarken, Kleiderkarten und Benzingutscheine abgeworfen hatten; die Bewirtschaftung sollte damit wirkungslos gemacht werden. Dies gelang kaum; zwar versuchten da und dort Leute, sich mit den Fundstücken Vorteile zu verschaffen, aber nachdem die Gestapo einige Käufer in ein KZ eingewiesen und die Fälle sich herumgesprochen hatten, wurden die Falsifikate bei der Polizei abgeliefert. Heydrichs Idee war es dann, im Gegenschlag Geld abzuwerfen, und zwar in solchen Mengen, daß Englands Wirtschaft und die gesamte Währung ins Wanken kämen. Außerdem seien Pfundnoten geeignet, um in neutralen Ländern Devisen, Rohstoffe und Gold einzukaufen. Auch Spione könnten dann mit Pfundnoten honoriert werden.

Die Verwirklichung eines solchen Plans lag außerhalb der Zuständigkeit der Gestapo, aber sie konnte sehr viel dazu beitragen. Professionelle Geldfälscher wurden gesucht. Sie gab es als Strafgefangene in den Gefängnissen und als Berufsverbrecher in den Konzentrationslagern. Bevorzugt wurden Juden ausgewählt, vermutlich, weil von vornherein klar war, daß sie umgebracht würden, sobald man sie nicht mehr benötigte. Aus allen KZs und Gefängnissen wurden Setzer, Drucker, Retuscheure, Graveure, Zeichner mit einschlägigen Erfahrungen ausgesucht, dazu auch Bankfachleute. Nur die fachlich Besten wurden genommen. Die wenigsten waren Deutsche oder Österreicher, die Mehrzahl stammte aus dem europäischen Osten und aus Balkanländern. Ihr Chef, Bernhard Krüger, SS-Sturmbannführer in feldgrauer Uniform und formell bei der Leibstandarte »Adolf Hitler« geführt, verbot der SS-Wachmannschaft Prügel und Mißhandlungen, sogar antisemitische Beschimpfungen. Er verschaffte seinen Fachleuten eine halbwegs genießbare Verpflegung sowie Tabakwaren. In ihren Baracken ließ er einen Rundfunkempfänger aufstellen. Andererseits durften sie mit anderen Häftlingen nicht zusammenkommen, und wer krank wurde, kam nicht etwa in das Lagerlazarett, sondern genas oder starb in der Wohnbaracke.

Als die Qualität der Falsifikate scheinbar einwandfrei geworden war, stellte der SD eine Absatzorganisation zusammen, die

Italien und Südtirol als Firmensitz wählte. Ein Schwabe mit Namen Schwendt, der in Amerika als Anlageberater in Geldgeschäften Erfahrungen gesammelt hatte, wurde als deren Chef eingesetzt. Weder er noch seine Mitarbeiter waren SS-Mitglieder. Sie waren eine ziemlich obskure Truppe, die auf allen europäischen Schwarzmärkten zu Hause war und durch Umsatzprovisionen entlohnt wurde. Ihr Quartier hatte sie in einem Schlößchen über Meran. Von dort aus hatte sie es nicht weit in die Schweiz, nach Frankreich, an die Adria und zum Balkan.

Das Geschäft lief 1944 zunächst ausgezeichnet, aber die Bank von England machte Schweizer Banken auf die Fälschung aufmerksam, und schließlich wurde sogar der Chef der Absatzfirma dort verhaftet. Er kam dann zwar wieder frei, und das »Unternehmen Bernhard« verlegte sich auf die Produktion von Dollarnoten, aber zu einer nennenswerten Produktion kam es nicht mehr. Im März 1945 war dem Reichssicherheitshauptamt der Standort Sachsenhausen nicht mehr sicher genug. Die Falschmünzerei wurde mit Inventar und Arbeitskräften nach Mauthausen verlegt. Aus diesem KZ wanderte der ganze Betrieb weiter in die Alpenfestung hinein, ohne auch nur einen weiteren Schein gedruckt zu haben. Ein KZ-Nebenlager sollte künftiger Betriebssitz sein. Doch im Durcheinander des Zusammenbruchs klappte es mit den Transporten nicht mehr. Eine Anzahl der Lastkraftwagen fuhr in die Irre, und die Landser benutzten den Toplitzsee beim unwirtlichen Dachsteinmassiv, um die mit Geldkisten und Maschinen beladenen Lastkraftwagen von der Erdoberfläche verschwinden zu lassen. Nach Kriegsschluß versuchten alliierte Fahnder lange Zeit, das Verschwinden der Fälschertruppe und ihrer Werkstatt aufzuklären. Vergebens. In den folgenden Jahren durchstöberten private Schatzsucher manchen österreichischen See in der Hoffnung, durch falsche Pfundnoten reich zu werden. Erst dem »Stern«-Redakteur Wolfgang Löhde gelang es 1959, dem Toplitzsee sein Geheimnis zu entreißen und einige Kisten mit den Falsifikaten zu bergen, die er der österreichischen Polizei in Obhut gab.

Götterdämmerung – aus
Verfolgern werden Verfolgte

Weil 1944 die Ernährung in den Konzentrationslagern kriegsbedingt immer schlechter, die Arbeitsnormen
immer höher gesetzt und die Behandlung der Häftlinge infolge
der zunehmenden Nervosität der Bewacher immer rabiater
wurden, stiegen die Todesfälle unter den Häftlingen. Den
Lagerkommandanten wurde befohlen, sparsamer mit dem
»Menschenmaterial« umzugehen. Nur der Obersturmbannführer Adolf Eichmann durfte noch fortfahren, Juden in Massen in
die Vernichtungslager zu karren. Er und seine Mannschaft
waren jetzt gerade dabei, den Balkan judenfrei zu machen, und
in Ungarn hatten sie eben damit angefangen.

Hätte Himmler seinen Führer weniger gefürchtet, dann hätte
er jetzt schon Eichmanns Mordaktion gebremst, denn je
schlechter die militärische Situation des Dritten Reiches wurde,
desto stärker wankte des Reichsführers Treue. Er träumte von
einer Verbindung mit den Westmächten mit dem Ziel eines
Friedensschlusses, notfalls an Hitler vorbei, gegen Hitler und
auch über dessen Sarg hinweg. Die so eilig zum Tode verurteilten Männer der Goerdeler-Gruppe, ferner den Abwehrchef
Admiral Canaris und andere, die eine Brücke zum Ausland
herstellen konnten, ließ Himmler noch nicht hinrichten. Einige

durften Denkschriften verfassen, weil der Reichsführer SS hoffte, daraus Verbindungen zu den Feinden entwickeln zu können. Himmlers SD-Chef Schellenberg hatte bei dem schwedischen Bankier Jakob Wallenberg ein Gespräch angepeilt. Er sollte herausbekommen, wie eine Verbindung mit Londoner Regierungskreisen herzustellen sei. Ebenso versuchte Wallenberg bei seinen Schweizer Gesprächen mit dem Oberkommandierenden der Armee, General Guisan, zu ergründen, wie man dort über ein Deutschland unter Himmler dachte. Ob man dort bereit war, den Chef des Schwarzen Ordens als Regierungschef der Deutschen zu akzeptieren.

Himmler hatte auch nichts dagegen, daß SS-Obersturmbannführer Kurt Becher mit den Budapester Juden über eine zahlenmäßig begrenzte Auswanderung ihrer Glaubensbrüder in ein neutrales Land verhandelte, und er wies deswegen den Gestapo-Judenreferenten Eichmann an, vorübergehend die Transporte in die Vernichtungslager zu stoppen. Er protestierte auch nicht, als ihm »Wölffchen«, SS-Obergruppenführer und Höchster SS- und Polizeiführer in Italien Karl Wolff, mitteilte, daß er eine Verbindung aufgenommen habe mit dem Schweizer Geheimdienst, der wiederum als Brücke dienen könnte zum Chef des US-Geheimdienstes für Europa, Allan W. Dulles, der in Bern sein Netz spann.

Die Gestapo blieb jedoch trotz solcher Machenschaften ungehindert aktiv. Sie recherchierte sogar hinter Wolffs Konspirationen her, und wo immer von den Parteiorganisationen defätistische Äußerungen von Volksgenossen oder gar Widersetzlichkeiten gemeldet wurden, griff sie erbarmungslos zu. Aus den Dörfern holte sie Bauern, die schwarze Geschäfte mit ihren Erzeugnissen trieben. In den Städten verhaftete sie Händler und Verbraucher, die gegen die Bewirtschaftung von Rohstoffen und Textilien verstießen. Da ihr seit dem Attentat auch die Geheime

Feldpolizei der Wehrmacht angeschlossen war, fischte sie aus Kinos und Gaststätten Soldaten, wenn sie ihren Urlaub überschritten hatten oder sich in den besetzten Gebieten ohne Auftrag aufhielten. Seit dem Rückzug des Heeres aus Westfrankreich unterhielt die Gestapo (unter anderem für emigrierte französische Kollaborateure) in Freiburg im Breisgau und auf dem Heuberg der Schwäbischen Alb Schulen für Spionage und Sabotage im Westen.

Ihr oberster Chef fand momentan nur noch wenig Zeit, sich mit Polizeiaufgaben zu beschäftigen: Er war jetzt Feldherr geworden. Der Fähnrich a. D. Himmler kommandierte im Herbst 1944 neben seinen vielen Aufgaben und Ämtern auch eine Heeresgruppe in der südwestlichen Ecke des Reiches. Dort hatte er auch sein Hauptquartier: einen Sonderzug, der im Schwarzwald zwei Standplätze hatte, von denen aus er bei Luftgefahr rasch in einen Tunnel verschwinden konnte. Soldatischen Ruhm erntete er dabei nicht. Nach verlustreichen Mißerfolgen holte Hitler ihn Anfang 1945 an die Ostfront, weil dort ein großes Loch zu stopfen war, das die Rote Armee gerissen hatte. Begründet wurde diese Berufung damit, daß er als Chef des Ersatzheeres die dort benötigten neuen Armeen aus dem Boden stampfen könne. Erfolg hatte er auch dort nicht. Als der Feind erneut angriff, legte er sich mit einer leichten Grippe ins Bett und ließ sich ablösen.

Um diese Zeit hatten sich die zentralen Dienststellen der SS bereits weitgehend aus der von Bombern häufig heimgesuchten Reichshauptstadt zurückgezogen – angeblich, um ungestört arbeiten zu können. Die Gestapo-Zentrale in der Prinz-Albrecht-Straße bekam ihre Bomben erst am 3. Februar 1945. Zu dieser Zeit gab es längst kein richtiges Führerhauptquartier mehr. Das Großdeutsche Reich war geschrumpft und konnte nun von der Reichskanzlei in Berlin aus verteidigt und regiert werden. So manche der SS-Herrlichkeiten funktionierte schon nicht mehr, doch die Gestapo gab so schnell nicht auf. Ihre Männer wußten besser als die meisten Deutschen, was ein verlorener Krieg bedeutete. Sie kannten nämlich das Schuldkonto. Deswegen machten sie sich ans Aufräumen. Verschwinden mußte, was anklagen könnte – die Akten, die Schauplätze schlimmer Taten, die Menschen, die als Zeugen auftreten konnten, und selbst die Leichen. Die Höllen der Vernichtungslager im Osten sprengten SS-Kommandos, ehe sie abzogen, und sie ermordeten Häftlinge, die als bisherige Gehilfen nun zu Tatzeugen werden konnten. Soweit die Leichen von Ermordeten nicht verbrannt und nur begraben worden waren, wurden sie von einem eigens dazu bestellten Kommando unter dem SS-Standartenführer Paul Blobel ausgegraben und nachträglich eingeäschert. Für die Zustände in den nach SS-Begriffen normalen Konzentrationslagern fühlte sich die Gestapo nur bedingt verantwortlich. Den Hunger, die Seuchen, die rücksichtslose Ausbeutung der Arbeitskraft mochten das Wirtschafts- und Verwaltungshauptamt verantworten, die Brutalitäten und Quälereien bis zum Mord durch die Wachmannschaften sollten auf das Konto der Totenkopfverbände geschrieben werden, und die unmenschlichen Versuche am lebenden Menschen, in der Unterdruckkammer und im Eiswasser, mußte Himmlers Organisation »Ahnenerbe« übernehmen. Gewußt hatten die Beamten der Gestapo das alles, aber zuständig waren dafür ausschließlich andere, zwar auch »Kameraden«, aber weil es nun galt, die eigene Haut zu retten, handelten alle nach dem Leitsatz: »Sehe eben jeder, wo er bleibe, und wer steh', daß er nicht falle« – auch wenn er noch keine Zeile von Goethe gelesen hatte.

Damit der Gerechtigkeit wenigstens scheinbar Genüge getan wurde, ließ Himmler (wie vorher berichtet) den SS-Standartenführer Karl-Otto Koch von einem SS-Gericht zum Tode verurteilen. Das Urteil wurde im Dezember 1943 gesprochen. Doch hingerichtet war Koch auch im Herbst 1944 noch nicht; Himmler hatte ihn dafür noch nicht freigegeben. So wie Koch lebten in den Zuchthäusern und Konzentrationslagern noch viele Todeskandidaten, die ständig gewärtig sein mußten, daß ihnen abends verkündet wurde, sie würden das nächste Morgengrauen nicht überleben. Bei sehr vielen Verurteilten des 20.-Juli-Komplexes wurde die Todesstrafe schon am Tag nach der Urteilsverkündung vollstreckt; das Urteil war ja weder durch eine Berufung noch durch eine Revision abzuändern. Wohl aber konnte ein Machtspruch Hitlers oder eine Weisung des Reichsjustizministers einen Aufschub verfügen. Wenn dies geschah, dann waren kaum Gnadenerwägungen dafür bestimmend; zumeist waren es wohl Nützlichkeitsspekulationen. Aus dem gleichen Grund wurden Anklagen gegen inhaftierte Feinde des Nationalsozialismus erst gar nicht erhoben, auch wenn sie schon jahrelang der Freiheit beraubt waren.

Ein typischer Fall war Ernst Thälmann, der Vorsitzende der Kommunistischen Partei Deutschlands und Bundesvorsitzende des Roten Frontkämpferverbandes, des militanten Anhängsels seiner Partei. Am 3. März 1933 hatte ihn ein Überfallkommando aus der Wohnung eines Genossen in der Berliner Lützowstraße geholt. Eine Belohnung war für die Ergreifung nicht ausgeschrieben, aber ein Kriminalrat der Politischen Polizei meinte, sie sei doch wohl am Platz. Also bekamen die beteiligten Polizisten außer einem Lob in die Personalakte noch eine Fangprämie von je zehn Mark. Juristisch wurde Thälmann vorgeworfen, er habe es unternommen, die verfassungsmäßige Ordnung der Republik revolutionär zu verändern – und das war dem Strafgesetzbuch gemäß Hochverrat. Das traf beweiskräftig allerdings nur gedanklich zu, weil Thälmann sich als ein Mann der praktischen Alltagspolitik mit solchen Erwägungen gewiß weit weniger beschäftigt hatte als jene Intellektuellen der KPD, die er als Ultralinke und Abweichler von der Generallinie mit Stalins geheimer Unterstützung aus der Führung der Partei verdrängt hatte. Die schriftliche Begründung für Thälmanns Haft verzichtete auf jede individuelle Begründung. Sie bestand aus einem halben DIN-A4-Bogen mit hektographiertem Text, dem handschriftlich nur der Name des zu Verhaftenden, das Datum und der Namenszug des ausfertigenden Staatsbediensteten, eines Polizeipraktikanten, hinzugefügt worden waren.

Die Gestapo tat sich einigermaßen schwer mit diesem Häftling. Seine Genossen veranstalteten weltweite Proteste, und am 20. März 1933 ersuchte Thälmann den Oberreichsanwalt, daß gegen ihn eine gerichtliche Voruntersuchung geführt werde.

Er oder, besser, sein Anwalt verhinderte damit zunächst, daß er in ein KZ überstellt werden konnte, denn damit war er ein Untersuchungshäftling. Der Gestapo entzogen, kam er aus der Zelle im Polizeipräsidium in eine Zelle der Strafanstalt Alt-Moabit. Er wurde dort nacheinander von vier Untersuchungsrichtern bearbeitet, aber da er unbequeme Fragen mit Schweigen beantwortete, genügte der Staatsanwaltschaft das Ergebnis nicht für eine formulierte Anklageschrift und einen exemplarischen Strafantrag. Die Staatsmacht revanchierte sich, indem sie einen Anwalt aus Hamburg, den er zusätzlich wünschte, aus der Anwaltskammer ausschloß und durch die Gestapo einige Zeit festhielt.

Am 8. Februar 1934 holten dann Gestapo-Beamte den Untersuchungsgefangenen aus der Haftanstalt Moabit ab und fuhren ihn in die Prinz-Albrecht-Straße. In einem Raum des vierten Stockwerks begrüßten ihn acht Männer zynisch mit der erhobenen rechten Faust und riefen »Rot Front!«, den Gruß der Kommunisten. Viereinhalb Stunden dauerte das Verhör. Es begann mit Fragen, und weil die Antworten den Männern nicht gefielen, gingen sie bald zur Gewalt über. Vier Zähne wurden Thälmann ausgeschlagen, ein Hypnotiseur versuchte seine Kunst, und weil sie nicht verfing, begann eine intensive einseitige Prügelei mit schwerer Peitsche und Fußtritten. Sie endete erst, als der Gequälte fast besinnungslos war. Das ging dem damaligen Gestapo-Chef Dr. Rudolf Diels dann doch zu weit. Er informierte seinen Dienstherrn, den preußischen Innenminister Hermann Göring, der daraufhin in Thälmanns Zelle kam und sich den blau- und blutig geschlagenen Körper zeigen ließ. Die Schläger wurden zwar nicht bestraft, aber Thälmann wurde auf seine Bitte hin ins Gefängnis Moabit zurückgebracht.

Zeitweise war beabsichtigt, Thälmann neben seinen Genossen Ernst Torgler, den Bulgaren Georgi Dimitroff und zwei weiteren Bulgarien-Emigranten auf die Anklagebank des Leipziger Reichsgerichts im Prozeß um den Reichstagsbrand zu setzen. Es fehlte aber jeglicher Beweis, daß der Vorsitzende der KPD auch nur das geringste mit dem Feuer zu tun gehabt hatte. Also unterblieb die Anklage. So existierte dann Anfang Februar noch immer keine Anklageschrift. In jenen Tagen besuchte der Berliner Anwalt Dr. Friedrich Roetter den Häftling, dem er als Offizialverteidiger vom Gericht beigegeben war – ein Anhänger der Deutschnationalen Partei, die zusammen mit der NSDAP Hitler zum Kanzler gemacht hatte. Pflichtgemäß suchte dieser Anwalt nach Fakten, mit denen er die Anklage gegen seinen Mandanten widerlegen konnte. Das war dem Volksgerichtshof zuviel des Eifers. Er entzog Dr. Roetter das Mandat, und die Gestapo erledigte den Rest, indem sie den Anwalt vorübergehend in Haft nahm.

Im März 1935 war endlich eine Anklageschrift fertig, 255 Seiten stark. Sie bezichtigte Thälmann der Verabredung eines bewaffneten Aufstandes, der Aufforderung zu einer gewaltsamen Änderung der Verfassung, des Wirkens für einen verbotenen Verein, nämlich des Roten Frontkämpferbundes. Es waren drei Komplexe, die alle unter die Hochverratsparagraphen des Strafgesetzbuches fielen – vorausgesetzt, es gab dafür hinreichend Beweise. Doch so gut Hitler vor 1933 mit seiner Scheinlegalität ein Verbot der NSDAP vermeiden konnte (was ihm in Frankreich den Namen »Adolf Légalité« eingetragen hatte), so zog nun der Revolutionär Thälmann sich auf den Satz zurück, daß er nur eine »Mehrheit der Arbeiter im Bündnis mit den übrigen Werktätigen« angestrebt habe, um auf legalem Weg Kanzler zu werden. Unter diesen Umständen konnte der Prozeß nicht stattfinden, sofern man die Öffentlichkeit nicht ausschloß.

Das aber wagte man in Berlin noch nicht. Sowohl der Reichstagsbrand wie auch der Fall Thälmann beschäftigten dauernd die Weltöffentlichkeit. Komitees, zusammengestellt aus liberalen und sozialistischen Prominenten, forderten in Schriften, im Rundfunk und in Massenversammlungen die Freilassung des Chefs der KPD. Ohne diese Protestaktionen wäre es Reinhard Heydrich leichtgefallen, Thälmann bei einem fingierten Fluchtversuch erschießen zu lassen, aber das in der Welt ohnehin inzwischen übel beleumundete NS-System konnte es sich zu dieser Zeit nicht leisten, den Mord zu inszenieren.

Wenn in diesem Buch das Schicksal des Ernst Thälmann so ausführlich dargestellt wird, so nicht etwa, weil gerade dieser Mann an der Spitze der KPD der gefährlichste Gegner des NS-Staates gewesen wäre. Er war gewiß populär, und seine proletarischen Freunde riefen ihn liebevoll »Teddy«, aber in seiner Partei hätte es etliche Männer gegeben, die für das Amt des Reichskanzlers mehr Verstand und mehr Wissen mitgebracht hätten. Doch deren Nachteil war es, daß sie nicht über die Statur, die Gestik und die Sprache eines Proletariers verfügten. Seine Bedeutung war an den Auftritt in der Öffentlichkeit gebunden, und deswegen geriet er bei den meisten Deutschen mehr und mehr in Vergessenheit, je länger sein Gefängnisaufenthalt dauerte.

Als Thälmann im August 1937 aus Moabit in eine Strafanstalt in Hannover verlegt wurde, war sein Name den meisten Deutschen nur noch eine Erinnerung an überwundene Nöte. Er hatte gewarnt, Hitler bedeute Krieg, aber dazu war es bis dahin noch nicht gekommen, und als der Krieg dann wirklich kam, glaubten die meisten Deutschen, er sei dem Reiche aufgezwungen worden.

Auf jeden Fall jedoch mußte der bekannteste deutsche Kommunist in Haft und am Leben bleiben. Deshalb wurde er am 11. August 1943 von Hannover in die Strafanstalt Bautzen verlegt. Sie galt als besonders ausbruchsicher; außerdem war Hannover inzwischen ein von alliierten Bombern häufig heimgesuchtes Ziel geworden. Bei Bombentreffern am Zuchthaus konnte Thälmann entkommen oder gar umkommen. Beides war gleich unerwünscht, denn mit dem lebenden Thälmann hatten Hitler und Himmler noch einiges vor.

Die Niederlage vor Moskau im Winter 1941/42 und erst recht der Kessel Stalingrad 1942/43 hatten sie belehrt, daß der Koloß im Osten stärker war, als sie gedacht hatten. Seitdem hatten sie darauf spekuliert, daß ihre Gegner sich entzweien würden. Konnten sie sich dann mit dem Schwächeren verbünden, dann würden sie gemeinsam die Stärkeren besiegen und – weil im Bündnis dominierend – den Frieden diktieren. Der US-Präsident Franklin D. Roosevelt und der britische Premierminister Winston Churchill erwiesen sich nach ihren Siegen in Nordafrika, auf Sizilien und in Süditalien als unversöhnlich, doch aus dem neutralen Stockholm hörte man Gerüchte, Stalin sei für einen Sonderfrieden zugänglich. Ihm konnte man vielleicht als stimulierende Morgengabe der wiedererwachten Freundschaft seinen Protegé, den deutschen Kommunistenführer, nach Moskau liefern.

Im Sommer 1944 entschied sich, daß Stalin für einen Sonderfrieden nicht mehr zu haben war. Die Rote Armee hatte ein Jahr zuvor den Bogen um Orel zurückerobert, hatte Smolensk und Leningrad befreit und nach der Zerschlagung der deutschen Heeresgruppe Mitte mit Panzerspitzen fast Warschau erreicht. Am 14. August 1944 durfte Himmler bei Hitler in Audienz vorsprechen mit einem Spickzettel, auf dem er in der beim deutschen Militär üblichen gotischen Schreibschrift zwölf Themen notiert hatte. Letzter Punkt 12 war nur der Name Thälmann. Dahinter notierte Himmler kurz »ist zu exekutieren«. Kurz und bündig, wie Hitlers Befehl lautete. Die Ereignisse hatten den Häftling entwertet.

Thälmann wurde von Bautzen in das KZ Buchenwald gebracht. Er kam dort am 17. August am späten Nachmittag an. Der Wagen rollte bis vor das Krematorium. Ein Ofen war bereits angeheizt. Kaum hatte sich die Eingangstür hinter Thälmann geschlossen, tötete ihn ein Schuß in den Hinterkopf. Am 24. August griffen feindliche Bomber das KZ und die dazugehörigen Rüstungsbetriebe an. Durch sie starb der Häftling Rudolf Breitscheid, sozialdemokratischer Reichstagsabgeordneter bis 1933. Die Prinzessin Mafalda von Savoyen, Tochter des italienischen Königs Viktor Emanuel, wurde in einem Splittergraben verschüttet. Mit ihnen kamen bei diesem Angriff weitere 400 Häftlinge ums Leben, viele durch die SS, die auf flüchtende Häftlinge schoß. Am 14. September verbreitete das amtliche Deutsche Nachrichtenbüro (DNB) die Meldung, daß Buchenwald von zahlreichen Sprengbomben getroffen wurde und Thälmann dabei umgekommen sei.

Staatsfeinde und Todeskandidaten im Wartestand wie Ernst Thälmann hielt sich die Gestapo an einigen Orten. Einer davon war eben auch der Admiral Wilhelm Canaris, kurz zuvor noch Chef der »Abwehr«, die ausländische Spione aufspürte und eigene ins Ausland schickte. Nachdem der Generalmajor Hans Oster, der Sonderführer Hans von Dohnányi, der Anwalt Dr. Josef Müller und einige weitere Mitarbeiter aus der Abwehr schon festgenommen worden waren, hatte auch der inzwischen entmachtete Kopf dieser Organisation damit gerechnet, daß ihn die Gestapo auf Grund des Attentats vom 20. Juli über kurz oder lang abholen würde. Er war nicht nur belastet, weil im Bereich seines Amtes etliche Mitglieder des Widerstandes gewirkt hatten. Auch er selbst hatte nie verhehlt, daß er weder die Ziele Hitlers noch die grobschlächtige Art schätzte, wie der Diktator seine Macht handhabe. Zudem war er – wie allzu viele – davon unterrichtet worden, daß die Fronde im Heer ein Attentat gegen Hitler plante, aber als ihn Stauffenberg am Nachmittag des 20. Juli angerufen und ihm mitgeteilt hatte, der Führer sei durch eine Bombe getötet worden, hatte der Fuchs in Marineblau scheinbar spontan geantwortet: »Um Gottes willen! Wer war es denn? Die Russen?« Der mithörende Gestapo-Mensch sollte irregeführt werden.

Doch am 23. Juli holte ihn SS-Brigadeführer Walter Schellenberg, sein Konkurrent in der Geheimdienstbranche und praktisch bereits sein Nachfolger, im Auto von zu Hause ab in die Prinz-Albrecht-Straße. Auch der Admiral bekam seine Einzelzelle im Kellergeschoß. Er war dort die meiste Zeit gefesselt, wurde zu Verhören in die oberen Geschosse geholt und bei den jetzt immer häufigeren Fliegeralarmen über den Hof in einen Betonbunker unter der Erde geführt. Er sollte zwar nicht erfahren, wer außer ihm festgenommen worden war, aber bei diesen Gelegenheiten erkannte er doch etliche Generäle, den ehemaligen Minister Popitz, Dr. Karl Goerdeler, Hjalmar Schacht und auch den Kriminaldirektor Arthur Nebe. Er wurde bei den Verhören nicht gefoltert, aber es wurde ihm immerhin damit gedroht, und damit er gestehe, kürzte man ihm die

Essensportionen. Ein durch Hunger Geschwächter, so nahmen seine Kerkermeister an, könnte drängenden Fragen schwerer widerstehen.

Doch bei Canaris verfingen solche Schikanen nicht. Er gestand nichts, womit sich ein Todesurteil hätte begründen lassen. Kontakte zum Ausland und sogar zu Feindmächten konnte er als Chef der deutschen Spione leichthin zugeben. Er mußte sie sogar von Amts wegen haben. Kontakte zu überführten oder geständigen Verschwörern waren Bekanntschaften, wie sie ein Soldat seiner Stellung und seines Dienstalters üblicherweise sammelte. Solange kein Verschwörer gestand, daß er mit Canaris über den Staatsstreich geredet hatte, gab es gegen ihn keine Beweise. In einem Bericht, den Kaltenbrunner an Martin Bormann über die Untersuchung gegen den Admiral schickte, heißt es, aus den Vernehmungen von Generalmajor Oster und anderen Offizieren »hat sich der starke Verdacht ergeben, daß Canaris von den Umsturzplänen zumindest gewußt hat und stark deprimierende Äußerungen über den Krieg um sich verbreitete«.

Konkreter wurden die Beschuldigungen erst, als die Gestapo im September in Zossen im Oberkommando des Heeres einen Panzerschrank öffnete, in dem Oster belastende Dokumente versteckt hatte, darunter auch Dokumente von Canaris. Empört schrieb Bormann am 26. September an seine Frau, nun sei bewiesen, daß Goerdeler, Canaris, Oster, Beck und andere das Attentat bereits vor 1939 geplant hätten. Kaltenbrunner beschäftigte sich mit dem Fund dann noch in seinem Bericht vom 2. Oktober: Diese Gruppe der Opposition sei »mit vielen Maßnahmen des Nationalsozialismus auf innerpolitischem Gebiet nicht einverstanden« gewesen, so in der Juden-Frage und hinsichtlich »der Behandlung der Kirchen«. Sie hätte ferner bereits vor Ausbruch des Krieges die Meinung verbreitet, »daß wir ihn nicht durchstehen würden«. Dies allein war nach den Maßstäben der Nazis todeswürdig, denn wer an den Sieg nicht glaubt, der will ihn nicht und wird ihn auch nicht erstreben.

Gegen solche Anschuldigungen glaubte Canaris sich in einem Gerichtsverfahren erfolgreich wehren zu können. Die Gestapo gehe gegen ihn nur vor, weil sie einen Vorwand brauche, um der Wehrmacht die Abwehr wegzunehmen und die SS damit zu beauftragen. Deshalb werde ihm vorgeworfen, er und sein Amt hätten Gegner des NS-Systems vor dem Dienst an der Front bewahrt, indem sie diese als Agenten ins Ausland geschleust hätten, wo sie dann Greuelnachrichten verbreiteten und »ausländische Kreise über die bestehenden Gegnergruppen in Deutschland umgehend unterrichteten«.

In der Nacht vom 3. auf den 4. Februar 1945 wurde der Amtssitz der Gestapo in Berlin durch Fliegerbomben weitgehend zerstört. Ihre Häftlinge ließ sie deshalb am 7. Februar aus der Reichshauptstadt wegschaffen. Ein Transport von Häftlingen, darunter auch Canaris und Oster, führte in das KZ Flossenbürg im Oberpfälzer Wald, ein anderer ging nach Buchenwald bei Weimar. Wie in allen Lagern gab es in Flossenbürg einen »Bunker«, ein aus Backstein gebautes Gefängnis mit Einzelzellen für aufsässige Häftlinge. In diesen Zellen wurden die Neuankömmlinge untergebracht. Der abgemagerte Canaris erhielt Sonderkost, die etwas nahrhafter war als das Essen der Durchschnittshäftlinge, aber er mußte Tag und Nacht Ketten an Händen und Füßen tragen.

Ende Februar 1945 – in dieser Situation – hoffte Canaris immer noch, er werde den nahe bevorstehenden Zusammenbruch der NS-Herrschaft überleben. Bei den Verhören spielte er auf Zeitgewinn. Er dachte, solange die Gestapo keine schlüssigen Beweise gegen ihn vortrage, werde ihm nichts geschehen. Gegen März-Ende kam Kaltenbrunner nach Flossenbürg und verhörte selbst den Abwehrchef. Weil auch er nichts erreichte, schickte er Anfang April den SS-Standartenführer Walter Huppenkothen, den Chef der Sonderkommission zur Untersuchung des 20. Juli. Dessen Taktik bei Verhören war es, mit jovialem Zureden zu beginnen, um dann zu Drohungen und am Ende zu Tätlichkeiten überzugehen. In der Nacht vom 8. auf den 9. April ließ er Canaris in einem mehrstündigen Verhör foltern. Am drauffolgenden Morgen kurz nach sechs Uhr ließ er ihn aufhängen. Bei ihm hatte der Beschuldigte keine Chance, mit dem Leben davonzukommen; was immer er gestand oder verschwieg, er wurde gehängt, aber er sollte doch noch wenigstens Aussagen liefern, die weitere Opfer an den Galgen bringen würden. An der gleichen Stelle wie Canaris und in der gleichen Stunde starben auf die gleiche Art der Generalmajor Oster und weitere ehemalige Mitarbeiter der Abwehr. Kein Gericht hatte sie verurteilt.

Auch in Berlin hielt die Gestapo noch Todeskandidaten gefangen, darunter Mitglieder der Verschwörung vom 20. Juli. Etliche waren bereits vom Volksgerichtshof zum Tode verurteilt, andere waren mehrfach verhört und auch gefoltert worden, aber sie hatten noch keinen Richter gesehen. Sie konnten am 21. April 1945 in ihren Zellen den Einschlag sowjetischer Granaten in der Stadt hören; die Rote Armee hatte Berlin erreicht. Am 22. April verkündete der seit Wochen im Betonbunker tief unter der Reichskanzlei lebende Hitler, daß er die Stadt nicht mehr verlassen werde, daß der Kampf aussichtslos geworden sei und daß er sich erschießen werde. Er sei von Verrätern umgeben, und dazu zähle nun auch die SS, denn der SS-General Felix Steiner, der mit seinen Truppen das nun eingeschlossene Berlin entsetzen sollte, sei nicht einmal zum Angriff angetreten.

Also Götterdämmerung! Wenn schon Hitlers Welt zusammenbricht, mußten auch seine Feinde untergehen, wie ja auch bei Richard Wagner der finstere Hagen nach dem Tod seines Feindes Siegfried von den Rheintöchtern in die Tiefe gezogen wird. Kein Staatsfeind sollte überleben, und niemand dürfe der Nachwelt überliefern, mit welchen Mitteln sich Hitler so lange an der Macht gehalten hatte. Die Gestapo gehorchte auch diesem Befehl. In der Nacht vom 22. auf den 23. April sortierte sie im Gefängnis Lehrter Straße die Häftlinge, die bereits zum Tode verurteilt worden waren, von den übrigen. Zu den ersteren gehörten Klaus Bonhoeffer, Anwalt und Syndikus der Lufthansa, und Rüdiger Schleicher, Ministerialrat im Reichsluftfahrtministerium. Ihnen wurde gesagt, sie würden nach Plötzensee verlegt – und das war die Stätte der Hinrichtungen. Doch dort kamen sie nie an. Auf sie wartete am Gefängnistor ein Kommando der SS. Die Männer trugen Stahlhelme und Maschinenpistolen.

Eine zweite Gruppe wurde kurz darauf zusammengestellt; acht Männer, von denen einige in der Abwehr gewirkt hatten, und Albrecht Haushofer, Universitätsprofessor und Schriftsteller, Sohn des Münchner Geographieprofessors Karl Haushofer, auf den der Führer-Stellvertreter Rudolf Heß so große Stücke hielt und der angeblich an dessen Flug nach England nicht unbeteiligt gewesen sei. Man hatte den Häftlingen zunächst ihre persönliche Habe ausgehändigt und in ihnen damit die Hoffnung erweckt, sie würden nun entlassen. Als nächstes Ziel wurde ihnen der Potsdamer Bahnhof genannt, in dem noch vor kurzem die Züge nach Westen abzufahren pflegten. Auch sie trafen am Tor des Gefängnisses auf eine SS-Wachmannschaft. Unter dem Vorwand, daß damit der Weg abgekürzt würde, führte man sie durch die Trümmer eines Ausstellungsgeländes unweit des Lehrter S-Bahnhofs. Ein SS-Sturmführer befehligte die Bewacher. Auf sein Kommando »Fertigmachen! Los!« schossen die SS-Männer den Häftlingen ins Genick. Sie töteten sie alle bis auf eine Ausnahme: Er ging verwundet zu Boden, stellte sich tot und überlebte auf diese Weise.

Die Leichen wurden in den ersten Maitagen zwischen den Trümmern gefunden. Unweit davon, auf einer Straßenbrücke über Rangiergeleisen des Lehrter Bahnhofs, wurden zwei weitere Leichen gefunden, in feldgrauer SS-Uniform, ohne Waffen, ohne Rangabzeichen, aber entsprechend der höheren Qualität des Uniformstoffes einem Führerkorps zugehörig. Beide waren ohne äußerliche Verletzung. Auf Befehl von Rotarmisten wurden sie von Deutschen in dem Ausstellungsgelände begraben. Später wurde festgestellt, daß ein Toter der letzte Leibarzt Hitlers gewesen war, Dr. Ludwig Stumpfegger. Der andere wurde erst Jahre später identifiziert. Er war der Sekretär des Führers Martin Bormann. Beide hatten die von Chemikern der Gestapo entwickelte und für aussichtslose Situationen in der NS-Führerschaft verteilte Ampulle mit Blausäure zerbissen.

Soweit die Gestapo im Reich noch handlungsfähig war, räumte sie während der letzten Wochen und Tage des Krieges die Spuren ihres Wirkens und auch die Zeugen ihrer Verbrechen beiseite. Ebenso erledigte sie die noch unerledigten Fälle. Da saß zum Beispiel seit dem 9. November 1943 in einem Hamburger Gefängnis der Philosophiestudent Heinz Kucharski, 25 Jahre alt, Sohn eines Hochschulprofessors. Jahrelang, faktisch seit 1933, hatte Kucharski mit Schul- und Studienkameraden in einem staatsfeindlichen Zirkel gegen den Nationalsozialismus und Hitlers Politik argumentiert. Bei ihren Zusammenkünften hatten sie Werke von Thomas und Heinrich Mann gelesen, Bücher von Romain Rolland, Henri Barbusse, Maxim Gorki, von all jenen also, deren Werke Goebbels 1933 auf einem öffentlichen Scheiterhaufen als undeutsch hatte verbrennen lassen. Auch hatten sie gemeinsam den Londoner und den Deutschen Freiheitssender aus Moskau gehört und über die Sendungen diskutiert. Zu den aufrührerischen Geschwistern Scholl in München hatten sie Verbindung aufgenommen. Vorübergehend hatten sie auch geplant, Sprengstoff herzustellen und damit die Gestapo-Leitstelle Hamburg in die Luft zu sprengen. Mitglieder der Gruppe waren fast ausschließlich Intellektuelle, und von ihnen hatten die meisten die Lichtwarkschule in Hamburg besucht, ein Gymnasium liberaler Grundhaltung mit linken Tendenzen. Agitation hatten sie nicht betrieben; sie waren in ihrem kleinen Kreis immer unter sich geblieben.

Nahezu alle Mitglieder der Gruppe saßen seit November 1943 in Untersuchungshaft. Wahrscheinlich hatten weder die Hamburger Gestapo noch die Gerichte der Hansestadt eine Neigung, das Verfahren in Gang zu bringen. Wenn es sich nicht um Arbeiter handelte, schaute man an der Elbe unter Umständen durch die Finger, und vielleicht hoffte man, es handle sich um einen jener Fälle, die sich durch längeres Liegenlassen von selber erledigen. Doch als sich die feindlichen Truppen im Westen anschickten, das Rheinland zu erobern, und als die Rote Armee schon Ströme von Flüchtlingen aus Ostpreußen und Pommern vor sich hertrieb, besannen sich die Nationalsozialisten in Hamburg ihres unerledigten Falles, und am 23. Februar 1945 legte der Oberreichsanwalt in Berlin die Anklageschrift gegen Heinz Kucharski und seine Freunde dem Volksgerichtshof vor mit dem Rubrum »Haft! Hochverratssache!«.

Mitte April 1945 reiste der Volksgerichtshof von Berlin nach Hamburg. Vielleicht waren die Richter froh, aus einer Stadt zu entkommen, der die Rotarmisten jeden Tag näher kamen. Sie verhandelten in der Hansestadt, verurteilten den Studenten Kucharski zum Tode und die Mitangeklagten zu Zuchthausstrafen, noch am 18. April 1945. In die Reichshauptstadt kehrten die Richter nicht mehr zurück, denn so ersprießlich war es jetzt nicht mehr, dem Führer nahe zu sein. Kucharski sollte in

Hamburg hingerichtet werden, aber die hanseatische Guillotine war defekt, und so steckte man ihn in einen Transport nach Mecklenburg. Dort wußte man noch von einer Guillotine, die in Betrieb war. Der Transport wurde unterwegs bombardiert, beschädigt, und Kucharski konnte fliehen, durch Mecklenburg ostwärts, bis er nach Tagen auf Rotarmisten traf und sich gefangengab. Er war übrigens der letzte, den der Volksgerichtshof für das Schafott bestimmt hatte.

Die Gestapo bestand zu dieser Zeit als geschlossene Organisation nicht mehr. Ihre Beamten machten sich noch nützlich bei den Standgerichten, die jedem Kriegsunwilligen, den sie auf Straßen und in Häusern faßten, nach kurzer Scheinberatung einen Strick um den Hals legten.

Die Institution Gestapo starb schon wochenlang in allen Städten des Reiches, ehe sie der Feind besetzte. Ihre Männer waren fieberhaft tätig als Brandstifter. Sie durften der Nachwelt möglichst wenig hinterlassen. Also tilgten sie nun die Spuren ihrer Tätigkeit. Sie töteten Zeugen, die gegen sie aussagen konnten, versuchten Akten zu verbrennen, sprengten Folterstätten und Gefängnisse. Manche verschwanden, wenn möglich spurlos, im Ausland oder auch in Deutschland – immer mit gefälschten Pässen und erfundenen Namen. Wer es darauf anlegte, konnte in den vom Krieg durcheinandergewirbelten Massen leicht verschwinden. Den letzten Gestapo-Chef, SS-Gruppenführer Heinrich Müller, sahen Mitglieder des ständigen Führergefolges Ende April 1945 noch im Führerbunker unter der Reichskanzlei herumsitzen, kaum beachtet, in feldgrauer SS-Uniform, gelegentlich gab er SD-Offizieren Listen, befahl er, da und dort »Staatsfeinde« umzubringen. Doch mit jedem Tag schrumpfte der Bereich, in dem er noch etwas zu befehlen hatte, bis er dann am Ende kaum mehr größer war als ein übliches Polizeirevier. Dann verschwand Müller spurlos.

Als Hitler den Reichsführer SS Heinrich Himmler und den Reichsmarschall Hermann Göring zu Verrätern erklärte, war die Geheime Staatspolizei schon nicht mehr in der Lage, die vom Führer zu Verrätern Erklärten zu verfolgen. Und als Hitler am 27. April feststellte, daß sich Himmlers Verbindungsoffizier zum Führerhauptquartier, der SS-Gruppenführer Hermann Fegelein, aus dem Bunker abgesetzt hatte und, versehen mit Zivilkleidung und Devisen, untertauchen wollte, ließ er ihn zwar als Deserteur festnehmen und erschießen, aber die Gestapo konnte diesen Auftrag nicht mehr durchführen, weil sie sich aufgelöst hatte. Hitler setzte dafür die Männer seines ständigen Begleitkommandos ein.

Die Gestapo-Beamten mußten jetzt feststellen, daß Aktenberge nicht so leicht brennbar waren, wie sie es sich vorgestellt hatten. Manchmal gelang ihnen die Brandstiftung nur mangelhaft; wenn Flammen an dicken Faszikeln züngeln und dabei nicht genügend Sauerstoff bekommen, brennen die einzelnen Blätter nur wenig und am Rand. Für spätere Strafverfahren erwiesen sie sich als durchaus brauchbar.

Heinrich Müller, ein hoher Geheimnisträger, verschwand im Weltuntergang. Zeitweise hörte man, er sei während der Schlacht um Berlin zum roten Feind übergelaufen, für den er angeblich seit Jahr und Tag als Agent tätig gewesen sei. Daran kann kaum etwas Wahres sein, denn in diesem Fall hätten sich die Politiker der Sowjetunion längst auf seine Aussagen berufen. Dagegen haben andere Gestapo-Leute hohen Ranges den Krieg und die Nachkriegszeit unbeschadet überlebt. So überlebte der SS-Brigadeführer Heinz Jost, ebenso der SS-Gruppenführer Otto Ohlendorf, den dann allerdings die Amerikaner wegen seiner Untaten als Führer eines Einsatzkommandos aufhängten, ebenso der Obersturmbannführer Dr. Otto Sandberger, der SS-Brigadeführer Franz-Alfred Six und etliche andere. Der letzte

Chef des Reichssicherheitshauptamtes, SS-Obergruppenführer Dr. Ernst Kaltenbrunner, saß auf der Nürnberger Anklagebank und wurde als Kriegsverbrecher vom Internationalen Militärtribunal zum Tode verurteilt und aufgehängt. An einem israelischen Galgen endete der Judenreferent SS-Obersturmbannführer Adolf Eichmann, nachdem er sich viele Jahre in Argentinien unter falschem Namen aufgehalten hatte, bis er schließlich von einem israelischen Kommandotrupp entdeckt, entführt und am 11. Dezember von einem Gericht zum Tode verurteilt worden war.

Mit dem Kriegsende waren die Verfolger zu Verfolgten geworden. Nun wurden ihre Verbrechen manifestiert, damit die Täter bestraft würden. Länger als ein Jahrzehnt hatten viele von ihnen Befürchtungen verdrängt, sie könnten einmal zur Rechenschaft gezogen werden. Wie hatte doch Hitler stets gesagt: Nach dem Endsieg würde niemand mehr fragen, wie er zustande gekommen sei. Doch nun hatte das Abenteuer in einer beispiellosen Niederlage geendet, und die Geheimpolizisten des Dritten Reiches hatten viele Gründe, vor der großen Abrechnung zu zittern.

Die Sieger hatten diese Abrechnung schon lange angekündigt. Sie begann ein halbes Jahr, nachdem in Europa der letzte Schuß verhallt war. Am 18. Oktober 1945 trat in Berlin erstmalig das eigens dafür geschaffene Internationale Militärgericht zusammen, bestehend aus Offizieren und Juristen der USA, der Sowjetunion, Großbritanniens und Frankreichs. Der Gerichtshof nahm eine Anklageschrift entgegen. Sie war verfaßt von Anklägern der vier beteiligten Siegermächte, gerichtet gegen 24 namentlich genannte Deutsche und gegen sieben »Gruppen oder Organisationen« des Dritten Reiches, darunter die SS »einschließlich des Sicherheitsdienstes (allgemein als SD bekannt)« und darunter auch die »Geheime Staatspolizei (allgemein als

Gestapo bekannt)«. Sie alle wurden der gemeinsamen Verschwörung beschuldigt, die darauf abzielte, »Verbrechen gegen den Frieden, gegen das Kriegsrecht und gegen die Humanität« zu begehen. »Ihre Tätigkeit bestand darin«, laut Anklageschrift, »Bestrebungen, Gruppen und Einzelpersonen zu unterdrücken, die der Nazi-Partei . . . feindlich waren . . . Bei der Ausübung ihrer Funktionen arbeitete die Gestapo ohne gesetzliche Bindung.« Womit gesagt wurde: Sie konnte tun, was sie wollte.

Der Gerichtshof kündigte an, er werde prüfen, »welche Gruppen und Organisationen . . . des verbrecherischen Charakters für schuldig befunden« werden mußten. Deren Mitglieder könnten dann allein schon »auf Grund ihrer Zugehörigkeit einer gerichtlichen Verhandlung und Bestrafung unterworfen werden,« wobei dann »der verbrecherische Charakter . . nicht mehr in Frage gestellt« werden könne. In letzter Konsequenz bedeutete dies: Jedes Mitglied einer für verbrecherisch befundenen Organisation hat so lange als schuldig zu gelten, bis es seine persönliche Unschuld nachweisen kann.

Die kollektive Beschuldigung der Mitglieder einer Organisation hatte kollektive Folgen: Sie unterlagen zumeist auch dem von der Besatzungsmacht verhängten »automatischen Arrest«. Mit Hilfe deutscher Antifaschisten schieden die Besatzer unbescholtene Staatsbürger von möglichen Verbrechern. Heimkehrende Kriegsgefangene wurden gleich in Durchgangslagern »gecleant«. Wer der SS angehört hatte – mit einiger Sicherheit festzustellen durch eine Tätowierung der Blutgruppe in der Achselhöhle –, war zunächst einmal der Verbrechen verdächtig, und wer gar Beamter oder Angestellter der Gestapo gewesen war, ging zur Klärung seiner persönlichen Schuldbelastung gleich hinter Stacheldraht. In Einzelfällen dauerte diese Internierung jahrelang.

Eine Auswahl der Häftlinge geschah manchmal summarisch. Ob Gestapo-Mann, ob SA- oder SS-Führer, ob Politischer Leiter oder manchmal auch ein Lokführer, der infolge mangelnder Sprachkenntnisse des Verhörenden politischer Führerschaft verdächtigt wurde – sie hausten in den leer und nutzlos herumstehenden Kasernen oder in anderen Massenlagern. In den Frauenlagern versammelten die Sieger nicht nur die Funktionärinnen der Parteiorganisation »NS-Frauenschaft« und des »Bundes deutscher Mädel«; auch die Sekretärinnen und Stenotypistinnen der Gestapo und des SD fielen in die Kategorie des automatischen Arrests, den sie sowohl mit den Ehefrauen der Partei- und Staatsprominenz wie auch mit Aufseherinnen von Frauen-KZs teilen mußten. Manche dieser Frauen wurden über kurz oder lang ohne jede Erklärung wieder nach Hause geschickt. Andere, deren Aussagen von Bedeutung schienen, wurden wie die Männer in den Zeugenblock des Nürnberger Gerichtsgefängnisses überstellt, damit sie bei Bedarf für die Verhandlung gegen die Hauptkriegsverbrecher abgerufen werden konnten.

Der Prozeß begann im Nürnberger Justizgebäude nach drei vorbereitenden Sitzungen am Vormittag des 20. November 1945 mit der Verlesung der Anklageschrift – einer über viele Stunden sich hinziehenden erschütternden Aneinanderreihung von Verbrechen, Scheußlichkeiten und abgründigen Skrupellosigkeiten. Allerdings hielten nicht alle Anwürfe einer kritischen Prüfung stand. Etliche mußten inzwischen aus dem deutschen Schuldbuch gestrichen werden. Der eklatanteste Fall ist die Beschuldigung des sowjetischen Anklägers General Rudenko, vorgetragen am 29. Juli 1946, deutsche Einsatzkommandos hätten im Wald von Katyn bei Smolensk 11 000 polnische Offiziere, die bei der Eroberung ihres Vaterlandes auf sowjetisches Gebiet übergetreten seien, ermordet und verscharrt. Neuerdings wird selbst in Moskau zugegeben, daß diese Morde von der sowjetischen Geheimpolizei auf Befehl Stalins verübt wurden. Nicht widerlegt bleibt jedoch eine Unzahl Greueltaten von Deutschen in nahezu allen Ländern Europas, darunter die Vernichtung von Millionen Juden. Insgesamt haben in dem von Hitler gewollten Krieg etwa fünfzig Millionen Menschen ihr Leben verloren.

Über die Leichen von Katyn dürften sich Hitler und Himmler seinerzeit gefreut haben. Sie wollten ohnehin die führende Schicht der Polen ausrotten, und Stalin hatte ihnen damit eine Arbeit erspart. Für den in der deutschen Propaganda maßlos beschimpften Diktator im Kreml empfand Hitler sogar kollegiale Sympathien, die er im vertrauten Kreis gelegentlich auch auszusprechen pflegte. Die beiden Despoten ähnelten einander in ihren Zielen und Methoden, wie denn auch in beider Machtbereiche dem zum Staatsfeind erklärten Bürger nur noch das Recht verblieben war, sich als Häftling für das Regime totzuarbeiten. Den Diktatoren waren dabei die Geheimpolizisten unentbehrlich; was dem einen seine Gestapo, war dem anderen sein NKWD, früher auch GPU und Tscheka genannt.

Obwohl die Gestapo im Dritten Reich für den Staatsbürger weiterhin unsichtbar blieb, so war sie doch als Drohung allgegenwärtig. Wer etwas über ihre Untaten erfuhr, tat gut daran zu schweigen. Das Maß ihrer Verbrechen wurde erst deutlich, als der Internationale Militärgerichtshof in Nürnberg die Hauptkriegsverbrecher auf die Anklagebank setzte und sie nach fast einem Jahr Verhandlungsdauer aburteilte. Die Protokolle dieses Verfahrens sind keine angenehme Lektüre, für Deutsche schon gar nicht. Konfrontiert mit einer scheinbar nicht abreißenden Kette von Verbrechen, sah sich der Verteidiger der Gestapo im Nürnberger Prozeß am 23. August 1946 in seinem Plädoyer zu dem Bekenntnis genötigt: »Wenn ich die Gestapo verteidigen soll, so weiß ich, daß ein furchtbarer Ruf mit diesem Namen verbunden ist, ja daß Grauen und Schrecken von ihm ausgehen und daß eine Welle des Hasses ihm entgegenschlägt.« Er warnte jedoch auch: »Eine Gemeinschaft kann nicht für schuldig erklärt werden.« Die Gestapo sei eine staatliche Institution gewesen, und der einzelne dürfe nicht allein dafür bestraft werden, daß er dienstliche Anweisungen befolgt habe.

Zu den Aufgaben eines Strafverteidigers gehört es, für seinen Mandanten – in diesem Fall eine Behörde und eine Gliederung der NSDAP – auch scheinbar entlastende Sachverhalte vorzutragen. Deshalb sagte Merkel, der Befehl zur Judenvernichtung sei selbst in der Gestapo geheimgehalten worden und der Judenreferent Eichmann habe »mit seiner Sonderabteilung eine absolut unabhängige Stellung« besessen. Merkels Schlußfolgerung: Gestapo-Beamten blieben die Verbrechen ihrer Behörden teilweise verborgen.

War es tatsächlich so? Ende April 1946 hörte das Gericht den Zeugen Hans Bernd Gisevius, der 1933 als Jurist zur Politischen Polizei, der späteren Gestapo, gekommen war, sich aber im Laufe der Zeit den Kreisen des bürgerlichen Widerstands gegen das NS-Regime angeschlossen hatte. Zumindest die höheren Ränge der Gestapo – so berichtete Gisevius dem Gerichtshof – seien ständig und detailliert über die Taten ihrer Behörden unterrichtet worden, auch über Eichmanns Aktionen. Beim gemeinsamen Mittagstisch im Casino hätten sie sich häufig angeregt darüber unterhalten – etwa über die Wirksamkeit der Gaskammern und wie man sie effektiver machen könnte. Wer in der Gestapo geglaubt habe, daß der Tod Heydrichs wenigstens die schlimmsten Grausamkeiten mildern würde, sei enttäuscht worden; Kaltenbrunner habe die Verbrechen mit der kalten, juristischen Logik eines Rechtsanwalts weiterbetrieben.

Am 30. September 1946 verlas das stellvertretende Mitglied des Gerichtshofes Oberstleutnant A. F. Wolchow, Vertreter der

Sowjetunion, das Urteil über die Gestapo und zugleich auch über den SD: »Die Gestapo und der SD wurden für Zwecke verwandt, die gemäß des Statuts verbrecherisch waren; dazu gehören die Verfolgung und Ausrottung der Juden, Grausamkeiten und Morde in den Konzentrationslagern, Ausschreitungen in der Verwaltung der besetzten Gebiete, die Durchführung des Zwangsarbeiterprogramms und Mißhandlungen und Ermordung von Kriegsgefangenen ...«

Diese summarische Bilanz der Schuld wird auch noch nach Jahrhunderten unverändert gelten. Die Sühne dafür fiel mager aus. Bei der Suche nach den Schuldigen griffen die Gerichte fast immer ins Leere. So konnte der Heydrich-Nachfolger Kaltenbrunner im Nürberger Prozeß vorbringen, er sei zwar Chef der Sicherheitspolizei gewesen, aber die Gestapo habe ausschließlich dem SS-Gruppenführer Heinrich Müller unterstanden. Der aber war in den letzten Tagen des Krieges aus dem Bunker der Reichskanzlei in Berlin spurlos verschwunden. Die Alliierten ließen sich jedoch von Kaltenbrunner nicht täuschen. Sie verurteilten ihn dennoch zum Tode und hängten ihn schließlich. Etliche höhere Chargen der Gestapo hatten sich vor dem Einmarsch der Sieger selber gerichtet. Eine Anzahl der angeblich 50 000 Männer umfassenden Gefolgschaft war wohl mit falschen Papieren in der vom Krieg durcheinandergewirbelten Masse der Deutschen untergetaucht. Wer schließlich doch gefaßt wurde, erzählte Richtern und Entnazifizierern an Spruchkammern, er habe in der Gestapo nur Verwaltungsangelegenheiten erledigt. Von wenigen Ausnahmen abgesehen, blieben in den Maschen der demokratischen Justiz fast nur die Henkersknechte, Mannschaftsdienstgrade der SS, hängen, die befehlsgemäß jene Schmutzarbeiten verrichtet hatten, mit denen ihre Vorgesetzten, die Schreibtischtäter, sich nicht die Finger schmutzig machen wollten.

Anhang

Die Materialien, durch die die vorliegende Arbeit möglich wurde, stammen aus nachfolgenden Archiven: Archiv der Friedrich Ebert Stiftung, Bonn, Berlin Document Center Bundesarchiv, Koblenz, Institut für Zeitgeschichte, München, Landesarchiv der Stadt Berlin, Zentralarchiv der SED, Berlin, Zentrales Staatsarchiv, Potsdam.

Der besondere Dank des Autors gilt der Vizepräsidentin des Deutschen Bundestages, Frau Annemarie Renger, für die ausführliche Information über den Leidensweg von Dr. Kurt Schumacher, dem ehemaligen Reichstagsabgeordneten und nach 1945 Ersten Vorsitzenden der West-SPD, durch die Institutionen der Gestapo und die verschiedenen Konzentrationslager. Ebenso herzlich bedankt sich der Autor bei Staatsrat a. D. Dr. Otto Blecke für die wichtigen Hinweise über die Arbeitsweise der Gestapo, die er als ihr Gefangener erleben mußte.

Dank auch Dr. Herbert Nierhaus, Mitglied des Vorstandes der Deutschen Angestellten-Gewerkschaft (DAG) und Erster Vorsitzender von deren Bildungswerk, für seine Unterstützung bei der Erschließung privater Quellen. Professor Dr. Laurenz Demps, Humboldt-Universität, Berlin, und Gunter Voigt, Direktor des Archivs für den wissenschaftlichen Film, Potsdam, seien bedankt für die Hilfe beim Auffinden bisher unzugänglicher Dokumente.

Literaturverzeichnis

Abshagen, Karl Heinz, Canaris, Stuttgart 1949

Achermann, Josef, Himmler als Ideologe, Göttingen 1970

Aronson, Schlomo, Reinhard Heydrich und die Frühgeschichte von Gestapo und SD, Stuttgart 1971

Autorenkollektiv, Ernst Thälmann, Berlin-Ost 1979

Bleistein, Roman, Alfred Delp, Frankfurt/M. 1989

Boberach, Heinz, Meldungen aus dem Reich, Herrsching 1984

*Broszat, Martin/Jacobsen, Hans Adolf/*Krausnick, Anatomie des SS-Staates, Olten, Freiburg 1965

Broszat, Martin, Kommandant in Auschwitz, München 1963

Bücheler, Heinrich, Generaloberst Hoepner und die Militärposition gegen Hitler, Berlin 1985

Bundeszentrale für politische Bildung (Hrsg.), 20. Juli 1944, Bonn 1964

Burger, Adolf, Des Teufels Werkstatt, Berlin-Ost 1985

Busse, Horst/Krause, Udo, Lebenslänglich für den Gestapo-Kommissar, Berlin-Ost 1989

Carlebach, Emil, u. a., Buchenwald, Berlin-Ost 1988

Delarue, Jacques, Geschichte der Gestapo, Düsseldorf 1964

Dertinger, Antje, Der treue Partisan, Bonn o. J.

Deschner, Günther, Reinhard Heydrich, Esslingen 1977

Deutschland-Berichte der Sopade, Frankfurt 11. 1980

Diamant, Adolf, Gestapo Frankfurt/M., Frankfurt/M. 1988

Diels, Rudolf, Lucifer ante portas, Stuttgart 1950

Dimitroff, Georgi, Reichstagsbrandprozeß, Berlin 1946

Domarus, Max, Hitler, München 1965

Drobisch, Klaus, Widerstand in Buchenwald, Berlin-Ost 1985

Durand, Pierre, Die Bestie von Buchenwald, Berlin-Ost 1985

Ehlers, Dieter, Der Aufstand am 20. Juli 1944, Bonn 1964

Fest, Joachim, Himmlers Geheimreden, Berlin 1974

Fest, Joachim, Das Gesicht des Dritten Reiches, München 1963

Finker, Werner, Stauffenberg, Berlin-Ost 1989

Förster, Gröhler, Der Zweite Weltkrieg, Dokumente, Berlin-Ost 1974

Fraenkel/Manvelle, Himmler, Berlin 1965

Frei, Norbert/Schmitz, Johannes, Journalismus im Dritten Reich, München 1989

Frenzel, M. F./Thiele, W./Mannbar, A., Gesprengte Fesseln, Berlin-Ost 1976

Friedrich, Jörg, Freispruch für die Nazi-Justiz, Reinbek 1983

Gestapo-Berichte 1933–1943, Berlin-Ost 1989

Gilbert, Martin, Endlösung, Hamburg 1982

Giordano, Ralph, Die zweite Schuld, Hamburg 1987

Giordano, Ralph, Wenn Hitler den Krieg gewonnen hätte, Hamburg 1989

Gisevius, Hans Bernd, Bis zum bitteren Ende, Berlin 1946

Gisevius, Hans Bernd, Adolf Hitler, München 1965

Goebbels, Joseph, Tagebücher, München 1987

Gossweiler, Kurt, Aufsätze zum Faschismus, Berlin-Ost 1988

Gritzbach, Erich, Hermann Göring, München 1937

Gruber, Heinrich, Erinnerungen, Köln 1968

Heydrich, Lina, Leben mit einem Kriegsverbrecher, Pfaffenhofen 1976

Hoegner, Wilhelm, Flucht vor Hitler, Frankfurt/M. 1979

Höhne, Heinz, Der Krieg im Dunkeln, München 1985

Höhne, Heinz, Der Orden unter dem Totenkopf, München 1967

Höss, Rudolf, Kommandant in Auschwitz, Stuttgart 1958

Hofer, Walther, Der Nationalsozialismus, Frankfurt/M. 1957

Hoffmann, Peter, Widerstand gegen Hitler, München 1979

Honecker, Erich, Aus meinem Leben, Berlin-Ost 1980

Hortzschansky, Günter, Ernst Thälmann, Berlin-Ost 1980

Ibach, Karl, Kemna Wuppertaler KZ, Wuppertal 1983

Jacobsen, Hans Adolf, Spiegelbild einer Verschwörung, Stuttgart 1984

Jacobsen, Hans Adolf, Der Zweite Weltkrieg, Frankfurt/M. 1965

Jahntz/Kähne, Der Volksgerichtshof, Senator für Justiz, Berlin 1986

Jochmann, Werner, Hamburg, Geschichte einer Stadt, Hamburg 1986

Johe, Werner, Die gleichgeschaltete Justiz, Frankfurt/M. 1967

John, Otto, Falsch und zu spät, München 1984

Kaden, Helma, Europa unterm Hakenkreuz. Okkupation Österreichs und der CSSR, Berlin 1988

Kater, Michael H., Das Ahnenerbe, Stuttgart 1987

Kempner, Robert M. W., Eichmann und Komplizen, Zürich 1961

Kempner, Robert M. W., SS im Kreuzverhör, München 1964

Kempner, Robert M. W., Ankläger einer Epoche, Berlin 1983

Kielmansegg, Graf, Der Fritsch-Prozeß, Hamburg 1949

Klarsfeld, Serge, Vicha – Auschwitz, Nördlingen 1989

Kogon, Eugen, Der SS-Staat, München 1977

Kordt, Erich, Wahn und Wirklichkeit, Stuttgart 1947

Krebs, Albert, Fritz-Dietlof Graf von der Schulenburg, Hamburg 1964

Kühn/Weber, Stärker als die Wölfe, Berlin 1976

Kühnrich, Heinz, Der KZ-Staat, Berlin 1960

Kühnrich, Heinz, Die KPD im Kampf gegen die faschistische Diktatur, Berlin 1983

v. Lang, Jochen, Der Sekretär, Martin Bormann, der Mann, der Hitler beherrschte, Stuttgart 1977

v. Lang, Jochen, Das Eichmann-Protokoll, Berlin 1982

v. Lang, Jochen, Der Adjutant, Karl Wolff: der Mann zwischen Hitler und Himmler, München 1985

v. Lang, Jochen, Der Hitler-Junge, Baldur v. Schirach, der Mann, der die Jugend erzog, Hamburg 1988

v. Lang, Jochen, Die Partei. Mit Hitler an die Macht und in den Untergang, Hamburg 1989

v. Lang, Jochen, Und willst Du nicht mein Bruder sein…, Wien 1989

Leber, Annedore, Das Gewissen steht auf, Berlin 1954

Litten, Irmgard, Eine Mutter kämpft um ihren Sohn, Frankfurt/M. 1984

Löwenthal, Richard/von zur Mühlen, Patrick, Widerstand und Verweigerung, Berlin 1982

Niekisch, Ernst, Das Reich der niederen Dämonen, Berlin 1957

Der Nurnberger Prozeß, Die Protokolle, München 1984

Ogermann, Otto, Bis zum letzten Atemzug, Berlin-Ost 1983

v. Ossietzky, Maud, Erzählt, Berlin-Ost 1966

Pätzold, Kurt (Hrsg.), Verfolgung, Vertreibung, Vernichtung, Leipzig 1983

Pätzold, Kurt/Runge, Irene, Pogromnacht 1938, Berlin 1988

Peukert, Detlev, Der deutsche Arbeiterwiderstand, Berlin 1986
Pickert, Henri, Hitlers Tischgespräche, Stuttgart 1963
Pikarski, Margot/Warning, Elke, Gestapo-Berichte über den Antifaschisti-
    schen Widerstand, Berlin 1989
Poliakow, Leob/Joseph, Wulf, Das Dritte Reich und die Juden, Berlin 1955
Przybylski, Peter, Mordsache Thälmann, Berlin 1986
Ramme, Alwin, Der Sicherheitsdienst der SS, Berlin-Ost 1970
Robinson, Hans, Justiz als politische Verfolgung, Stuttgart 1977
Rothfels, Hans, Deutsche Opposition gegen Hitler, 1969
Rückert, Adalbert, NS-Vernichtungslager, München 1977
Sachsenhausen, Bericht über das KZ, Berlin 1982
Scharrer, Manfred, Kampflose Kapitulation, Hamburg 1984
Schellenberg, Walter, Aufzeichnungen, Wiesbaden 1956
Scheurig, Bodo, Henning von Tresckow, Berlin 1987
Smith/Peterson, Heinrich Himmler, Geheimreden, Berlin 1974
Sommerfeldt, Martin H., Ich war dabei, Darmstadt 1949
Speer, Albert, Der Sklavenstaat, Stuttgart 1981
Streit, Christian, Keine Kameraden, Stuttgart 1987
Strölin, Karl, Stuttgart im Endstadium des Krieges, Stuttgart 1950
von Thun-Hohenstein, Graf, Romedio Galeazzo, Der Verschwörer, Berlin
    1982
Timpke, Henning, Dokumente zur Gleichschaltung des Landes Hamburg,
    Frankfurt/M. 1964
Tuchel, Johannes/Schattenfroh, Reinhold, Zentrale des Terrors, Berlin 1987
Uhlmann, Walter, Sterben um zu leben, Köln 1983
Venohr, Wolfgang, Stauffenberg, Frankfurt/M. 1986
Vespignani, Renzo, Faschismus, Berlin, Hamburg 1976
Walk, Joseph, Das Sonderrecht für die Juden im NS-Staat, Heidelberg 1981
Weinzierl, Erika, Zu wenig Gerechte, Graz 1986
Widerstand und Verfolgung in Dortmund 1933–1945, Dortmund 1981
Widerstand 1933–1945. Sozialdemokraten und Gewerkschafter gegen Hitler,
    Bonn 1983
Wieland, Günther, Das war der Volksgerichtshof, Berlin-Ost 1989
Zitelmann, Rainer, Hitler, Hamburg 1987

Namenregister